Andrea Bertschi-Kaufmann

Literarische Bildung: neu im Fokus

Text- und Medienvielfalt im Unterricht der Sekundarstufe I

Klett | Kallmeyer

Alle Online-Quellen wurden zum Redaktionsschluss (31.5.2022) überprüft
und waren zu diesem Zeitpunkt aktuell.

Bibliografische Information der Deutschen Nationalbibliothek
Die Deutsche Nationalbibliothek verzeichnet diese Publikation in der Deutschen Nationalbibliografie;
detaillierte bibliografische Daten sind im Internet über http://dnb.d-nb.de abrufbar.

Impressum

Andrea Bertschi-Kaufmann
Literarische Bildung: neu im Fokus
Text- und Medienvielfalt im Unterricht der Sekundarstufe I

1. Auflage 2022

Redaktion: Stefan Hellriegel, Berlin
Cover-Abbildung: © Christian Hillebrand/stock.adobe.com
Realisation: Nicole Neumann
Druck: Beltz Grafische Betriebe, Bad Langensalza
Printed in Germany

ISBN: 978-3-7727-1620-1

Andrea Bertschi-Kaufmann

Literarische Bildung: neu im Fokus

Text- und Medienvielfalt im Unterricht der Sekundarstufe I

Klett | Kallmeyer

Zu diesem Band

Bildung ist ein Menschenrecht. Sie ist die Voraussetzung dafür, dass Menschen eine kulturelle Identität entwickeln, an der Gesellschaft teilhaben und ihre persönlichen Anlagen und Fähigkeiten entfalten können. Sprache und Bildung sind dabei eng miteinander verwoben. Zu einer umfassenden Bildung gehört der Zugang zur Literatur deshalb unbedingt dazu. Sie ist nicht nur Nahrung für die Fantasie, sondern sie zeigt auch mit vielerlei Gestaltungen, wie sich Ausgedachtes und Erfahrenes zur Sprache bringen oder in Bildern vermitteln lassen.

So geht es beim Umgang mit Literatur keineswegs um eine exklusive Beschäftigung, die nur Kindern aus bildungsnahen Familien vorbehalten bleibt. Literarische Bildung ist ein Recht aller. Sie gehört deshalb zu den Kernaufgaben der Schule, die den Heranwachsenden jenes literarische Bildungsgut vermittelt, für das sie empfänglich sind, das sie stärkt und das ihre Neugierde auf neue literarische Erfahrungen weckt, auf Texte und Bücher, auf Filme und andere Medien.

Der Literaturunterricht vermittelt deshalb nicht einfach nur literarisches Wissen, sondern er stärkt die Schüler:innen bei der Bewältigung von Entwicklungsaufgaben, welche im Kindes- und im Jugendalter zentral und deshalb auch Kernthemen der Sekundarstufen I und II sind.

Der Textbegriff, der in diesem Zusammenhang verwendet wird, ist (ähnlich wie jener der Linguistik) bewusst weit gefasst. Gemeint sind alle mündlichen, schriftlichen und visuellen Produktionen, die auf Papier oder am Bildschirm, auf analoge oder digitale Weise vermittelt werden. Zur Literatur gehören also neben dem klassischen Buch auch vielerlei mediale Präsentationsformen, denen die jungen Leser:innen begegnen und die sie erreichen sollen.

In der Schule treffen mehrere Perspektiven zusammen: die auf die Texte und Medien, die auf die heranwachsenden Leser:innen und die auf die Gestaltungsmöglichkeiten des Unterrichts. Der vorliegende Band nimmt alle drei Blickrichtungen auf. Er begründet seine Vorschläge für einen das Lesen anregenden Unterricht und konkretisiert diese Vorschläge so, dass sie in der Praxis aufgenommen werden können.

Kapitel 1 nimmt die **aktuelle Diskussion** rund um die literarische Bildung in der Schule auf, ausgehend von Fragen nach dem Stellenwert der Literatur in der Sekundarstufe I und den Handlungsmöglichkeiten im schulischen Alltag. Die Kapitel 2–4 schließen hier an und legen einen Boden für den Literaturunterricht, indem wichtige **Ziele, theoretische Begriffe und Befunde aus der Forschung** kurz dargelegt werden. Was die jeweiligen Erkenntnisse für die Praxis bedeuten bzw. welche Schlussfolgerungen für den Unterricht gezogen werden können, wird gleich im Anschluss an die einzelnen Begriffe und Befunde überlegt und mit **Hinweisen für den Unterricht** illustriert.

Kapitel 5 schließlich enthält **ausgearbeitete Modelle,** für die es auf der Grundlage der erläuterten Begriffe und Befunde gute Argumente gibt, die sich in literaturdidaktischer Sicht also begründen lassen und die auch in der Praxis gut umsetzbar sind (dazu einige Download-Materialien für die Praxis, siehe S. 160).

Die Zitate, welche die Kapitel begleiten, sollen das Nachdenken über den Umgang mit Literatur pointieren – es sind zum einen literaturtheoretische Gedanken, zum anderen Äußerungen von Schüler:innen und von Lehrpersonen, die in den vergangenen Jahren im Rahmen von Studien zum Literaturunterricht gesammelt wurden. Im Laufe der intensiven Zusammenarbeit mit Lehrer:innen und der Beteiligung ihrer Schulklassen hat sich der Blick geschärft für die vielfältige Art und Weise, in der sich Praxis gestalten lässt. Einsichten dazu verdanken wir insbesondere der Studie über *Texte, Aktivitäten und Motivationen im Literaturunterricht der Sekundarstufe I – TAMoLi*[1] und allen Lehrer:innen, welche ihre Schulzimmertüren für uns offen hielten.

Besonders herzlich bedanke ich mich bei Steffen Siebenhüner, der mit kritischer Lektüre und wichtigen Anregungen zu diesem Band beigetragen hat, und bei Stefan Hellriegel für seine umsichtige redaktionelle Betreuung.

Wenn literarische Bildung heute neu in den Fokus schulischer Aufmerksamkeit gerät, dann gehören dazu die Reflexion und eine reichhaltige Praxis. Der Band folgt dieser Grundüberzeugung mit einem breit angelegten Fächer von Möglichkeiten für den Umgang mit Literatur insbesondere auf der Sekundarstufe I. Interessierte Lehrer:innen und Personen, die Literaturdidaktik vermitteln, sollen ihn als Sammlung verwenden können, aus der sie ihre je eigene Auswahl treffen. Denn literarische Bildung braucht keineswegs vollständig zu sein, wohl aber anregend und vielfältig.

1 Das Forschungsprojekt TAMoLi 2016 – 2019, wurde in der Schweiz durch den Schweizerischen Nationalfonds gefördert; der deutsche Projektteil wurde im Rahmen des Programms „Niedersächsisches Vorab" unterstützt. Zum Schweizer Projektteam gehörten Andrea Bertschi-Kaufmann (Pädagogische Hochschule FHNW und Universität Basel), Katrin Böhme (Universität Potsdam), Dominik Fässler, Nora Kernen und Steffen Siebenhüner (alle PH FHNW). Zum Projektteam Niedersachsen gehörten Irene Pieper (bis 2019 Universität Hildesheim, seit 2020 Freie Universität Berlin) und Simone Depner (Universität Hildesheim) sowie als Kooperationspartnerin Renate Soellner. Siehe https://www.literaturunterricht.ch.

„Es gibt so eine App, da lese ich ab und zu, einfach wenn ich Lust habe und kein Buch habe, das ich gerade am Lesen bin. Dort gibt es Geschichten, die wahrscheinlich Gleichaltrige wie ich oder älter schreiben."

1 Literarische Bildung in der Diskussion

„... das Buch macht den Sinn, der Sinn macht das Leben."

Roland Barthes

Literatur stiftet Sinn. Sie nährt die Fantasie der Leser:innen und öffnet Welten. Weil sie ihre Inhalte in poetisch gestaltete Sprache fasst, sind diese besonders eindringlich und wirken in uns nach. Ernsthaft und spielerisch kommen uns literarische Texte entgegen, und hier, im Bereich des Literarischen, sind Ernst und Spiel erst einmal keine Gegensätze, sondern eng miteinander verbunden. Dies unter anderem macht die Literatur zum Besonderen und Vielschichtigen. Sie lässt uns genießen und sie regt uns gleichzeitig zum Nachdenken an.

Literatur formt unsere Vorstellung, unsere Erfahrung von Welt, unsere Sensibilität für Menschliches – dies würde wohl kaum jemand bestreiten. Der Blick auf die Schule löst allerdings Diskussionen aus, und aus verschiedenen Perspektiven werden Fragen gestellt:

Wird überhaupt noch gelesen?
Wie hoch ist der Stellenwert der Literatur in der Schule heute?

Eine entsprechende Skepsis ist bei Redakteur:innen im deutschsprachigen Feuilleton zu vernehmen (zum Beispiel Spreckeisen 2015). Haben Klassiker der Weltliteratur und der deutschen Literatur womöglich keinen angemessenen Platz, und verpasst die Schule damit eine Kernaufgabe, nämlich das

Bekanntmachen mit einschlägigen, also „großen“ Werken? Die Antworten aus dem Schulbereich fallen differenziert aus: Auf der einen Seite steht das Ziel, die Heranwachsenden mit der literarischen Tradition bekannt zu machen und sie wichtige Stoffe und sprachliche Schönheit erfahren zu lassen. Auf der anderen Seite möchte man die Schullektüren erst einmal auf die Interessen der Schüler:innen abstimmen und insbesondere in der Sekundarstufe I die Leseentwicklungen insgesamt unterstützen. Verbunden mit letzterem Anliegen sind in der Regel ein weites Verständnis von Literatur und damit die Toleranz gegenüber Texten, welche von der Literaturkritik als „zu leicht“ befunden werden.

Die Textauswahl ist traditionell ein wichtiger Diskussionspunkt. Tatsächlich galt Literatur lange Zeit als kultureller Hochwert, und sie gilt es – folgen wir den erwähnten Feuilletonbeiträgen – noch immer. Der Begriff der „schönen Literatur“ stammt aus dem 19. Jahrhundert, zum einen gebraucht als Übersetzung der französischen Fügung „belles lettres“, zum anderen zur Markierung einer neuen Definition von Literatur als dem besonderen Bereich von Sprache als Kunst, von Sprachkunst, die sich von jenem der Wissenschaft abhebt und anderen Regeln folgt (Rosenberg 1990). Zum bildungsbürgerlichen Selbstverständnis, welches mit dem Begriff der „schönen Literatur“ verbunden ist, gehört die Vorstellung, dass Literatur identitätsbildend wirkt, und dies sowohl für die Einzelnen und für deren Selbstverständnis als auch in sozialer Hinsicht, wenn Belesenheit, also die Kenntnis von Literatur, eine Zugehörigkeit zur Gruppe der Gebildeten anzeigt. Und schließlich gilt die Literatur auch als Element eines kulturellen Erbes, an welchem Belesene teilhaben. Mit der Kenntnis von wichtigen Werken machen sie sich dieses Erbe zu eigen und unterscheiden sich damit von den Nichtleser:innen. Die Funktion der sozialen Unterscheidung, der Distinktion, hat klassische Literatur heute nicht mehr, jedenfalls nicht fraglos.

Heute ist eine möglichst hohe Bildungsbeteiligung das Ziel (OECD 2021), der Einschluss möglichst aller, und Lesen spielt in diesem Zusammenhang als Schlüsselkompetenz eine große Rolle, größer als noch vor hundert Jahren, als das Bildungsgefälle zwischen den sozialen Gruppen eher als gegeben hingenommen wurde. Jedoch spätestens seitdem PISA (Programme for International Student Assessment) und andere große Schulleistungsstudien wiederholt auf den problematischen Leistungsstand im Bereich Lesen aufmerksam gemacht haben, gilt die Sicherung der allgemeinen Lesekompetenz als vordringliche Aufgabe von Bildungssystemen (Baumert u. a. 2001). Von der Schule wird eine hohe Aufmerksamkeit für das Leseverstehen und dabei für die Lernstände aller Schüler:innen verlangt. Die Leseleistungen sollen denn auch regelmäßig überprüft werden, und dies zumindest periodisch mit objektiv messenden Testinstrumenten, sodass die Lesefähigkeit der Heranwachsenden vergleichend beobachtet werden kann: im Verhältnis zwischen Schulen, ganzen Schulregionen und zwischen den Bildungssystemen verschiedener Länder. Im Förderalltag ist aber vor allem die Wahrnehmung der einzelnen Schüler:innen zentral. Ihre Entwicklungsschritte, gegebenenfalls auch ihre Stagnationen geben Hinweise auf die Wirkungen von unterrichtlichen Maßnahmen für die Einzelnen und weiter auch auf nächstfolgende Schritte, welche die je individuelle Entwicklung voranbringen können. Dieser Fokus ist denn auch in der Produktion der Schulbuchverlage gut wahrnehmbar: in zahlreichen Trainingsmaterialien und weiteren Lehrmitteln, die Übungen zum Verstehen alltagsnaher Texte bereithalten und Adaptionen für die einzelnen Schüler:innen zulassen. Das Lesen von Literatur, das Sich-Einlassen auf literarische Spielformen stehen einem eng geführten Einüben einzelner Leseschritte aber erst einmal entgegen. Allerdings setzt das Lesen von Literatur die allgemeine Lesefähigkeit auch voraus, zumindest im Umgang mit jenen Texten, die nicht primär visuell oder über das Gehör wahrgenommen werden können, sondern eine Konzentration auf das Geschriebene verlangen. Zudem lässt sich auch das Verstehen eines literarischen Texts beobachten, zum Beispiel anhand der Frage, ob Schüler:innen bestimmte poetische Gestaltungsmittel erkennen können (Köster 2010). Lesen ist tatsächlich ein weites Feld, und die Schule muss die sehr verschiedenen Ziele innerhalb dieses Feldes in einen möglichst förderlichen Einklang bringen.

> *„Ich möchte, dass sie [die Schüler:innen] die Klassiker kennen und Freude daran haben, dass sie etwas für sich mitnehmen können und auch später über Literatur reden können.“*
>
> Lehrer, Sekundarstufe I

Eine weitere Herausforderung kommt hinzu: In unserem Lesealltag spielen elektronische Medien eine laufend größere Rolle. Der Austausch von Informationen, das Kreieren von Texten und Textcollagen und auch die Aufnahme und Adaption literarischer Stoffe – sie alle gehören zur aktuellen Medienkommunikation. Mit der kommunikationstechnologischen Entwicklung entstehen neue Formate und damit ein zunehmend breiteres Angebot an Texten und Bildern, an Bild-Text-Kombinationen, welches schnell aufgerufen und ebenso schnell wieder verworfen werden kann. Entsprechende Anpassungen vollziehen sich auch im Leseverhalten der Nutzer:innen: Tempo, rasche Auswahlentscheidungen per Mausklick und ein gleichzeitiges Wahrnehmen von Bild- und Textmitteilungen gehören dazu. Der Umgang mit Literatur von Kindern und Jugendlichen hängt also eng mit deren

Mediensozialisation zusammen (Davidowski 2022, S. 58 ff.). Dass die jungen Mediennutzer:innen die dafür nötigen Prozesse mühelos beherrschen, ist indes eine Annahme, die längst nicht für alle zutrifft. Um sich vom Medienangebot auf intelligente Weise anregen zu lassen, brauchen Heranwachsende die entsprechende Begleitung – ebenso bedeutend wie jene, die für den Erwerb der Lesekompetenz und für den Umgang mit Literatur nötig ist. Traditionelle und aktuelle Inhalte müssen in der Schule entsprechend neu austariert werden (Heinen/Kerres 2017). Es geht also um ein Gewichten, mit welchem Altbewährtes und Neues in ein passendes Verhältnis gesetzt werden sollen, mit Lernzielen und Inhalten, welche die Schüler:innen in ihrer weiteren Entwicklung voranbringen und ihnen insbesondere auch Genussmöglichkeiten im Umgang mit Sprache und Kunst vermitteln. Da aber schließen zwei weitere Fragen an:

Was soll in der Schule gelesen werden? Nur „gute" Literatur? Oder vor allem das, was Schüler:innen interessiert?

Hier sieht sich die Schule verschiedenen Ansichten gegenüber. Auf der einen Seite steht die Forderung, Heranwachsende mit hochwertigen Texten und auch mit literarischen Traditionen bekannt zu machen (diskutiert in Paefgen 2006). Auf der anderen Seite steht die Empfehlung, die Schullektüren vor allem auf die Interessen der Lernenden abzustimmen und insbesondere die Jugendlichen auf der Sekundarstufe I, die mit ihrer Identitätsfindung und zahlreichen Aufgaben der Weltorientierung belastet sind, in ihrer Leseentwicklung umfassend zu unterstützen (Hurrelmann 2002). Je nachdem, ob die Aufmerksamkeit stärker auf die Qualität der Literatur oder auf die Interessen und die Entwicklungen der Heranwachsenden gerichtet ist, stehen also die gehaltvollen literarischen Texte oder die Leser:innen und ihr Lesegenuss im Zentrum. Für Liebhaber:innen der Literatur schließen diese beiden Positionen einander allerdings keineswegs aus: Literatur „soll den Menschen Freude, Vergnügen und Spaß bereiten und sogar Glück" bringen – so hat es der Literaturkritiker Marcel Reich-Ranicki (im Gespräch mit Volker Hage 2001) formuliert. So gesehen sind die existenziellen Inhalte zusammen mit der kunstvollen Gestaltung die Quellen des Leseglücks (Bellebaum 1996). Wir empfinden dieses Glück, wenn wir in einen Text eintauchen und damit bereit sind für Begegnungen, die sich von jenen des eigenen Alltags unterscheiden. Es sind Begegnungen mit anderen (und meist fremden) Welten und einer anderen (eben nicht alltäglichen) Sprache. Dass Leser:innen ihr Zusammentreffen mit einem Text als Genuss empfinden, ist allerdings keineswegs selbstverständlich, sondern ein Glücksfall im doppelten Sinne, und dies aus mehreren Gründen: Literarische Texte stellen besondere Anforderungen an ihre Leser:innen, eben weil sie besonders, nicht alltäglich sind. Das Lesen von Literatur und das Glück, das sich damit verbinden mag, sind voraussetzungsreich. Vertreter:innen der Literaturdidaktik haben solche Voraussetzungen auch konkret benannt (zusammengeführt als „literarästhetische Rezeptionskompetenz“ z.B. bei Abrahm/Kepser 2016, S. 81 ff.). Um Texte als kunstvoll erkennen zu können, brauchen Leser:innen sowohl Sensibilität als auch Wissen. Dazu gehört die Aufmerksamkeit für Signale poetischer Sprache, zum Beispiel das Erfassen von Sprachbildern, und dazu gehört auch die Kenntnis von Begriffen, mit welchen literarische Formen bezeichnet werden wie „Symbol“, „Metapher“ u.a. Eine andere Art des Wissens bezieht sich auf die Kontexte von literarischen Werken: auf die Epoche, in der sie entstanden sind; die Spezifik des Genres, zu dem sie gehören; auf die Lebensumstände von Autor:innen. Wer in diesem Sinne kenntnisreich und verständig zu lesen vermag, erkennt das Zusammenspiel von Inhalt und Form zumindest an ausgewählten Stellen im Text und intensiviert seine Lektüre. Dass das Wissen *über* Literatur die Sensibilität *für* Literatur intensiviere, dies ist jedenfalls eine Grundaussage, welche innerhalb der Literaturdidaktik schon seit Längerem Bestand hat (zum Beispiel Eggert 2002). Ebenso wenig bestritten ist aber: Ein Genießen literarischer Texte ist auch möglich, wenn noch kaum Wissen vorhanden ist, und Schüler:innen sollen Zugang zur „schönen Literatur“ erhalten, unabhängig von ihrem Kenntnisstand. „Gedichte sind für alle da“, so hat es die Lehrerin Ute Andresen (1992) mit Blick auf Kinder am Leseanfang bereits vor Jahrzehnten formuliert – die Aussage gilt auch für Jugendliche auf der Sekundarstufe I.

Wie soll Literatur in der Schule gelesen werden? Passt ein für den Genuss offener Umgang mit Literatur überhaupt in den zeitgemäßen Unterricht, für den Kompetenzorientierung verbindliche Richtschnur ist?

Literarisches Lesen bedeutet ein Sich-Einlassen auf die drei wichtigsten Grundeigenschaften von Literatur: (1) Literatur ist fiktional, erschafft also eine eigene Welt mit Figuren, Ereignissen und Stimmungen, welche das in der Realität Erfahrbare übertreffen oder kontrastieren. Literatur zeigt uns damit keine Gewissheiten, sondern Vorstellungen und Möglichkeiten, an die wir im Verlauf der Lektüren glauben. In diesem Sinne geht sie mit ihren Leser:innen einen „Fiktionalitätsvertrag“ ein. (2) Literatur ist gestaltet, verwendet eine kunstvolle Sprache, die – anders als unsere Alltagssprache – das Gewohnte übersteigt, die unsere Wahrnehmung herausfordert und die wir je nachdem als schön oder als irritierend empfinden. Literatur folgt also weniger stark den Regeln sprachlicher Richtigkeit als jenen der „Ästhetikkonvention“, welche auf poetische Qualität ausgerichtet ist. (3) Im Unterschied zu Sachtexten, welche in erster Linie Informationen vermitteln, sind literarische Texte bedeutungsoffen. Was ein Text oder eine bestimmte Stelle im Text aussagt, ist nicht eindeutig festgelegt. Der Spielraum der Interpretation lässt den Leser:innen deshalb die Freiheit, einen Text so zu verstehen, wie es ihren jeweiligen Fähigkeiten, ihrem Erfahrungshorizont und ihren Motivationen entspricht. Sinn wird also nie allein vom Text bestimmt, sondern er entsteht – genährt und angeregt vom Text – in den Köpfen der Lesenden, welche ihn sich mitdenkend und mitfühlend auf je ihre Weise zu eigen machen. Es gehört deshalb zum Wesen der Literatur, dass ein Verstehen nicht dichotom als richtig oder falsch beurteilt werden kann. Wer sein Textverständnis anderen plausibel machen will, muss dafür argumentieren und wird dies immer aus einer individuellen Perspektive tun, aus einer persönlichen Sicht. Damit wird Textinterpretation keineswegs beliebig, aber sie ist subjektiv, denn Literatur lässt verschiedene Lesarten zu, über die die Leser:innen wesentlich mitbestimmen. Was als „Polyvalenzkonvention" bezeichnet wird, meint ebendiesen Spielraum für ein Verstehen in Varianten, und ebendieser Spielraum macht das Zusammentreffen von Literatur und Leser:in wesentlich aus (Hauptmeier/Schmidt 1985).

> *„Was wäre wenn: was wäre, wenn ein kleiner Oskar nicht wachsen und nicht erwachsen werden will, was wäre, wenn der Richter selbst den Krug zerbrochen hätte, was wäre, wenn einer gesammeltes Schweigen sammeln würde. Als Konjunktiv kann Literatur durchaus eine Möglichkeit, eine Hoffnung auf Alternative werden – nicht zu* ***der*** *Möglichkeit, sondern zu einer von vielen Möglichkeiten:* ***eine*** *Geschichte, nicht* ***die*** *Geschichte.*
> *Letztlich ist Literatur eine Spielform, auf die man sich einlassen und die man genauso gut verweigern kann."*
>
> Peter Bichsel

Vorstellung, Formbildung und Bedeutungsoffenheit sind also wichtige Qualitäten, welchen Literatur-Lesende im Umgang mit den Texten begegnen. Dabei handelt es sich um eine spezifische, eben literarische Kommunikation, in welche junge Leser:innen nach und nach hineinwachsen. „Lesen lernt man durch Lesen" – das Prinzip des Lesepädagogen Bamberger (2000) trifft nicht nur für den Erwerb der allgemeinen Lesefähigkeit, sondern besonders auch für das literarische Lernen zu: Die Entwicklung von den ersten Erfahrungen mit Fiktion und verdichteter Sprache, mit dem Kindervers und dem Märchen zur Lektüre von Comics, Kinder- und Jugendbüchern bis hin zur Auseinandersetzung mit Texten der Erwachsenenliteratur ist ein Prozess, den Kinder günstigerweise längst vor dem Schuleintritt beginnen und den die Schule bestmöglich fortsetzen hilft. Literarisches Lernen vollzieht sich also im Zuge der Erfahrung mit fiktionalen und poetisch gestalteten Texten, beim Hören von Geschichten, im Theater, beim Sehen von Filmen und Anhören von Hörspielen, von gesprochenen Raps und selbstverständlich auch beim Lesen. In diesem Sinne ist der Begriff des literarischen Lernens weiter zu verstehen als jener des Lesenlernens bzw. der Lesekompetenz (Kinder begegnen Geschichten und Poesie in der Regel längst, bevor sie selbst lesen können), und er geht sowohl von den besonderen Qualitäten des Literarischen aus als auch vom Erleben der Schüler:innen, bei dem diese das spezifisch Literarische auf subjektive Weise aufnehmen (Rosebrock 1999; Bertschi-Kaufmann/Graber 2016). Lehrpersonen können entsprechende Prozesse anregen und fördern, gesteuert und angereichert werden diese allerdings von den Heranwachsenden, und sie lassen sich – eben wegen des Charakters des Literarischen und der Eigenwilligkeit der Leser:innen – nicht, jedenfalls nicht vollständig, überprüfen. Angesichts der Steuerung, welche die Schule mit kompetenzorientierten Lehrplänen und entsprechenden Leistungstests vonseiten der Bildungspolitik aktuell erfährt, könnte Literatur als Fremdkörper empfunden werden.

> *„Den Leseunterricht hätten ein paar [Schüler:innen] wieder nötig. […] Ich will aber auch theoretische Inhalte vermitteln und dass man sich ärgern darf über ein Buch, aber sich auch immer fragen sollte, warum wurde es so geschrieben. Ein Ziel ist auch, dass sie dann auch bei anderen Texten zweimal hinschauen oder auch bei Filmen: Warum wurde das so gedreht und warum dieses Symbol?"*
>
> Lehrerin, Sekundarstufe I

Ein bildungspolitischer Blick auf die Schule und literaturdidaktische Überlegungen für den Unterricht schließen einander allerdings nicht aus, sie müssen aber in einen stimmigen Zusammenhang gebracht werden: In der öffentlichen Schule hat der Unterricht gesellschaftliche Aufträge zu erfüllen, festgelegt sind diese bekanntlich in den Lehrplänen. In den vergangenen gut zehn Jahren hat sich in diesen eine Wende vollzogen, die wohl zu Recht als paradigmatisch bezeichnet wird. Anders als lange Zeit üblich liegt der Schwerpunkt der Lehrplanbeschreibungen nicht mehr auf dem Stoff, der in der Schule durchgenommen werden soll, sondern auf den Ergebnissen, die bei der Beschäftigung mit ausgewählten Inhalten erreicht werden sollen. In diesem Sinne ist mit „Kompetenz" die Voraussetzung für bestimmte Leistungen gemeint, welche Schüler:innen erwerben und die sie in Prüfungs- oder Testsituationen auch abrufen können. Kompetenzen sind messbar, und zwar anhand von Standards, welche passend zu den einzelnen Lernbereichen und zur jeweiligen Klassenstufe festgelegt worden sind. So jedenfalls hat die Bildungsforschung „Kompetenz“ für den Bereich Schule konturiert (zum Beispiel Klieme 2004).

Taugt der Kompetenzbegriff aber als Grundlage für eine objektive Messung auch dafür, was im Umgang mit Literatur gelernt wird, wenn das Gelingen einer literarischen Lektüre zwar nicht nur, aber wesentlich auch mit subjektiver Erfahrung verbunden ist? Darüber, insbesondere über das Verständnis von „literarischer Rezeptionskompetenz“ (Abraham/Kepser 2016, S. 169), ist in der Literaturdidaktik viel nachgedacht worden. Zum einen wurden Versuche unternommen, diese Kompetenz in ihren verschiedenen Dimensionen detailliert zu beschreiben und entsprechende Leistungen zumindest in Facetten mit geeigneten Tests zu messen (Frederking u. a. 2009). Zum anderen gibt es den für die Literaturdidaktik wie für die Unterrichtspraxis wegweisenden Vorschlag, wonach erst einmal das literarische Lernen im Prozess betrachtet und aufgeschlüsselt wird. Kaspar Spinner (2006) hat dazu elf Aspekte differenziert, darunter das Entwickeln von Vorstellungen, die subjektive Involviertheit und die genaue Wahrnehmung der sprachlichen Gestaltung (siehe dazu Kapitel 4.1). Die literarische Erfahrung, welche die Heranwachsenden im Umgang mit den „schönen“ Texten sammeln, bleibt dabei immer noch ein Ganzes. Die verschiedenen Prozesse aber, mit welchen die Texte mit ihren Qualitäten aufgenommen werden – diese lassen sich sehr wohl unterscheiden. Sie bilden die Grundlage für ein vertieftes Verständnis dessen, was das literarische Lesen ausmacht, und für die Zielsetzungen, mit welchen die Wege des Lernens und Lebens mit Literatur in der Schule konturiert werden. Was den Einzelnen dabei gelingt, können Lehrpersonen – zusammen mit den Schüler:innen – zumindest beobachten. Literatur passt also durchaus in den zeitgemäßen Unterricht, nicht als Gegenstand, der primär Prüfungs- oder Testzwecken dient, auch nicht als Stoff, den man durchnimmt und danach beiseitelegt, sondern als Möglichkeiten der Erfahrung und des Lernens, für welche die Schule Raum, Zeit und Anregung bietet und über welche sich die Schüler:innen nach und nach ausweisen können.

> „Es ist eine andere Welt irgendwie, und wenn ich traurig bin oder so in einer bestimmten Stimmung, dann lese ich gerne andere Bücher. So, wie machen die es im Leben?“

2 Umfassende Konzepte für das literarische Lesen

Über Literatur, ihre Bedeutung für Kultur und Bildung und über ihre Vermittlung in der Schule wird spätestens seit dem Zeitalter der Aufklärung nachgedacht – dies mit verschiedenen wissenschaftlichen sowie mit praktischen Ansätzen auf jeweils unterschiedliche Weise:

- Mit theoretischen Zugängen versucht man, das Wesen der Literatur zu erkennen und ihren Bildungswert so zu beschreiben, dass benannt werden kann, was für die Entwicklung der Heranwachsenden bedeutsam ist. Selbstverständlich verlaufen Leseentwicklungen jeweils individuell und also verschieden. Allerdings gibt es im Umgang mit Literatur auch die von vielen geteilte Lernerfahrung, die intersubjektiv bestimmbar ist. Insofern bilden Theorien über Literatur (die Literaturwissenschaft) und über die Vorgänge und den Gewinn des literarischen Lesens (die Bildungsphilosophie und speziell die Rezeptionstheorie) eine wichtige Grundlage zum Verständnis dessen, was Literatur für ihre Leser:innen bedeuten kann. Daraus ableitbar sind schließlich die Ziele, welche dem Literaturunterricht aufgetragen sind.
- Empirische Verfahren dienen unter anderem dazu, die tatsächlichen Wirkungen, die Texte und Medien auf die Leser:innen haben, konkret festzustellen. Ziel ist dabei ein systematisches Erfassen, damit allgemeingültige Aussagen gemacht werden können. So stellt die Lesepsychologie unter anderem fest, mit welchen Eigenheiten an der sprachlichen Oberfläche ein Text als leicht oder als schwer lesbar empfunden wird (z. B. mit dem Lesbarkeitsindex nach Flesch, siehe u. a. Flesch 1948) oder wie Identifikationsprozesse beim Lesen von Romanen verlaufen (Schön 1993; Charlton/Pette/Burbaum 2004). Die Ergebnisse solcher Studien zeigen Effekte des literarischen Lesens differenziert auf: Kinder am Leseanfang nehmen Tex-

te in der Regel anders auf als fortgeschrittene Jugendliche; Unterschiede zeigen sich aber nicht nur hinsichtlich des Lesealters oder der Lesehäufigkeit, sondern auch zwischen den Geschlechtern und zwischen sozialen Gruppen (OECD 2021, JIM-Studie 2020). Die Heterogenität, die Lehrpersonen im Unterricht auf der Sekundarstufe I feststellen, ist also auch wissenschaftlich nachgewiesen. Es sind Voraussetzungen, unter denen die Praxis des Literaturunterrichts gestaltet werden muss.
- Die Erfahrungen in der Unterrichtspraxis, die Lehrpersonen in ihren Klassen sammeln, haben ihrerseits einen hohen Erkenntniswert: Lehrer:innen erleben laufend, wie ihre Text- und Medienauswahl bei den Schüler:innen ankommt, mit welchen Verfahren diese Zugang zu einer bestimmten literarischen Form erhalten und mit welcher Art der Textarbeit das verstehende Lesen und Entdeckungen im Text gelingen. Dabei beobachten sie in ihren diversen Klassen und bei den einzelnen Schüler:innen je nachdem unterschiedliche Reaktionen und selbstverständlich auch unterschiedlichen Erfolg. Vorgehensweisen, die sich in einem entsprechend reflektierten Unterricht bewähren, haben deshalb eine hohe Plausibilität, sie liefern konkrete Beispiele für eine anregende Praxis.

Die Literaturwissenschaft und die Bildungsphilosophie, Studien der Leseforschung und Erprobungen in der Schulpraxis – sie alle bieten je auf ihre Weise grundlegende Orientierungen für den Literaturunterricht. Zentral sind dabei die konzeptionellen Vorstellungen davon, was als literarische Bildung gelten kann, und weiter auch die Ziele, welche Lehrpersonen in ihrem Literaturunterricht verfolgen.

2.1 Literarische Bildung – Leben und Lernen mit literarischen Texten

Dass Sprache und Bildung eng miteinander verbunden sind, ist eine tragende Erkenntnis der Bildungsphilosophie. Meist wird sie mit dem Gelehrten Wilhelm von Humboldt (1767–1835) in Zusammenhang gebracht. Der idealistische Gedanke von der Bedeutung der Sprache als einer Vermittlerin zwischen dem Individuum und der Welt und ebenso zwischen den Individuen untereinander (von Humboldt 1981, zuerst 1795–1797, S. 122) prägt auch unsere Vorstellung von Sprache. Für die menschliche – geistige wie seelische – Entwicklung ist Sprache essenziell. Wenn wir heute sagen, dass jemand sich einen Begriff von etwas machen soll, dann verstehen wir „begreifen" auf sehr ähnliche Weise wie vor 200 Jahren, nämlich als ein Zeichen des Gelingens eines Wahrnehmungsprozesses, den Humboldt als „Vermittlung" bezeichnet hatte.

Die poetisch gestaltete Sprache spielt in diesem Vorgang eine intensivierende Rolle, und der Literatur werden deshalb besonders starke Wirkungen zugesprochen (von Humboldt 1959, zuerst ca. 1793). Wegen ihres ästhetischen und kulturellen Gehalts öffnet sie Erfahrungs- und Erkenntnisräume, in denen Lesende Ansichten von Welt zum Beispiel durch die Augen von Figuren kennenlernen. Sie erfahren zum einen Neues und Fremdes und begegnen zum anderen auch eigenen Erfahrungen wieder. Dabei bietet Literatur eine Sprache selbst für das schwer Sagbare an: Sie verleiht Vorstellungen, Gedanken und Gefühlen einen Ausdruck mit Sprache, Bildern und anderen Zeichen, mit denen sie fassbar und damit auch gedanklich und emotional verstehbar werden. Erzählende und lyrische Texte, Theater und Film ermöglichen also personale Bildungsprozesse – in idealistischer Tradition gelten diese als wichtige Beiträge zur Persönlichkeitsbildung.

> *„Ich habe Bücher auf alle drei Weisen gelesen – typisierend, als Bildungsprojekt und als Möglichkeit, eine rätselhafte Welt zu begreifen. Lesen ist immer ein langes, ununterbrochenes Gespräch mit mir selbst gewesen: ein Gespräch, das manchmal durch Klischees unterbrochen wird, das sich manchmal in jenem langsamen Prozess entfaltet, in dem man lernt, seine Erfahrungen zu benennen, und manchmal in meinem Versuch, den Nebel um eine Welt zu lichten, die ich nicht ganz verstehe."*
>
> Eva Illouz

Im Anschluss an diese Tradition wird das literarische Lernen heute auch bezeichnet als ein „Lernen über sich und über andere“, also mit einer psychologisch unterlegten Formel, die den Erkenntnisgewinn des literarischen Lesens ihrerseits benennt (Schrijvers u. a. 2016). Die Vorgänge, die sich bei den Leser:innen im Verlauf der Rezeption abspielen, sind inzwischen auch empirisch erforscht worden: Dafür wurden – je nach Studie – Erwachsene oder Jugendliche sowohl während als auch nach ihren Lektüren um Auskünfte über ihre innerpsychischen Vorgänge gebeten (z. B. Charlton/Pette/Burbaum 2004; Kidd/Castano 2013). Textgrundlage waren jeweils Romane, die in der Diskussion über Literatur, wie sie unter anderem im Feuilleton geführt wird, als künstlerisch wertvoll und inhaltlich interessant beurteilt worden sind: Bücher, die von Figuren in ihren jeweiligen menschlichen und örtlichen Umgebungen erzählen, dabei Handlungsstränge auslegen, je nachdem in einfacherer oder in komplexer Anordnung.

Wer diesen Handlungssträngen lesend folgt, erfährt das Handeln, Denken und Fühlen der Heldinnen und Helden und verfolgt deren Entscheidungen, die zu einem erhofften oder einem befürchteten Verlauf führen. Die entsprechende Anteilnahme am fiktionalen Geschehen, welches die Figuren erleben oder erleiden, wird oft als „Identifikation" bezeichnet (Schön 1993). Mit diesem Begriff können verschiedenartige Vorgänge eines Hineinversetzens gemeint sein, und mit Blick auf Lernentwicklungen im Umgang mit Literatur lohnt es sich zu unterscheiden: Wer die Geschichte einer vielleicht stark bewunderten Figur verfolgt, kann sich vorstellen, diese selbst zu sein, sich innerlich an deren Stelle versetzen und damit eine Art innere „Substitution" vollziehen. Jüngere Kinder tun dies zum Beispiel dann, wenn sie sich vorstellen, selbst die Märchenprinzessin oder der tapfere Kämpfer zu sein. Wer den Held:innen aus Büchern und Filmen aber eigene Wünsche unterstellt und sie damit so wahrnimmt, wie man selbst sein möchte, erlebt Lesen als Gelegenheit zur „Projektion". Anreiz für diese beiden Varianten der Identifikation bieten Erzählungen von stark positiv gezeichneten Held:innen, also von solchen Figuren, mit denen man gerne tauschen möchte und die zumindest die Einbildung zulassen, dass dies möglich ist. Wer schließlich eine Nähe zu solchen Figuren empfindet, die nicht auf schnellem Weg bewundert werden können, deren Gedanken, Gefühle und Absichten aber dennoch wahrnimmt und versteht, bringt „Empathie" auf. Es handelt sich um die Fähigkeit, Empfindungen, Gedanken und Beweggründe einer anderen Person zu erkennen und nachzuempfinden, selbst dann, wenn sie einem zunächst mit ihren Eigenschaften oder ihren Entscheidungen fremd sein mag. „Empathie" gilt als eine fundamentale Fähigkeit und Voraussetzung für soziales Handeln, auch für berufliches Handeln. Die angelsächsisch geprägte Kognitionspsychologie bezeichnet diese Fähigkeit als *theory of mind* (Batson/Early/Giovanni 1997): Menschen bilden Hypothesen darüber, was andere Menschen denken, fühlen oder was sie zum Handeln bewegt. Sie beobachten, überprüfen und korrigieren oder präzisieren ihre Hypothesen bzw. ihre *theory* laufend.

Bei den drei eben genannten Varianten der Identifikation handelt es sich also um verschiedene Stufen, um Entwicklungsstufen, die heranwachsende Leser:innen im Umgang mit Literatur im günstigen Fall durchlaufen. Psychologische bzw. kognitionswissenschaftliche und literaturdidaktische Studien kommen dabei zu sehr ähnlichen Schlüssen: Im Bereich des Lesens gelingt die Ausbildung von Empathie am ehesten bei der Beschäftigung mit literarischen Texten, die von existenziell Wichtigem handeln und die kunstvoll gestaltet sind, also bei der Beschäftigung mit Literatur von entsprechendem Anspruch (Keen 2007; Kidd/Castaneo 2016 u. a.). Zu dieser gehören selbstverständlich auch Beispiele der Kinder- und Jugendliteratur und des Films. Sie alle tragen dazu bei, dass den Heranwachsenden die Verbindung von kognitiven und sinnlichen Prozessen, von Erkennen und Mitfühlen gelingt (Härle/Rank 2008). Dabei geht es vor allem um ein *Leben und Ler-*

nen mit literarischen Texten und weiter auch um das *Sammeln von Wissen über Literatur.*

Das Klassenzimmer als Lesewelt

Viele Lehrpersonen haben bereits gute Erfahrungen mit einer Einrichtung gemacht, die für die Schüler:innen jederzeit erreichbar und nutzbar ist: ein Bücherregal, dessen Bestand laufend erneuert und angereichert wird, in dem man immer wieder Neues entdecken und Vertrautes wiederfinden kann. Zu den gedruckten Texten kommen Computer oder Tablets hinzu mit geeigneten Programmen oder Apps sowie Links auf Plattformen, die zum Lesen animieren. Dabei ist es ein großer Vorteil, wenn die Bibliothek mitsamt den elektronischen Medien (oder mindestens ein Teil davon) direkt im Klassenzimmer steht und die Bücher und Zeitschriften so jederzeit allen zugänglich sind. Literatur ist damit ein selbstverständlicher Teil der Lernumgebung. Dabei hält die Klassenzimmerbibliothek ein Angebot bereit, das den oft sehr verschiedenen Interessen der Schüler:innen und ihren unterschiedlichen Lesefähigkeiten entspricht: Jugendbuchklassiker und ganz neue Titel, teils einfache Literatur mit erleichterndem Layout und größerer Schrift, damit auch Jugendliche mit verzögerter Leseentwicklung attraktive und bewältigbare Lesestoffe finden, teils Anspruchsvolles und Sperriges für jene, die herausfordernde Texte suchen und sich mit ihnen als Leser:innen weiterentwickeln können – kurz: Exemplare vielerlei literarischer Themen und Genres, welche die Schüler:innen mit eigenen Buchvorschlägen ergänzen (zur Einfachheit siehe Kapitel 3.5 in diesem Band). Vielleicht bringen sie auch Leihgaben für die Bibliothek von zu Hause mit. Die Bücher sind so aufgestellt, dass ihre Buchdeckel sichtbar sind; die bunt gestalteten Covers, die Titel und die Namen der Autor:innen machen neugierig und erleichtern die Auswahl. Zur Ausgestaltung der Klassenzimmerbibliothek siehe zum Beispiel Bertschi-Kaufmann (2021, S. 10–17) und Kapitel 5.1 in diesem Band.

Freie Lesezeiten

Neben der gemeinsamen Textarbeit in der Klasse (siehe dazu nachfolgend verschiedene Vorschläge) brauchen die Schüler:innen auch Zeiten, zu welchen sie im eigenen Tempo, nach ihren persönlichen Interessen und entsprechend ihrer Fähigkeiten lesen können. Viele Lehrpersonen legen deshalb im Stundenplan eine Wochenstunde fest, in der man sich vorwiegend mit individuellen Lektüren beschäftigt. Die Schüler:innen suchen sich die Lesestoffe selbst aus, ziehen sich allein, seltener zu zweit lesend zurück und berichten danach häufig von ihren Leseerfahrungen. Es ist hier durchaus erlaubt, eine Lektüre abzubrechen und einen anderen Titel zu wählen, der interessanter oder passender scheint.

Die offene Unterrichtsform, die mit der freien Lesestunde ausgestaltet wird, bietet Raum für vieles, für den Rückzug beim Lesen ebenso wie für ein sprachkreatives Handeln. Sie hat sich als Rahmen für die kontinuierliche Leseförderung auf verschiedenen Schulstufen bewährt, insbesondere auch auf der Sekundarstufe I (DIPF, Deutscher Bildungsserver[2]). Dabei wird das offene Arrangement häufig auch für die Förderung des eigenen Schreibens genutzt. Texte und insbesondere poetisch gestaltete Texte regen die eigene literarische Produktivität an. Im Kontext von Lektüren poetisch gestalteter Texte schreiben die Schüler:innen eigene Texte, in denen sie explorativ verschiedene Formen des Literarischen umsetzen. (Siehe die Unterrichtsvorschläge in Kapitel 5.1; zu offenen Formen der Leseförderung siehe Bertschi-Kaufmann 2016.)

Vielfältige Leseanimation

Regelmäßigkeit ist eine wichtige Qualität des Umgangs mit Literatur im Klassenzimmer; dem Lesen wie dem Schreiben wird ein entsprechend großer Raum gegeben. Zwischendurch sind aber auch außergewöhnliche, spektakuläre Aktionen willkommen. Diese werden im Zeichen des Lesens organisiert, wobei vor allem die Lust am Lesen vermittelt werden soll:

- ein Bücherquiz, mit dem die Schüler:innen auf die Suche nach Informationen zu bestimmten literarischen Figuren geschickt werden – die Quizfragen bereiten sie je nachdem in verschiedenen Lesegruppen selbst vor;
- eine Lesenacht, in der das Lesen in besonderem Ambiente erlebt wird (zur Ausgestaltung der Lesenacht siehe z. B. Riss 2015);
- eine Veranstaltung für eine andere Schulklasse oder für die Eltern, denen die Jugendlichen zum Beispiel ihre Lieblingstexte präsentieren.

Denkbar ist alles, womit das Lesen zum besonderen Ereignis wird. Eine umsichtige Vorbereitung ist wohl die wichtigste Bedingung für das Gelingen.

Literarische Texte situieren, literaturbezogenes Wissen aufbauen

Literarische Texte sprechen als Kunstwerke je für sich, und die Lesenden nehmen sie auch je für sich auf, indem sie das jeweilige Werk aus sich selbst heraus verstehen bzw. interpretieren. Ein begleitetes Situieren der Texte führt aber oft zu einem tieferen Verständnis. Den Leser:innen sind die Werke eher zugänglich, wenn sie diese einordnen können, zum einen in zeitliche

2 https://www.bildungsserver.de/lesefoererung-2418-de.html

und gesellschaftliche Zusammenhänge ihrer Entstehung oder ihrer Aufnahme bei der Leser:innen und zum anderen in die verschiedenen Text- und Medienarten mit ihren je spezifischen Gestaltungsmerkmalen. Was zur Form oder zum Entstehen eines Textes allgemein in Erfahrung gebracht werden kann, verschafft einen wissenden Zugang. Entsprechend hilfreich sind Kenntnisse über Literatur und die Begriffe, mit denen Merkmale benannt werden können. Dass die Schüler:innen solche Begriffe nach und nach kennen und anwenden lernen, macht also Sinn – und dies nicht in erster Linie, weil sie mit der literaturbezogenen Bildungssprache vertraut werden und sich über diese ausweisen können, sondern vor allem deshalb, weil ihnen die Begriffe als Möglichkeiten der Annäherung an die Texte helfen. Elemente eines entsprechenden Wissens sind zum einen die Text- und Mediengattungen und -genres, die literarhistorischen Epochen und zum anderen Stilmittel des Literarischen wie Symbole und Metaphern. Und schließlich sind es auch Informationen zur Biografie von Autor:innen, zu sozialen und je nachdem auch politischen Kontexten, in denen die Werke entstanden sind, auf die diese reagiert haben oder in denen sie aufgenommen worden sind.

> *„Unter literarischer Bildung wird die Fähigkeit verstanden, sich der Kommunikationsweise zu bedienen, die ein literarischer Text bietet; genauer: die Fähigkeit, auf das im Text inszenierte Rollenspiel zwischen Autor und Leser einzugehen, die mit Hilfe der Sprache arrangierte Bilderwelt imaginativ auszugestalten und – ihrem Zeichencharakter entsprechend – einen Bedeutungszusammenhang herzustellen, der an die Erfahrungswelt im Sinne eines Modells probierend angelegt werden kann."*
>
> Maria Lypp

Annäherungen an Gattungen und Genres zum Beispiel lassen sich mit einfachen Ausgangsfragen finden, zum Beispiel mit diesen: Was ist ein Märchen? Was ist ein Gedicht?

- Für die Suche nach Antworten auf Ersteres erhalten die Schüler:innen zwei typische Beispiele für Volksmärchen (der Sammlung der Gebrüder Grimm), die ihnen eventuell schon bekannt sind und anhand derer sich wichtige Gattungsmerkmale wie die formelhaften Anfänge und Enden, die knappe Erzählweise oder das selbstverständliche Zusammentreffen von diesseitigen und von zauberhaften Figuren erkennen lassen. Ein Vergleich mit einem Kunstmärchen (z. B. von Hans Christian Andersen), welches nicht an die schlichte Form des Volksmärchens gebunden ist, kann den Blick auf die Textart erweitern und zusätzlich schärfen.

- Beim anderen Beispiel, der Beantwortung der Frage nach dem Gedicht, stehen den Schüler:innen zwei verschiedene lyrische Texte zur Verfügung: ein Text mit kurzen Versen und einfachen Reimen (aus dem Bereich der Kinderlyrik z. B. Verse aus dem bekannten Bilderbuch *Der Grüffelo* von Julia Donaldson und Axel Scheffler; aus dem Bereich des Volksliedes z. B. *Das bucklichte Männlein*), und einer, der Wortwahl, Rhythmus und Anordnung in Verse auf wenig konventionelle Weise zeigt (z. B. Friederike Mayröckers *Litanei wenn man traurig ist*). In beiden Beispielen sollen die Schüler:innen Merkmale aufspüren, welche die Gattungen je kennzeichnen. Sie sollen ihre Beobachtungen austauschen und die Texte hinsichtlich dieser Merkmale und anderer Eigenschaften, die ihnen auffallen, vergleichen.

Zum Nachdenken über Gedichte und ihre Form siehe zum Beispiel den Beitrag von Täuber/Spinner/Wamser (2006): *Was ist ein Gedicht*? Er lässt sich für die Sekundarstufe I leicht adaptieren. Siehe weiter auch den Unterrichtsvorschlag „Gedichte ergänzen: konkretisieren und danach interpretieren“ in Kapitel 5.2.

Sich auf bestimmte Autor:innen konzentrieren – mit Informationen zum Werk und zur Biografie

Literarische Texte lassen sich nach verschiedenen Gesichtspunkten gruppieren, unter anderem nach ihrer Thematik, ihren formalen Merkmalen, der Epoche ihrer Entstehung. Solche Arten der Gruppierung sind dazu geeignet, die themen- oder genrespezifischen Eigenarten in den Blick zu nehmen. Als besonderes Unterrichtsprojekt macht aber auch die Konzentration auf eine:n Autor:in Sinn, weil damit das Leben und Schaffen eines Menschen in seiner Zeit, mit seinen jeweiligen Besonderheiten und Überzeugungen in den Blick gerät. Der biografische Bezug, der im Literaturunterricht selbstverständlich längst nicht bei jedem Text gesucht wird, bietet hier einen erzählerischen Rahmen für die Lektüren, die in der Klasse zusammengetragen werden. Geeignet sind Werke von solchen Autor:innen, deren Texte für die Schüler:innen gut zugänglich sind und über deren Biografien einiges in Erfahrung gebracht werden kann.

Je nach Alter der Schüler:innen und je nach Schulform bieten sich zum Beispiel ausgewählte Texte von Heinrich Böll (1917 – 1985), Wolfgang Borchert (1921 – 1947) oder Marie-Louise Kaschnitz (1901 – 1974) an. Im Bereich der Kinder- und Jugendliteratur sind unter anderem die Werke von Kirsten Boie (geb. 1950)[3], Peter Härtling (1933 – 2017), Mirjam Pressler (1940 – 2019) oder Andreas

3 Persönliche Website: https://www.kirsten-boie.de

Steinhöfel (geb. 1962)[4] sehr ergiebig, weil in ihnen sowohl einfachere als auch anspruchsvolle Texte enthalten sind. Zudem bieten diese Werke eine thematische Vielfalt, welche den verschiedenen Interessen von Jugendlichen entgegenkommt.

Im Umgang mit einer in dieser Weise autor:innenzentrierten literarischen Auswahl ist zum einen die Lektüre als individuelle Erfahrung und im eigenen Lesefluss wichtig, zum anderen der Austausch in der Klasse, sodass die Schüler:innen auch Einblicke in weitere Texte erhalten, in jene also, die andere gelesen und erfahren haben.

Dabei hat sich unter anderem ein Vorgehen in den folgenden fünf Schritten bewährt:

1. Zum Einstieg stellt die Lehrperson den:die Autor:in erst einmal mit wenigen Stichworten vor.
2. Danach wird ein zum Werk gehörender Text in der Klasse gelesen, entweder als ganzer Text oder in Ausschnitten, deren inhaltlichen Zusammenhang die Lehrperson kurz erläutert.
3. Nach der gemeinsamen Lektüre steht eine Auswahl weiterer Texte oder ganzer Bücher bereit, zu denen die Lehrperson erst einmal nur wenige Vorinformationen gibt (unter anderem zum Thema, den Figuren, eventuell auch zum Textumfang und zu den besonderen Herausforderungen, welche die Texte ihren Leser:innen jeweils stellen). In dieser Auswahl ist möglichst auch ein Text (oder ein Textausschnitt) enthalten, in dem über das Leben, die Zeitumstände und über Ansichten des:der Autor:in berichtet wird, vielleicht von diesen selbst, wobei auch interessant ist zu erfahren, was ihnen beim Scheiben wichtig ist.
4. Die Schüler:innen entscheiden sich für einen der erzählenden Texte und lesen zudem die Informationen zum:zur Autor:in. Die Lektüre erfolgt individuell oder in Lesegruppen, wobei die Lehrperson nach Bedarf bei der Überwindung schwieriger Textstellen hilft.
5. Die anschließenden Buch- oder Textpräsentationen können entweder mündlich erfolgen oder in Form gestalteter Plakate, die im Klassenzimmer aufgehängt werden. Zu ihrer Erarbeitung gibt die Lehrperson am besten wenige Elemente vor, die in den mündlichen oder schriftlichen Kurzberichten zu den Lektüren enthalten sein sollen: Wichtiges zum Inhalt (wovon handelt der Text?), zu den Figuren (wer kommt vor?), zur Handlung (was geschieht?), zur Erzählweise (wie wird erzählt?), zu persönlichen Leseeindrücken (was hat mich/uns irritiert, was fand ich/fanden wir interessant?), zu möglichen biografischen Bezügen (wo sehe ich/sehen wir einen Zusammenhang zum:zur Autor:in?). In ihren Kurzberichten zeigen

4 Persönlicher Blog https://newsfromvisible.blogspot.com

die Schüler:innen zudem einen Textausschnitt, der innerhalb der Lektüre zentral ist und der im Rahmen der Präsentation vorgelesen oder kopiert und integriert werden kann. Und schließlich geben sie eine Empfehlung der Lektüre ab für andere Schüler:innen in der Klasse, welche der Text interessieren könnte (falls der Text positiv beurteilt worden ist).

Die – sporadische – Konzentration auf eine:n Autor:in und ihre Werke hat mehrere Vorteile: Die Schüler:innen können individuellen Lektüren nachgehen, sie lernen, über Gelesenes zu berichten, und nicht zuletzt erhalten sie eine Vorstellung davon, was als Werk (im Sinne des von einem Menschen Geschaffenen) bezeichnet wird und wie dieses unter anderem auch vor dem biografischen Hintergrund verstanden werden kann.

Eine Autor:innenlesung veranstalten

Lesungen sind ihrerseits auf Autor:innen zentriert. Im Literaturbetrieb sind sie ein bewährtes Element der Literaturvermittlung. Attraktiv ist zum einen die Gelegenheit, geschätzten oder noch unbekannten Schriftsteller:innen direkt zu begegnen, etwas von der Entstehung ihres Buches zu erfahren, aber auch die Autor:innen als Menschen näher kennenzulernen. Genau diese Erfahrung wird auch heranwachsende Leser:innen animieren. Autor:innenlesungen in der Klasse oder für zwei Klassen miteinander sind substanzielle Beiträge zur Leseförderung. Sie gelingen, wenn

- die:der Autor:in sowie die vorgelesenen Texte so ausgewählt werden, dass sie den Aufnahmemöglichkeiten und den Interessen der Schüler:innen möglichst entsprechen: Die Auswahl und Planung werden deshalb möglichst frühzeitig in der Klasse beraten.
- dabei auch die schwachen Leser:innen berücksichtigt werden: Sie erhalten im Voraus mindestens einen Buchausschnitt in einem erleichternden Format (mit großer Schrift, reduziertem Text usw.) oder ihnen wird ein Buch bis zu einem seiner Höhepunkte erzählt, sodass sie auf die Lesung gut vorbereitet sind.
- die Schüler:innen sich vor, während und nach der Lesung mit eigenen Aktivitäten einbringen können: zum Beispiel mit Fragen an den:die Autor:in, die in der Klasse gesammelt und danach in den Anlass eingebracht werden, mit einer vorbereiteten Gesprächsmoderation, welche einzelne Schüler:innen übernehmen können, sowie mit Vorschlägen, was im Anschluss in der Klasse gelesen werden soll.

Eine Zusammenarbeit mit Bibliotheken oder anderen Organisationen der Leseförderung kann hilfreich sein: Autor:innen lassen sich gleich für mehrere Anlässe engagieren und sind deshalb eher zu gewinnen. Zudem können die

Bücher, die zu ihrem Werk gehören, anschließend den Schüler:innen, deren Interesse geweckt worden ist, so auch zur Verfügung stehen. Zu weiteren Planungsschritten siehe zum Beispiel die Empfehlungen von Daniel Nix (2012).

> „Das aber heißt: durch die Erfahrung des Textes geschieht etwas mit unserer Erfahrung.“
>
> Wolfgang Iser

2.2 Ziele für den Literaturunterricht – orientiert an den Lernenden und an den Texten

Die Ziele, die beim Umgang mit Literatur verfolgt werden, sind im Begriff der literarischen Bildung (wie er in Kapitel 2.1 skizziert wurde) zunächst einmal summarisch enthalten. Das umfassende Konzept bietet den Rahmen für eine vielfache Orientierung; sie ist in den Lehrplänen mit differenzierteren Zielvorgaben festgehalten. Interpretiert und gewichtet werden diese in der Praxis der Lehrpersonen, geleitet von ihren eigenen Überlegungen. Dabei können mehrere Ziele unterschieden werden. Im Vordergrund stehen zum einen die „guten“ Texte, also die Gegenstände des Literaturunterrichts, zum anderen die Schüler:innen und ihr Lernen im Umgang mit den Texten. Entlang dieser beiden Orientierungen, der an den Texten und der an den Lernenden, lassen sich die literaturbezogenen Ziele weiter unterscheiden. Diese sind übrigens keineswegs an den Umgang mit der deutschsprachigen Literatur gebunden und ebenso wenig an Unterrichtspraktiken, die ausschließlich in den deutschsprachigen Ländern vorherrschen. So hat die beachtete internationale Studie von Witte/Sâmihăian (2013) eine sehr ähnliche Vielfalt von Zielvorstellungen (Zielparadigmen) sowohl in den Curricula verschiedener europäischer Länder als auch in den Äußerungen von Lehrer:innen gefunden und diese eingeordnet in eine Systematik mit vier Zielbereichen, in welchen je nachdem die literarischen Gegenstände (die Texte und Medien) oder die Lernenden (die Schüler:innen) im Vordergrund stehen (Witte/Sâmihăian 2013, weiter diskutiert in Pieper/Böhme/Bertschi-Kaufmann 2000):

- Eher gegenstandsorientiert ist das kulturelle Zielparadigma Cultural, das sich auf traditionelle literarische Bildungsgehalte ausrichtet, auf literaturgeschichtliches Wissen, auf Einordnungen in Epochen und literarische Gattungen, auch auf Biografien von Autor:innen. Für den Erwerb solchen Wissens gelten vor allem jene Werke als geeignet, die traditionell anerkannt sind, die also zum sogenannten Kanon gehören (zum Kanon siehe Kapitel 3.1). Es geht hier primär um literaturbezogene Kenntnisse, wobei die Lehrperson die Rolle eines:einer vermittelnden Expert:in einnimmt.

- Ebenfalls auf die literarischen Gegenstände gerichtet ist zudem das sprachbezogene Zielparadigma *Linguistic;* dieses zielt auf die Wahrnehmung von sprachästhetischen Eigenschaften eines Textes sowie auf deren Wirkung auf die Lesenden. Entsprechend orientiert sich die Textauswahl in der Regel an literarisch hoch bewerteten Texten und der Zugang wird im Unterricht vorab mit analytischen Verfahren gesucht (zu diesen Verfahren siehe Kapitel 4.5). Diskussionen im Klassenplenum und der schreibend-erklärende Zugang zu den Texten sind dabei die hauptsächlich verwendeten Methoden, dabei gilt die Lehrperson auch hier als Expert:in, führt in die Verfahren ein und evaluiert die Lernergebnisse.
- Anders ausgerichtet ist der soziologische Blick auf Literatur, mit welchem soziale Themen und Problematiken aufgegriffen werden. Entsprechende Zielvorstellungen werden als *Social* bezeichnet. Sie fokussieren die soziale Bewusstheit der Schüler:innen, sind also primär lerner:innenorientiert. Im Zusammenhang mit den literarischen Texten werden ethische, gesellschaftliche und politische Themen besprochen und die Leseweise der Schüler:innen wird entsprechend fokussiert. Die Auswahl der Texte orientiert sich an Themen, welche als altersgemäß und als gesellschaftlich bedeutsam eingeschätzt werden. Für die Bearbeitung ist das Gespräch in Klassen oder in Gruppen zentral, wobei die Einschätzungen der Schüler:innen eine größere Rolle spielen.
- Das Zielparadigma *Personal Growth ist* schließlich auf die Persönlichkeitsentwicklung der Schüler:innen bezogen, also ebenfalls lerner:innenorientiert. Im Vordergrund steht hier das Lesen im Zeichen der Persönlichkeitsentwicklung und entsprechend wichtig sind die subjektive Wahrnehmung der Texte durch die Schüler:innen und deren individuelle Rezeptionsprozesse. Folgerichtig wird die Textauswahl denn auch an den Interessen der Schüler:innen ausgerichtet. Die Förderung ihrer Lesemotivation ist hier ein wichtiges Ziel. Die Lehrperson übernimmt eine moderierende Rolle, sie soll die Zugänge zu den Texten vermitteln und die Auseinandersetzung mit ihnen anregen. Das Gelingen des Unterrichts besteht in der Auseinandersetzung der Schüler:innen mit den Texten, in ihren eigenständigen Bewertungen und der Entwicklung ihrer Fähigkeiten und Aktivität.

Obwohl sich die Zielparadigmen in dieser systematischen Aufreihung mit einem je anderen Fokus beschreiben lassen, schließen sie einander in der Praxis keineswegs aus. Tatsächlich orientieren sich Lehrpersonen oft an mehreren Paradigmen gleichzeitig (Pieper/Böhme/Bertschi-Kaufmann 2020). Ähnlich kommt dies im unten stehenden Zitat zum Ausdruck, wenn eine Lehrerin „die Freude am Lesen" als zentrales Ziel betont, zugleich aber auch „die Gattungen kennenlernen und die Literaturgeschichte kennenlernen" als wichtig erachtet und damit für ihren Unterricht sowohl lerner:innen- als auch gegenstandsorientierte Ziele angibt. Die vier Zielorientierungen bestehen also durchaus parallel, allerdings werden sie in den verschiedenen Schulstufen und Schulformen verschieden stark gewichtet. Während Lehrpersonen in der Grundschule sich vorab am Ziel der Persönlichkeitsbildung *(Personal Growth)* orientieren, spielen in der Sekundarstufe I neben der Persönlichkeitsbildung auch die soziale Orientierung *(Social)* eine größere Rolle, je nachdem auch eine Ausrichtung auf sprachästhetische Bewusstheit *(Linguistic)*. Am Übergang zur Sekundarstufe II wächst die Aufmerksamkeit für die literarisch-kulturelle Dimension *(Cultural)*. Die Sekundarstufe I ist aber bekanntlich eine stark heterogene Schulstufe; mit ihren verschiedenen Schulformen bzw. Leistungszügen sind jeweils andere Erwartungen an die Schüler:innen und ihre Leistungsvoraussetzungen verbunden. Dieser Art der Heterogenität tragen die Lehrpersonen mit angepassten Gewichtungen Rechnung. So konzentrieren sich die meisten Lehrer:innen in der Schulform mit den niedrigsten Ansprüchen beinahe ausschließlich auf das Ziel der Persönlichkeitsbildung und möchten damit vor allem die Erfahrung vermitteln, dass Lesen als persönlicher Gewinn erlebt werden kann. Lehrer:innen im progymnasialen Schultyp bzw. in der Schulform mit den höchsten Ansprüchen hingegen verfolgen zusammen mit der Persönlichkeitsbildung stärker auch gegenstandsbezogene und insbesondere kulturelle Ziele (Pieper/Böhme/Bertschi-Kaufmann 2020),

> *„Also ich möchte eigentlich gerne, dass sie [die Schüler:innen] selber Freude am Lesen bekommen. Und klar gibt es dann noch andere Ziele, dass sie halt Gattungen kennenlernen und die Literaturgeschichte kennenlernen, das finde ich schon auch gut, wenn sie so einordnen können, aber ich denke, das, was ihnen später noch bleibt, ist, sich mit Literatur auseinandersetzen zu können. […] Ich sage dann auch zu ihnen, es hat einen Grund, dass das Weltliteratur geworden ist, das sind Menschheitsthemen […], die immer wieder kommen, die unvergänglich sind, weil sie den Menschen immer wieder beschäftigen."*
>
> Lehrerin, Sekundarstufe I

Und wie kommen die Zielvorstellungen, welche den Lehrer:innen in den verschiedenen Schulformen der Sekundarstufe I wichtig sind, bei ihren Schüler:innen an? Welchen Einfluss haben die Ziele vonseiten der Lehrpersonen zum Beispiel auf ihre Lesemotivation? Hierzu gibt es diesen Befund aus der TAMoLi-Studie: Diejenigen Schüler:innen sind stärker lesemotiviert, deren Lehrer:innen solche Ziele verfolgen, die auf die Lernenden bezogen sind (dabei insbesondere *Personal Growth* bzw. Persönlichkeitsbildung). Dabei spielt es eine entscheidende Rolle, ob die Schüler:innen die diesbezüglichen Ziele und Anliegen ihrer Lehrer:innen auch tatsächlich wahrnehmen (Fässler/Bertschi-Kaufmann/Pieper u. a. 2019).

Ziele umsetzen

Bildungsziele und ihre Realisierungen klaffen nicht selten auseinander – für den Literaturunterricht auf der Sekundarstufe I mag dies in besonderem Maße zutreffen. Angesichts der Vielfalt von Zielvorstellungen auf der einen Seite und der beschränkten Unterrichtszeit für eine Beschäftigung mit Literatur auf der anderen Seite ist eine Schwerpunktsetzung sicherlich nötig. Zusammen mit den Zielen, die im Vordergrund stehen sollen, müssen die Möglichkeiten der Umsetzung überlegt werden, und dies zunächst für die Zeitspanne des gesamten Schuljahrs und mit einer Kontinuität, mit welcher die Zielerreichung realistisch scheint.

Wenn vorab die Persönlichkeitsbildung der Schüler:innen und damit auch die Entwicklung ihrer Lesefreude angestrebt wird, dann werden sie – jedenfalls in einem Teil der Unterrichtszeit – zum einen ihren individuellen Leseneigungen nachgehen können. Zum anderen werden sie laufend Anregungen für Lektüren erhalten, welche die Lehrpersonen in ihren Horizont bringen. Dabei gehen die Lehrer:innen auf bestehende Leseinteressen ein oder sie versuchen, diese bewusst zu erweitern, indem sie auf Texte und Themen neugierig machen. Wie im gesamten Unterricht wird das Gelingen stark auch davon abhängen, dass das Leseangebot den Lesefähigkeiten der Schüler:innen gerecht wird und sie sich mit den je zu ihren Fähigkeiten passenden Lektüren weiterentwickeln können.

Werden mit dem Lesen auch (oder sogar vorrangig) soziale Ziele verbunden, lenkt die Lehrperson die Textauswahl stärker, wobei die Klasse auch beteiligt werden kann. Das Gespräch wird bei der Verarbeitung der Themen einen zentralen Raum einnehmen; es geht dabei vorab um den Austausch von Sichtweisen zum Gelesenen. Dabei werden Lehrer:innen laufend überlegen, ob die individuellen Leseinteressen und -entwicklungen der Schüler:innen ausreichend gefördert werden. Ziele des sozialen Lernens im Umgang mit Literatur können auch so umgesetzt werden, dass zu einem Thema verschiedene und unterschiedlich anspruchsvolle Texte angeboten werden und die

Schüler:innen verschiedene Zugänge erhalten, darunter Möglichkeiten der Beteiligung am Gespräch.

Ziele des sprachästhetischen oder kulturellen Lernens lassen sich ein Stück weit mit den beiden oben genannten verbinden. Zum Beispiel kann dem themenzentrierten Leseangebot ein Text hinzugefügt werden, der das Thema auf literarisch besonders interessante Weise berührt und der – eventuell in Ausschnitten – in der Klasse gelesen wird. Für die Textauswahl spielt die literarische Bewertung eine entscheidende Rolle; sie wird sich deshalb am Kanon oder am aktuellen literarischen Feuilleton orientierten (zum Kanon siehe Kapitel 3.1). Während der Textbearbeitung wird der Blick der Schüler:innen auf den Inhalt sowie auf dessen sprachliche Gestaltung gelegt werden. Es geht um die Sensibilisierung für Signale des Poetischen, für ein Erfahren der Wirkungen und je nachdem auch um das Situieren der Texte oder der medialen Präsentationen innerhalb von Genres oder Epochen.

> *„Solange das Lesen für uns der Initiator ist, dessen Zauberschlüssel uns in der Tiefe unseres Selbst das Tor zu Räumen öffnet, in die wir sonst nicht einzudringen vermocht hätten, ist seine Rolle in unserem Leben heilsam.“*
>
> Marcel Proust

Ziele erklären und die Rückmeldungen der Schüler:innen einholen

Die Ziele, die im Unterricht erreicht werden sollen, sind im besten Fall nicht nur der Lehrperson, sondern auch den Schüler:innen bewusst und auch einsehbar. Sie erkennen, was sie im Umgang mit den literarischen Texten vor allem lernen und erfahren sollen, und sie verstehen – wann immer möglich – den Grund für die Akzente, welche ihr:e Lehrer:in dabei setzt. Wichtig ist deshalb nicht nur die Zieltransparenz, sondern auch die gemeinsame Beobachtung, wie, womit und wie gut wahrnehmbar die Ziele in den jeweiligen Unterrichtsphasen umgesetzt werden. Dabei kann ein periodischer Austausch hilfreich sein, und zwar jeweils im Rückblick auf eine soeben abgeschlossene Sequenz im Literaturunterricht, eventuell auch nach einzelnen Lektionen, die entweder typischerweise zum gewohnten Literaturunterricht gehören oder mit denen ein besonderer Zugang zu einem Text, einem Film, einer Webpräsentation ausprobiert worden ist. Ratsam ist ein Vorgehen in zwei Schritten:

1. Die Schüler:innen notieren für sich kurz ihre Wahrnehmung zu den Fragen: Was haben wir in dieser Stunde/diesen Stunden gemacht? Was war unserem:unserer Lehrer:in dabei wichtig? Was ist mir selbst dabei wichtig? Was erschien mir sinnvoll/nicht sinnvoll?

2. Danach folgt der Austausch zu diesen Zielwahrnehmungen. Dafür gibt es verschiedene Varianten: Entweder bringen die Schüler:innen das von ihnen Notierte direkt ins Klassengespräch ein, wobei alle um Beiträge gebeten werden und die Lehrperson bei Bedarf nachfragt, um die Zielwahrnehmung der Schüler:innen möglichst gut zu verstehen oder um die eigenen Zielgebungen verständlich zu machen. Oder die Lehrperson liest die Notizen der Schüler:innen vorgängig zum Gespräch in der Klasse durch, sortiert die verschiedenen Wahrnehmungen, bringt sie eventuell leicht zugespitzt ein und bittet die Schüler:innen um weitere Stellungnahmen (ein Vorgehen also in der Art eines Delphi-Verfahrens, in welchem die Ergebnisse einer Befragung den Teilnehmenden zurückgespiegelt werden, sodass diese die Rückmeldungen aller kennen und sich dazu äußern können).

„Das möchte ich lernen!" – Persönliche Leseziele im Literaturunterricht

Lesen ist – wie jede kognitiv anregende Handlung – eine eigenaktive Tätigkeit. Sie ist vorab gelenkt von den Zielen, welche sich die Handelnden dabei selbst geben oder die sie von anderen übernehmen und sich damit zu eigen machen. Es ist deshalb sinnvoll, die Schüler:innen nach ihren Zielen im Umgang mit den ihnen vorgelegten oder den von ihnen selbst gewählten literarischen Texten zu fragen, zum Beispiel mit diesem Vorgehen: Die Schüler:innen erhalten die Schablone eines Buchzeichens, das mindestens 5–7 Zentimeter breit ist, sodass Stichworte darauf notiert werden können. Unter der Überschrift „Das möchte ich lernen!" notieren sie die ihnen wichtigen Ziele und sie halten sich diese – mit dem Gebrauch des Buchzeichens – laufend präsent. Im Fall von elektronischen Lektüren kann das Buchzeichen selbstverständlich auch neben das Tablet oder die Tastatur gelegt werden. Ein Austausch zu den eigenen Zielsetzungen und zum Erreichten findet periodisch entweder im Einzelgespräch mit der Lehrperson, in Schüler:innengruppen oder in der Klasse statt. Für die Lehrer:innen ist es nicht nur aufschlussreich zu erfahren, was sich die Schüler:innen bei der Begegnung mit Literatur vornehmen, sondern sie erhalten damit auch Hinweise für eine Textauswahl, welche zu den jeweiligen Ambitionen der einzelnen Schüler:innen passt.

„Also wenn ich mal ein Buch angefangen habe, dann möchte ich am liebsten gar nicht mehr damit aufhören. Und manchmal fühle ich mich auch, wie wenn ich im Buch drin wäre.“

3 Die Texte im Literaturunterricht

> *„Der Leser von Literatur lernt noch etwas anderes: wie man über Denken, Wollen und Fühlen von Menschen sprechen kann. Er lernt, dass man derselben Sache gegenüber anders empfinden kann, als er es gewohnt ist. Andere Liebe, anderer Hass. Er lernt neue Wörter und Metaphern für seelisches Geschehen. Er kann, weil sein Wortschatz, sein begriffliches Repertoire, größer geworden ist, nuancierter über sein Erleben reden, und das wiederum ermöglicht ihm, differenzierter zu empfinden.“*
>
> Peter Bieri

Der Literatur wird ein besonderer und vielfacher Bildungsgehalt zugeschrieben – der Philosoph und Romancier Peter Bieri (er hat seine Romane unter dem Pseudonym Pascal Mercier veröffentlicht) akzentuiert den Zugewinn an sprachlichem Ausdruckserleben und die Erweiterung emotionaler Horizonte, wobei Sprache und Empfinden im gegenseitigen Wechselspiel angeregt werden. Geht eine solche Wirkung von allen Texten und Medien aus, die als „Literatur“ bezeichnet werden, oder nur von solchen, denen fraglos sowohl inhaltliche als auch sprachliche Qualitäten zugeschrieben werden? Die Frage nach den passenden Texten wird verschieden beantwortet werden, je nachdem, was für die Textauswahl maßgeblich ist:

- ein Bildungskonzept, welches den Umgang mit Literatur einschließt, sich am Kanon orientiert und dabei Maßstäbe anlegt wie historische Beständigkeit und literarische Qualität;
- die schulische Tradition einer Praxis, innerhalb derer sich Texte und Medien besonders gut bewährt haben und auf welche sich Lehrpersonen verlassen können;

- eine einfache Verfügbarkeit: bereits vorhandene Klassenbestände von bestimmten Werken einerseits und anderseits didaktisches Material, welches von Verlagen angeboten wird und die Arbeit mit den jeweiligen Werken erleichtern soll;
- Empfehlungen vonseiten der Literaturdidaktik, aus Fachkreisen, Fachzeitschriften oder Seminaren;
- Anregungen durch das aktuelle Feuilleton oder durch andere Medienbeiträge;
- die literarischen Vorlieben der Lehrpersonen, welche ihre eigene Lesebegeisterung am Beispiel der ihnen besonders wichtigen Werke mit ihren Schüler:innen teilen möchten;
- die von den Schüler:innen geäußerten Interessen
- und nicht zuletzt die Einschätzung einer animierenden Wirkung auf die Schüler:innen.

Wenn sich Lehrpersonen laufend bewusst halten, welche Überlegungen und Motive für ihre Textauswahlentscheidungen wichtig sind, ist dies sicherlich hilfreich im Hinblick auf eine reflektierte Unterrichtspraxis und auch im Hinblick auf Justierungen, wenn man bestimmte Einseitigkeiten bezüglich der im Unterricht vorgelegten Texte feststellt. Als Grundlage können die Ausführungen dieses Kapitels dienen; sie fokussieren prominente Konzepte und Angebote, welche die Textseite im Literaturunterricht betreffen.

3.1 Kanon – (k)ein alter Hut? Gesellschaftliche und schulische Regulierungen von Lektüren

„Als ich fünfzehn Jahre alt war, lasen wir in der Schule Friedrich Schillers Stück Kabale und Liebe. *Mich beeindruckte die Tragödie des Präsidentensohns Ferdinand und der bürgerlichen Musikertochter Luise, die gegen den Standesunterschied und für ihre Liebe ankämpften. Ein bisschen hatte ich mich auch in Ferdinand verliebt, aber was mich an diesem Stück wirklich faszinierte, war der Klang der Sprache, ihr Rhythmus, ihre Musik. Besonders der Satz des Hofmarschalls von Kalb, als er von der desolaten Lage des Hofs erfährt: „Mein Verstand steht still." Wochenlang hatte ich diesen Satz im Kopf. Er verfolgte mich wie ein Ohrwurm einer guten Melodie. Und ich suchte nach einer passenden Gelegenheit, ihn selbst zu sagen."*

Laura de Weck

Als literarischer Kanon gilt die Zusammenstellung von Werken, welchen ein besonders hoher Wert, eine fraglose Qualität und eine dauerhafte Bedeutung zugeschrieben werden. „Kanon“ steht dabei für eine normative Vorgabe, entsprechend seiner Wortgeschichte (im Griechischen bedeutet „Kanon“ so viel wie „Maßstab, Richtschnur, Regel“). Er zeigt also Verbindlichkeit, Vorschrift und Überzeitlichkeit an. Kanones sind aufgrund ihrer Festschreibung denn auch traditionsgebunden und in der Regel weitgehend konservativ gegenüber Veränderungen (Paefgen 2006, S. 54). Dies gilt im Prinzip auch für den schulischen Kanon. Rückblickend auf literarische Traditionen vorangehender Generationen und Epochen ist dem Leseunterricht eine verbindliche Auswahl an Texten vorgegeben. Damit sollen die Anschlussfähigkeit junger Leser:innen an kulturell bedeutsame Bestände gewährt und die intergenerative Verständigung erhalten werden. Eine Auswahl wird festgelegt, ein fester Bestand wird weitergegeben, ein gemeinsames – kulturelles – Gedächtnis wird trainiert (Assmann 2006). Auf die Bedeutung solcher Textbestände für die Kommunikation innerhalb und zwischen Kulturen haben Jan und Aleida Assmann (1983) nachdrücklich hingewiesen. Der literarische Kanon funktioniert, so sollen wir uns das vorstellen, als Echoraum, indem die hier anschlussfähigen Leseerfahrungen Resonanz erhalten. Längst sind die Echoräume aber vielstimmig und vor allem mehrkanalig geworden: Literarische Stoffe werden im Medienverbund nämlich nicht nur aufgenommen, sondern transformiert und umerzählt. Die Bezugnahme auf literarische Stoffe, deren Weiterentwicklung und Verwertung in neuen Zusammenhängen sind dabei zum Teil gut erkennbar. Zum Teil aber halten sich die Bezüge verdeckt, sodass junge Leser:innen, begegnen sie zum Beispiel *Romeo und Julia* im Comic, in einer digitalen Version im Internet oder als verfilmte Szene auf YouTube, deren literarische Referenz nicht wahrnehmen. Offengelegte und deutliche Aufnahmen klassischer Stoffe hingegen finden sich zum Beispiel in Pommeaux' Bilderbuch *Ödipus – Das Findelkind* oder in Plenzdorfs neuzeitlicher *Werther*-Erzählung, den *Neuen Leiden des jungen W.*, wobei Letztere Format und Verlauf von Goethes Briefroman zwar sehr genau aufnimmt, den Protagonisten aber nach dem Vorbild von Salingers Protagonist Holden (in *Der Fänger im Roggen*) formt, zudem auch Parallelen zu Defoes *Robinson* erkennen lässt und der lebensweltlichen Erfahrung Jugendlicher in der DDR der 1970er Jahre eine eigene, poetische Sprache verleiht. *Die neuen Leiden des jungen W.* sind als Schullektüre am Ende der Sekundarstufe I und am Beginn der Sekundarstufe II längst anerkannt und etabliert. Neue Versuche von literarischen Transformationen, wie zum Beispiel die über YouTube vertriebene Rap-Version von Goethes *Zauberlehrling*, haben jedoch noch kaum Eingang in die Schule gefunden. Solche medialen Adaptionen könnten den Umgang mit kanonisierten Texten anreichern. Als verbindliche Elemente eignen sich YouTube-Beiträge aber alleine schon deshalb nicht, weil sie jederzeit gelöscht werden können und – anders als die kanonisierten Ausgangstexte – instabil und deshalb nicht kanontauglich sind.

Zwischen dem Kanon, welcher der Schule traditionell vorgegeben ist, und dem, der sich in der Praxis der Lehrer:innen faktisch etabliert, bestehen allerdings erhebliche Unterschiede. Diese hat man über den deutschsprachigen Raum hinaus festgestellt und die in der Schule tatsächlich vorgenommene Textauswahl als De-facto-Kanon bezeichnet (Fleming 2007). Dieser konstituiert sich aus Schullektüren, die als „bewährt" gelten, und erweitert sich kontinuierlich. Insbesondere hat die (intentionale) Jugendliteratur, mithin ein Genre, das sich an jugendliche Leser:innen wendet und häufig auf ihre Erlebnishorizonte Bezug nimmt, auf diesem Weg Eingang in die Schule gefunden (zur Jugendliteratur siehe Kapitel 3.3). Allerdings besteht für die schulisch kanonisierten Werke keine hohe Verbindlichkeit. So verzichten die aktuellen Lehrpläne meist gänzlich auf die Nennung von Buchtiteln, stattdessen geben sie epochen- und genrebezogene Kriterien für die Lektürewahl an oder solche Kriterien, die auf die Lesetätigkeit gerichtet sind: zum Beispiel eine Auswahl von umfangreicheren Texten zum Einüben eines Leseatems und von kompakten Texten, in denen Wichtiges angedeutet wird und die sozusagen zwischen den Zeilen interpretiert werden müssen (im *Lehrplanplus* des Bundeslandes Bayern wie in vielen anderen Lehrplänen werden die entsprechenden Kompetenzziele folgendermaßen genannt: Die Schüler:innen „... erschließen literarische Texte" und „... lesen mindestens eine Ganzschrift"[5]).

Allgemein (und auch ohne Bezug zu einzelnen Klassikern) treffen in der Debatte zum Kanon im Lese- und Literaturunterricht die Argumente für einen Kernbestand ausgezeichneter Werke auf jene ganz anderen, welche derart normative Setzungen eines Lektüreprogramms als dogmatisch und deshalb als mit einem freiheitlichen Bildungsbegriff schlicht unverträglich beurteilen. Wenn also die einen wegen der erkannten Gefahr des Traditions- und Werteverlusts auf die schulische Pflichtlektüre setzen, sehen andere in dieser gerade den Grund für frustrierende Wirkungen der Schule auf das Lesen (Graf 2007). Nach wie vor aber gilt der literarische Kanon als einer von verschiedenen möglichen Orientierungsrahmen für die literarästhetische Ausrichtung des Unterrichts.

Der Ausgang der Debatte ist offen. Und dass mit vorgelegten Werken neue Leseinteressen geweckt werden können, ist ebenso wenig bestritten wie das Gegenteil, dass angeordnete Lektüren Lesemotivationen häufig auch schwächen. Die Aussage der 15-jährigen Nadja (siehe Zitatkasten) mag die Skepsis gegenüber Kanon-orientierten Vorgaben im Literaturunterricht unterstützen.

5 Siehe https://www.lehrplanplus.bayern.de/fachlehrplan/gymnasium/7/deutsch

> „Hm – ich würde jetzt einmal sagen, ja. Ich bin eine (Leserin), also ich, ich lese so wahnsinnig gern in der Freizeit, Bücher, eben so Krimis und so Jugendromane – aber so, in der Schule lese ich überhaupt nicht gerne. Also wenn wir in der Schule Bücher lesen müssen, die mich auch nicht interessieren, dann brauche ich ewig und es ist einfach mühsam."
>
> Nadja, 8. Schuljahr

Dazu lässt sich allerdings vermuten, dass weniger das von der Schule vorgeschriebene Leseobjekt das Problem zu sein scheint als die schulische Textverarbeitungsnorm, zu der gehört, dass Leser:innen regelmäßig Auskunft über ihr Verstehen zu geben haben. Der Anschluss an das Tradierte, literarisch Beständige ist für die Lese-Bildung aber nur die eine Herausforderung. Die andere große Aufgabe ist nach vorne gerichtet – und dies mit Blick und Interesse für jene digitalen Leseumgebungen, welche den Heranwachsenden nicht nur veränderte Textformate, sondern auch vollkommen neue Leselandschaften, auch literarische Leselandschaften anbieten (zur Literatur im Netz siehe Kapitel 3.2).

„Klassische" Kurzgeschichten – eine Weiterführung schulischer Traditionen

Epische Kurzformen wie das Volksmärchen, die Fabel, die Sage, die Parabel und verschiedene Arten von Kurzgeschichten sind schon seit Langem ein fester Bestandteil schulischer Leseprogramme, und dies wohl nicht zuletzt deshalb, weil kurze Texte ohne großen zeitlichen Aufwand gelesen und besprochen werden können. Eine Zusammenstellung von kurzen Texten, von denen wenige in der Klasse gelesen werden und andere zur Auswahl für die individuelle Lektüre zur Verfügung stehen, bringt Abwechslung und Intensität in die Unterrichtssequenz. Diese kann thematisch oder stilistisch ausgerichtet sein. Das heißt, die Aufmerksamkeit der Schüler:innen wird je nachdem auf die jeweiligen Inhalte, auf die je genretypischen Formen oder auf beides gelenkt werden: in Erzählungen, die auf die Not und auf das Empfinden von Menschen und Tieren zentriert sind, wie die von Marie von Ebner-Eschenbach (1830 – 1916) oder von Marie-Louise Kaschnitz (1901 – 1974), sozial-historisch verortbare Geschichten von Wolfgang Borchert (1921 – 1947), Ilse Aichinger (1921 – 2016) und Heinrich Böll (1917 – 1985) und poetisch dichte und zum Teil sperrige Texte von Franz Kafka (1883 – 1924), auf poetische Einfachheit reduzierte Texte wie jene von Peter Bichsel (geb. 1935) – sie alle gehören bereits zum schulischen Repertoire. Mit ihnen lernen die Schüler:innen verschiedene episodenhafte Erzählungen kennen, die auf Probleme der außerliterarischen Welt verweisen und damit Anlass zum Nachdenken und zum Gespräch geben. Dabei begegnen sie Autor:innen, die mittlerweile zu den Schulklassikern, teils zu den neuen Klassikern gehören und deren Namen man lesend sicherlich mehrmals antreffen wird.

Neuere kurze Prosa – kleine Beiträge zur Erweiterung des schulischen Kanons

Zu den als Schulstoff seit Längerem etablierten Kurzgeschichten sind in den letzten Jahrzehnten aktuelle kurze Prosatexte hinzugekommen, die traditionelle Formen des Erzählens noch stärker aufbrechen, teils mit Sprache experimentieren und Grenzen des in der Wirklichkeit Erfahrbaren aufbrechen. Dabei tauchen fantastische Elemente ganz selbstverständlich in zunächst realistisch scheinenden Welten auf – der Schweizer Autor Franz Hohler ist ein Meister solchen Erzählens – und das tatsächlich Mögliche verbindet sich mit dem Unwirklichen so, dass die Imagination der Leser:innen auf neue Weise angeregt wird. – „Stell dir vor, sagt Lena, es könnte sein, wir werden alle nur geträumt." So beginnt Jutta Richters Geschichte *Der Riese* (1988), und sie spielt danach mit den beiden Ebenen des in der Realität Vorkommenden und dem Ausgedachten. Jutta Richter ist längst nicht die Einzige, der entsprechende Texte gelingen. Die knappe Prosa, in denen mit dem „Als-ob" des Literarischen spielerisch umgegangen wird und die zum Teil mit offenen Enden überraschen, stammen zu einem guten Teil von Autor:innen der Kinder- und Jugendliteratur. Zum Beispiel hat Jürg Schubiger (1936–2014), ebenfalls ein Schweizer Schriftsteller, eine Reihe kurzer und kürzester Texte geschaffen, die elementare Fragen aufwerfen, etwa die Frage, warum man Hilfe braucht und wie man sie bekommt (*Wie man Hilfe findet;* siehe dazu auch das Unterrichtsmodell von Rank 2007) oder die Frage, wie es um den Schutzengel steht *(Das Mädchen und der Engel)*. Burkard Spinnen und Andreas Steinhöfel sind für ihre kinder- und jugendliterarischen Werke ebenfalls bekannt und haben neben Romanen und längeren Erzählungen eine Reihe von feinsinnigen, anregenden Kurztexten hervorgebracht. Auf den ersten Blick mag man sie als „Kindergeschichten" bezeichnen wollen, weil sie in knapper Sprache und zum Teil mit komischen Assoziationen strukturell einfach gestaltet sind. Sogleich fallen aber auch die vielerlei Irritationen auf, mit welchen die Texte spielen, damit das Gewohnte aufbrechen und zum Nachdenken über gängige und neue Formen des Erzählens anregen. Die kurzen Texte mit dem „doppelten Boden" sind in Lesebüchern und anderen Anthologien aufgenommen und damit für die Schule leicht zugänglich geworden – inspirierende Erweiterungen des klassischen Geschichtenkanons (siehe dazu auch Rosebrock 2007; zur Bedeutung der Jugendliteratur für den Literaturunterricht siehe Kapitel 3.3).

Novellen und Romane – Zugänge mit Erleichterungen

Zum literarischen Kanon gehören selbstverständlich auch Werke in längeren epischen Formaten wie Novellen und Romane. Dass dabei primär die Novelle als schultauglich gilt, liegt wohl an ihrer vergleichsweise gut überschaubaren Form und ihrer meist auf einen oder wenige Erzählstränge fokussierten Handlung. Vermittelt wird damit eine Ansicht von Welt und Welterfahrung, welche sich zwischen Anfang und Ende klar ordnen lässt. Sie hat insbesondere im literarischen Schaffen des 19. Jahrhunderts einen wichtigen Raum eingenommen. Heute finden vorab einzelne Novellen von Gottfried Keller Eingang in die Sekundarstufe I, darunter vor allem solche, in denen Figuren und ihr Handeln mitunter auch komisch gezeichnet werden. Anschaulichkeit der Darstellung (man denke zum Beispiel an den legendären Kartoffelbrei, den *Pankraz, der Schmoller,* von seiner Mutter serviert bekommt) und belustigende Szenen (zum Beispiel die Auftritte des gut gekleideten, aber armen Schneiders Wenzel Strapinski in *Kleider machen Leute*) sind wohl jene Qualitäten, welche die zur Weltliteratur gehörenden Texte aus dem 19. Jahrhundert auch heutigen jungen Leser:innen zugänglich machen.

Bei umfangreichen Romanen durchzuhalten, verlangt von den Lesenden bekanntlich vielerlei: die Bereitschaft, sich für längere Zeit mit einem literarischen Stoff zu beschäftigen, die Übersicht über das Handlungsgeschehen, in welchem Hauptstränge und Nebenerzählungen miteinander verknüpft sind, das Behalten von wichtigen Handlungsschritten oder von Charakterzügen der Figuren, sodass Zusammenhänge über viele Seiten hinweg in Erinnerung bleiben, und schließlich die laufend wach gehaltene Neugierde für die kommenden Stationen der Handlung und für die Entwicklung der Figuren. Wegen all dieser Anforderungen ist das Lesen eines Romans ein Meilenstein der individuellen Leseentwicklung. Zudem wird verschiedenen Romanen auch eine große kulturelle Bedeutung zugeschrieben, dies vor allem jenen, welche vom Leben und Handeln einzelner Personen in den jeweiligen gesellschaftlichen Verhältnissen, in den besonderen Konstellationen von familiären oder gesellschaftlichen Bindungen, von Handlungsmöglichkeiten und -beschränkungen erzählen. Mit solchen Romanen geht eine Welt auf, und mit der Darstellung von Romanfiguren werden existenzielle Probleme entfaltet, die je nachdem zwar zeitlich entrückt sind, deren Aktualität und Dringlichkeit wir aber auch heute empfinden.

Gustave Flauberts Roman *Madame Bovary* mag dafür ein prominentes Beispiel sein. In der deutschsprachigen Literatur sind es unter anderem sicherlich Thomas Manns *Buddenbrocks* oder *Der Zauberberg,* Siegfried Lenz' *Deutschstunde* – es sind anspruchsvolle Lektüren und für die Sekundarstufe I deshalb erst einmal mit einer Einführung durch die Lehrperson zu empfehlen (siehe unten). Für den Einstieg in die Romanlektüre bietet die Jugendliteratur interessante und teils bereits als „Klassiker" verbreitete Titel und weiter auch die sogenannten All-Age-Romane der Gegenwartsliteratur, die sich als „neue" Klassiker bereits etabliert haben. Mit diesen können sich Heranwachsende allein schon wegen des jugendlichen Alters der Protagonist:innen und deren für die Phase der Pubertät typischen Distanznahmen gegenüber familiären Konflikten leicht identifizieren.

Es ist also aus verschiedenen Gründen sinnvoll, dass auch die zeitlich anspruchsvolle Gattung Roman ins Leseprogramm der Sekundarstufe I (und natürlich auch der Sekundarstufe II) aufgenommen wird, und dies zunächst mit Exemplaren, zu denen den Schüler:innen ein erleichternder Zugang geboten werden kann. Dies zum Beispiel

- mit der Auswahl eines Romans, der als „neuer Klassiker" zur Gegenwartsliteratur gehört und bei dem die jungen Leser:innen weder in sprachlicher noch in inhaltlicher Hinsicht hohe Hürden überwinden müssen (zum Beispiel Wolfgang Herrendorf, *Tschick;* Nick Hornby, *About a Boy* – beide Titel wurden auch verfilmt);
- mit einer lebendigen Einführung in den Plot, die in der Regel von der Lehrperson übernommen wird, gefolgt von der Lektüre ausgewählter Ausschnitte, die für das Romangeschehen zentral und nach der gemeinsamen Einführung auch leichter verständlich sind (zum Beispiel mit Ödön von Horváth, *Jugend ohne Gott*);
- oder mit einer Verfilmung, sodass man dem Geschehen erst einmal zuschauend folgen kann und den Roman vergleichend oder mit ausgewählten Ausschnitten hinzunimmt (gut möglich ist dies zum Beispiel mit Theodor Fontanes *Effie Briest* und der Verfilmung von Rainer Werner Fassbinder oder mit Siegfried Lenz' *Die Deutschstunde* und der Verfilmung von Christian Schwochow).

> „Ich sage ihnen [den Schüler:innen] immer: „Es gibt auch Bücher, die lest ihr sowieso für euch, und es gibt andere, die würdet ihr für euch alleine nie lesen." Und ich sage ihnen auch: „Das ist meine Aufgabe als Lehrerin, da wie eine Übersetzerin zu sein und dass ihr auch merkt, dass da […] etwas Gutes daran ist." "
>
> Lehrerin, Sekundarstufen I und II

Dramen und Dramatisierungen – Anregungen vom und im Theater

Innerhalb des literarischen Kanons spielen Dramen eine zentrale Rolle. Eine Auswahl von klassischen Theaterstücken ist über Generationen hinweg bekannt. Der Kern ihrer Handlung und häufig zitierte Stellen gehören zum Grundbestand eines literarischen Fundus. In lebendiger Erinnerung bleibt dieser nicht zuletzt dank des Theaters, das mit seinen Inszenierungen einen interpretierenden Zugang zu den klassischen Stücken schafft und mit spielerischen Einfällen den Gegenwartsbezug der Stücke sinnlich erfahrbar macht. Die Schule als Instanz literarischer Bildung und die Bühnen mit der ihnen traditionell zugeschriebenen dreifachen Aufgabe zu unterhalten, zu bilden und intellektuelles Erleben zu ermöglichen (Aristoteles' *Poetik* ist eine der wesentlichen Grundlagen auch der modernen Dramentheorien, siehe Langemeyer 2011) – beide Institutionen leisten ihren Beitrag zur Belebung der klassischen Theaterstücke.

Im günstigsten Fall finden Schule und Theater deshalb zu einem korrespondierenden Angebot, zu einer Zusammenarbeit, in welcher die Schüler:innen neben der Dramenlektüre auch eine Aufführung erleben, mögliche Regieideen kennenlernen oder – zum Teil unabhängig von dramatischen Vorlagen – szenische Ausdrucksmöglichkeiten ausprobieren. Neben dem physischen Erleben einer Aufführung, bei welcher die Theaterschaffenden und das Publikum körperlich kopräsent sind und einem einmaligen Ereignis beiwohnen (keine Aufführung verläuft haargenau gleich wie die andere), bieten die aufgezeichneten Aufführungen auch über Streamingdienste mittlerweile einfache Zugänge. Viele Theater werden sie den Schulen auf Anfrage zur Verfügung stellen und damit eine Erfahrung zumindest im digitalen Theaterraum ermöglichen. Zudem bietet die Theaterpädagogik eine reichhaltige Angebotspalette für eine Vermittlungspraxis, in der Theater und Schule zusammenspannen (z. B. von Waxmann 2013 zusammengestellt in einer Handreichung für Lehrpersonen). Dazu gehört u. a. das Darstellende Spiel, mit dem Prosatexte theatralisch umgesetzt oder spielerische Umsetzungen für Dramenvorlagen gesucht werden, auch die Vorlagen kanonisierter Dramen.

Eine kleine Auswahl klassischer Stücke ist Bestandteil sowohl in den Spielplänen deutschsprachiger Bühnen als auch im Literaturunterricht bzw. in den Leseempfehlungen von Bildungsservern diverser deutscher Bundesländer für die Sekundarstufen I und II. Neben *Romeo und Julia* von William Shakespeare (oder je nachdem *nach* Shakespeare), dem mit Original und Adaptionen wohl am stärksten verbreiteten Stoff, sind es Werke von Gotthold Ephraim Lessing, Friedrich Schiller, Johann Wolfgang Goethe, Georg Büchner und Bertolt Brecht: *Nathan der Weise* und *Emilia Galotti, Die Jungfrau von Orleans* und *Wilhelm Tell, Faust* (oft: *Urfaust*), *Woyzeck* und *Dantons Tod, Mutter Courage* und *Der gute Mensch von Sezuan.* Speziell für die Sekundarstufe I werden wenige neuere Dramen empfohlen, insbesondere Friedrich Dürrenmatts *Der Besuch der alten Dame* oder *Die Physiker* und Max Frischs *Andorra* und *Biedermann und die Brandstifter.*

Für eine integrale Lektüre auf der Sekundarstufe I eignen sich die neueren Dramen sicherlich eher als die älteren, sie sind sprachlich besser zugänglich und ihr Handlungsverlauf ist alleine schon deshalb leichter erkennbar. Zu vielen Dramen liegen aber auch übersichtliche Zusammenfassungen vor, in denen sich Schüler:innen orientieren können – ähnlich wie dies auch zur Gewohnheit von geübten Theater- und insbesondere von Opernbesucher:innen gehört, wenn sie im Programm die Inhaltsangaben zu den Akten nachlesen. Wenn die Schüler:innen erst einmal den Überblick über das wichtigste Personal und über den Verlauf des Dramas haben, kann sich die Beschäftigung mit dem Stück auf ausgewählte Aspekte und auf wenige, passende Arbeits- bzw. Spielformen konzentrieren, zum Beispiel:

- im Überblick über das ganze Stück und mit Nachlesen ausgewählter Szenen: Die Schüler:innen suchen jene Momente im Handlungsverlauf, in denen dieser eine entscheidende Richtung (eventuell eine Wende) nimmt.
- beim Verfolgen einer Figur durch die Lektüre hindurch (entweder nach freier Wahl, oder die wichtigsten Figuren werden unter den Gruppen in der Klasse aufgeteilt): Die Schüler:innen wählen die wichtigsten Situationen aus, in welche die Figur gerät, sowie ihre wichtigsten Sätze. Im nachahmenden Spiel, mit einer gezeichneten Skizze, einem Kurzporträt oder in einer anderen Art der Umsetzung porträtieren sie die Figur so, dass deren Charakteristik gut nachvollziehbar wird.
- mit Analysen einzelner Aspekte während eines Theaterbesuchs und im Anschluss an diesen, im engen Bezug zur gesehenen Aufführung: Die Schüler:innen beobachten einzelne Schauspieler:innen, ihre Spielweisen und Bewegungen; die Raumgestaltung im Bühnenbild; wichtige Gegenstände, welche von der Regie zentriert werden; akustische Zeichen, die von der Regie eingesetzt werden; den Umgang der Regie mit der Textvorlage u. a. (siehe dazu die Vorschläge von Kammler 2007).

Filmkanon – exemplarische Beispiele für das filmische Erzählen

Zwischen der Literatur und dem Film bestehen zahlreiche Berührungspunkte: In beiden sind das Subjekt und seine Perspektive auf die sein Leben bestimmende Umgebung zentral. Das Lesen von Erzählungen und das Sehen erzählender Filme sind zwar verschiedene Vorgänge; die Eindrücke, die Filmsehende und Literaturlesende dabei gewinnen, nehmen diese aber in die Betrachtung des jeweils anderen Mediums mit (mit verschiedenen Beispielen anschaulich gemacht von Paefgen 2009). Die Kanonisierung des Films hingegen unterscheidet sich grundsätzlich von jener der Literatur. Während für literarische Texte eine Auswahl lange Zeit vorgegeben war und ihre Verbindlichkeit zunehmend infrage gestellt wurde, verhält es sich mit dem Film genau umgekehrt. Bis vor ungefähr 20 Jahren existierte kein Filmkanon, zumindest keiner, der Einfluss auf den Literaturunterricht gehabt hätte. Dies mag deshalb erstaunen, weil das Bild fraglos als das Leitmedium des 20. Jahrhunderts gilt (zum Einblick in die Filmgeschichte siehe z. B. Faulstich 2005) und der Film im Kinder- und Jugendalltag ähnlich wie bei Erwachsenen stark präsent ist. „Ein bewusster Umgang mit Film (ist) unverzichtbar", so formuliert es die deutsche Bundeszentrale für politische Bildung in ihrer „Filmkompetenzerklärung" aus dem Jahr 2003[6], verbunden mit der Forderung, die Filmbildung in den Schulen fest zu verankern. Die gewünschte Verbindlichkeit dieser Forderung wird untermauert mit einem eigentlichen Filmkanon, einer Zusammenstellung von 35 Filmen, hervorgegangen aus der Beratung mit Fachleuten. Eines der zentralen Ziele ist dabei das Verstehen der Gegenwart vor dem Hintergrund ihrer Geschichte.

Tatsächlich haben Filme eine bedeutsame Rolle gespielt für die Wahrnehmung zeitgeschichtlicher oder historischer Problemlagen. *Der große Diktator*, *Goldrausch* und weitere Filme von Charles Chaplin, *Panzerkreuzer Potemkin* von Sergej M. Eisenstein, *Casablanca* von Michael Curtiz, *M – Eine Stadt sucht einen Mörder* von Fritz Lang sind Teil des erwähnten Kanons. Zusammen mit vielen weiteren Filmen haben sie das kulturelle Gedächtnis (Assmann 2016) stark geprägt. Mit Mitteln der Filmkunst werden Figuren im Kontext weltgeschichtlicher Ereignisse gezeigt. Ihr Denken, Fühlen und Handeln sind eingebettet in einen Plot mit vielerlei Spannungsmomenten und vermitteln sich in den laufenden Bildern, die eine sinnliche Unmittelbarkeit besonderer Art herstellen. Anders als in literarischen Texten werden die Sicht und das Empfinden der Handelnden nur selten mittels Sprache gezeigt, sondern vor allem über Mimik, Gestik, Bildeinstellungen und oft über assoziative Wirkungen der Filmmusik.

Ähnlich verhält es sich mit den Verfilmungen großer Erzählungen, die zur Weltliteratur gezählt werden: *Die Blechtrommel* von Volker Schlöndorff nach dem Roman von Günter Grass, *Orlando* von Sally Potter nach dem Roman der britischen Autorin Virginia Woolf, *Das Parfum* von Tom Tykwer nach dem Roman von Patrick Süskind und viele weitere. Die meisten dieser Filme eignen sich eher für die Sekundarstufe II, *Das Parfum* ist für Schüler:innen am Ende der Sekundarstufe I aber gut nachvollziehbar (eine hilfreiche didaktische Unterlage bietet dazu zum Beispiel *kinofenster.de*[7]). Verfilmungen von Einzelwerken und von Serien, die zur Jugendliteratur gezählt werden und die für Schüler:innen der Sekundarstufe I besonders gut zugänglich sind, greifen mehrheitlich aktuell populäre literarische Stoffe auf, insbesondere sol-

6 https://www.bpb.de/gesellschaft/bildung/filmbildung/43640/filmkompetenzerklaerung-vom-21-mai-2003
7 https://www.kinofenster.de/download/das_parfum_die_geschichte_eines_moerders_pdf_2

che aus dem Bereich der Fantasy (zur Bedeutung dieses Genres siehe auch die Hinweise in Kapitel 3.3): Zu den prominenten Beispielen gehören die Filmtrilogie *Herr der Ringe* nach dem Werk von John Ronald Reuel Tolkien, die Filmreihe *Harry Potter* nach den Romanen von Joanne K. Rowling, die Science-Fiction-Filmreihe *Die Tribute von Panem* nach den Romanen von Suzanne Collins.

Dank der verschiedenen Streamingdienste sind Filme nicht nur im privaten Medienalltag der Heranwachsenden, sondern auch für die Schule gut zugänglich. Im Literaturunterricht bieten sich deshalb zahlreiche Möglichkeiten, sich mit dem filmischen Erzählen und der filmästhetischen Qualität interessanter Beispiele zu beschäftigen, zum Beispiel mit den folgenden drei Zugängen:

- Lese- und Seherfahrungen austauschen: Filme zu Jugendbüchern wie den eben erwähnten sind bei vielen Schüler:innen vermutlich bereits bekannt. Je nach ihrer Verfügbarkeit können sie in der Klasse auch gemeinsam angesehen und zusammen mit den Buchlektüren besprochen werden. Naheliegend sind dabei zunächst Fragen nach der Darstellung des Handlungsverlaufs: Gibt es unterschiedliche Akzentuierungen in Film und Buch? Was wird im Film ausgelassen, abgekürzt oder verdichtet, und gibt es Hinzufügungen? Weiter sollen die Schüler:innen auch ihre Selbstbeobachtungen einbringen können, dies in Bezug auf die Art und Weise, wie das Buch und/oder der Film ihre innere Beteiligung geweckt hat und was sie als spannend, schön und vielleicht auch als ärgerlich empfunden haben. Voraussetzung für ein solches Gespräch ist keineswegs, dass alle Schüler:innen sowohl das jeweilige Buch gelesen als auch den Film gesehen haben. Der Austausch von Beobachtungen und von Lese- bzw. Seherfahrungen kann auch stattfinden zwischen denen, die das Buch kennen, und anderen, die den Film gesehen haben.
- Filme analysieren: Die Wirkung, die man vom Film insgesamt oder von einzelnen Sequenzen bei sich selbst wahrnimmt, lässt sich eher erklären, wenn man Besonderheiten der Filmgestaltung erkennt. Dabei geht es keineswegs darum, die Seherfahrung in vereinzelte Beobachtungen zu zerlegen. Das Erkennen von filmspezifischen Darstellungsweisen schärft aber den Blick für das Besondere des jeweiligen filmischen Erzählens und es macht einem die eigene Begeisterung für einen Film (oder auch dessen Ablehnung) eher verständlich. Die Erfahrung des genauen Beobachtens, die Schüler:innen angeleitet an einem Beispiel machen, werden sie in ihre weitere Filmrezeption mitnehmen. Sie spielen eine Sequenz mehrmals ab und konzentrieren sich dabei zum Beispiel auf die Art der Eröffnung in der sogenannten Exposition; auf den Einsatz von Licht und Farben; den Einsatz von Musik, welche das visuell Gezeigte harmonisch untermalt oder eventuell auch kontrastiert; auf

die Kameraeinstellung und -führung, auf sprachliche und andere Ausdrucksformen der Figuren und auf Bezüge von Gesprochenem und Gezeigtem.
Für den analysierenden Zugang gegen Ende der Sekundarstufe I eignen sich unter anderem Filme, welche von der Entwicklung von heranwachsenden Protagonist:innen unter den Umständen ihrer familiären und gesellschaftlichen Umgebung erzählen: *Billy Eliot* von Stephen Daldry, *Das schönste Mädchen der Welt* von Aron Lehman, *Die brillante Mademoiselle Neïla* von Yvan Attal u. a. Selbstverständlich werden dabei nicht alle Mittel, die für die jeweilige Inszenierung verwendet werden, in den Blick genommen. Die Filmdidaktik schlägt für Analysen meist die Auswahl solcher Aspekte vor, mit denen das für den jeweiligen Film besonders Prägnante sichtbar wird (Anders/Staiger 2019). Darüber hinaus bietet zum Beispiel die Landesmedienzentrale Baden-Württemberg eine Online-Fortbildung an, die entlang von exemplarischen Beispielen durchlaufen werden kann und die für filminteressierte Schüler:innen gegen Ende der Sekundarstufe I durchaus verständlich ist. Die Website enthält zudem auch Material für die Arbeit mit verschiedenen Filmen.[8]

- Eine TV-Serie miteinbeziehen und ihren Vorspann als Tor zum filmischen Geschehen verstehen: Komplexe TV-Serien sind mittlerweile als ernst zu nehmende Elemente des Qualitätsfernsehens anerkannt. Meist handelt es sich um lang angelegte Folgen mit einer multiperspektivischen Erzählweise, einer komplexen Figurenkonstellation und einer differenzierten, ambivalenten Darstellung der Protagonist:innen und ihrer Entwicklung im Verlauf des fortgesetzten Handlungsgeschehens. Serien wie *Friends, Tote Mädchen lügen nicht* und andere sind als US-amerikanische Produktionen nicht nur fester Bestandteil jugendlicher Medienrezeption, sondern finden regelmäßig auch das Interesse der Film- und Medienkritik in den Feuilletons großer Zeitungen (siehe zum Beispiel den hilfreichen Überblick von *ZEITonline*[9] über Serien aller Art).
  Im Rahmen des Literaturunterrichts werden Serien in ihrer gesamten Länge kaum in den Blick genommen werden können. Hingegen eignet sich der Vorspann sehr gut zur genaueren Betrachtung. Er übernimmt die doppelte Funktion der Information über die Serie wie auch der animierenden Einstimmung auf die Serie und ist wegen seines Wiederholungscharakters allen Zuschauenden schnell eingängig. Insofern kann der Vorspann als eigenständiges Kunstwerk betrachtet werden (Lörke 2016), und dies auch von Schüler:innen, welche die entsprechende Serie (noch) nicht kennen: Welche Informationen zum Thema und zu den Figuren werden hier gegeben?

8 https://www.lmz-bw.de/medien-und-bildung/medienwissen/filmbildung
9 https://www.zeit.de/serie/hildegard-von-binge

Welche wiederkehrenden Details fallen auf: einführende Erklärungen, gesprochene Sätze, Bewegungen und Mimik der Figuren, Teile ihrer Umgebung, Farben und Farbkombinationen, ein Titelsong oder anderes? Und welche Erwartungen löst der Vorspann mit den wahrgenommenen Elementen bei den Zuschauenden aus? – Nach dieser Beobachtung und dem entsprechenden Austausch in der Klasse können die Schüler:innen, welche die Serie in Teilen oder bereits vollständig kennen, ihre Eindrücke dazu ebenfalls einbringen. Einen Teil der Serie (je nachdem auch mehrere Teile) schaut sich die Klasse schließlich gemeinsam an, und die Schüler:innen tauschen sich unter anderem darüber aus, ob und wie sie die Erwartungen, welche der Vorspann geweckt hatte, von den gezeigten Episoden bestätigt oder eher enttäuscht fanden.

Gedichte – tradierte Poesie in das Jetzt übersetzen

Dass insbesondere Gedichte durch die Jahrhunderte hindurch von Generation zu Generation weitergetragen worden sind – jedenfalls in der Tradition des Bildungsbürgertums –, liegt wohl an mehreren ihrer Eigenschaften: Gedichte thematisieren ein Grundempfinden, eine existenzielle Erfahrung oder einen Kerngedanken, und das in poetisch starker Verdichtung, auf musikalische Weise und in kurzer Form (abgesehen von der Ballade, die wegen ihres erzählenden Charakters in der Regel eine längere Abfolge von Strophen umfasst). Gedichte sind also mal eindringlich, mal aber auch sperrig und nicht ohne Weiteres zugänglich.

Die Zeichenhaftigkeit der Sprache ist in lyrischen Texten besonders ausgeprägt, und bei Gedichten aus früheren Jahrhunderten kommt eine zeitlich entrückte Sprache hinzu. Beides wird von Lehrpersonen und von Schüler:innen oft als erschwerend empfunden. Wie aber könnte man das Gedankengut, das in die Produktion barocker oder expressionistischer Lyrik eingegangen ist, „in das Jetzt übersetzen?“, so fragen die Lyrikerin Nora Gomringer und der Schriftsteller Martin Beyer im Vorwort ihres Bandes *poesie* (Gomringer/Beyer 2018). Sie antworten zum einen mit Kürzestporträts verschiedener Epochen und zum anderen mit einer Auswahl von Gedichten der Gegenwartsliteratur, mit welchen ausgewählte kanonische Gedichte aus verschiedenen Epochen ergänzt oder kontrastiert werden können. Neuere Gedichte führen zu älteren, zum Beispiel kann das Jahreszeiten-Gedicht von Eugen Gomringer *es – immer wieder gelingt es*[10] die Schüler:innen hin zu Eduard Mörikes Frühlingsgedicht *Er ist's* führen. Die beiden Gedichte sind nicht nur inhaltlich, sondern auch bezüglich ihrer Form, unter anderem mit ihren jeweils gestal-

10 https://www.lyrikline.org/de/gedichte/es-immer-wieder-gelingt-es-2921

teten pronominalen Verweisen und in ihrer Klangart vergleichbar. Beim Entdecken von Gemeinsamem und Verschiedenem in einem älteren und einem neueren Gedicht fällt eine Annäherung sicher leichter, als wenn Texte unmittelbar gedeutet werden müssten. Die Entdeckungen der Schüler:innen werden in der Klasse zusammengetragen und verschaffen damit allen einen erweiterten Blick.

Eine noch etwas breiter angelegte Auswahl von Gedichten, mit welchen sich die Klasse oder aber die Schüler:innen individuell beschäftigen, bietet weitere Zugänge. Vieles spricht deshalb für thematische Gedicht-Sequenzen (Spinner 2019, S. 4 ff.) zu einem in der Lyrik häufig verarbeiteten Problem, zu einer Erfahrung, welche auch aktuell für Heranwachsende existenziell wichtig ist und mit welchen sie sich über mehrere Schulstunden hinweg beschäftigen. Dazu diese beiden Themenvorschläge, die mit vielen weiteren Gedichten erweitert werden können:

- „Liebe", zum Beispiel mit dem bekannten Goethe-Gedicht *Das Heidenröslein*, mit Josef von Eichendorffs *Lied* und mit Texten aus Heinrich Heines *Buch der Lieder*, darin das Gedicht *Ein Jüngling liebt ein Mädchen* (wie das Eichendorff-Gedicht erzählt auch dieses von einer zerbrochenen Liebe) und mit modernen und ihrerseits bereits kanonisierten Gedichten wie einem von Erich Fried, zum Beispiel *Ohne dich*.
- „Ich", zum Beispiel mit Angelus Silesius' Aphorismus *Der Mensch*, mit Rainer Maria Rilkes Gedicht *Ich fürchte mich so vor der Menschen Wort*, mit den moderneren Gedichten von Ernst Jandl *doppelt so weit* und von Christine Nöstlinger *Ich heiße Kurt*.

Gedichte können selbstverständlich auch im übrigen Unterricht eingesetzt werden, insbesondere in Einzelstunden, in welchen die Schüler:innen sporadisch Beispiele aus dem Gedichtkanon kennenlernen oder aufbauend nach und nach Erfahrungen mit tradierten und mit neueren lyrischen Texten machen.

Und schließlich lassen sich Gedichte – sowohl tradierte als auch neuere – im Unterricht kontinuierlich präsent halten, zum Beispiel in einer Gedicht-Ecke, welche die Lehrperson laufend anreichert, die Schüler:innen ihrerseits ergänzen können und wo sie sich mit Gedichten ihrer Wahl eingehender beschäftigen – zum Beispiel in extra dafür reservierten Zeiten. Mit den von ihnen bevorzugten Gedichten legen sie über ein Schuljahr hinweg ein Heft an: ihre persönliche Gedichtsammlung, die kanonisierte Gedichte sowie neuere Gedichte enthalten kann.

Einen Fundus für alle eben genannten Vorschläge bieten Gedichtanthologien, die eine sorgfältige und traditionsbewusste Auswahl, aber auch den Blick für neuere Lyrik zumindest erleichtern (für die Sekundarstufe I z. B. die Sammlung *Hell und Schnell – 555 komische Gedichte aus 5 Jahrhunderten* von Robert Gernhardt und Klaus Cäsar Zehrer; für das Ende der Sekundarstufe I und für die Sekundarstufe II z. B. die Sammlung „Echtermeyer“ *Deutsche Gedichte;* für moderne Kinderlyrik z. B. Hans-Joachim Gelbergs *Großer Ozean – Gedichte für alle).*

3.2 Literatur im Netz – neue Textformate im Literaturunterricht

Längst werden literarische Texte über vielerlei Kanäle vermittelt: Die Wasserglaslesung, auch die szenische Lesung, die Darbietung mit Gestaltungsmitteln des Radios als Feature oder Hörspiel, Verfilmungen und zeichnerische Darstellungen wie in der Graphic Novel – sie alle sind bekannt und sie haben zumindest teilweise Eingang auch in die Schule gefunden. Texte, die neben schriftsprachlichen Mitteilungen auch bildliche und/oder akustische Elemente enthalten, sind also bei Weitem nicht nur Gegenstände für Kinder, zu deren Lesesozialisation das animierbare Bild- und Textbuch wie viele andere mehrkanalige Spielformen gehören. Variation und Kombination von Ausdrucksmitteln sind auch Kennzeichen von interessanten Genres der Erwachsenenliteratur wie der konkreten Poesie oder dem literarischen Comic (z. B. die Bearbeitung von Dürrenmatts *Der Richter und sein Henker* durch Bernhard Schlup oder die Holocaust-Geschichte *Maus* von Art Spiegelman). Es handelt sich um Experimente des Literarischen, die auch Heranwachsende (die vor langen Texten eventuell noch zurückschrecken) interessieren. Literatur, die im Internet publiziert wird, nimmt die Praktiken des Experimentierens in der Weise auf, dass sie die erweiterten medialen Möglichkeiten für die ästhetische Gestaltung neuartiger Formen nutzt und damit an die Tradition der Avantgarde-Literatur anschließt (Winko 2016).

Mit der Entwicklung der digitalen Kommunikation ist Literatur zunehmend auch ein Gegenstand der sozialen Netzwerke geworden. Sie erhält hier andere und gegenüber den bislang bekannten Formaten neue Eigenschaften. Im *social web* präsentieren Literaturschaffende ihre Arbeiten in Foren, auf interaktiven Webseiten, mittels YouTube u. a. Die Texte fungieren als Impulsgeber für die – ihrerseits kreativen – Nutzer:innen, werden von diesen teilweise weiterentwickelt und sind schließlich das Ergebnis eines kollektiven Gestaltungsprozesses. Ein Großteil der digitalen Literatur ist von allem Anfang an interaktiv angelegt – anders als die einfacheren Modelle des E-Book-Readers oder Webseiten wie *gutenberg.de,* die gedruckte Literatur auf digitalem Weg vermitteln, wobei von den Autor:innen keine Aufforderung zur Textveränderung gemacht wird, und ebenfalls anders als literaturbezogene Webseiten, die auf gedruckte literarische Stoffe referieren und der Lese- und Fangemeinschaft ergänzende Geschichten, Filme und vieles mehr bieten. Digitale Literatur ist Teil jener Medienpraxis, welche von der angloamerikanischen Leseforschung als *participatory culture* (Jenkins 2009) bezeichnet worden ist (siehe auch das Kapitel 4.4 zum digitalen Lesen). Autor:innen treten dabei auf je besondere Weise in Kontakt mit ihren Leser:innen und die dafür notwendigen Funktionen (Kommentar- und Ausgestaltungsmöglichkeiten u. a.) sind eng mit den Texten verbunden.

Die Bezeichnung „Netzliteratur" dient dabei erst einmal als Sammelbegriff für alle Beiträge, welche die netzspezifischen Techniken und Kommunikationsmuster des Internets als Stilmittel einsetzen: Animation, Sound, Interaktivität u. a. (entsprechend der Definition des Literaturarchivs Marbach[11]). Die je besonderen Texteigenschaften und Übermittlungskanäle werden mittels weiterer Begriffsbestimmungen unterschieden; diese sind den Schüler:innen zum Teil wohl längst vertraut, zum Teil werden sie im Verlauf der Mediennutzung im Unterricht an passender Stelle thematisiert und erläutert.

Literarische Hypertexte

Während traditionelle lineare Texte einen eindeutigen Anfang und ein eindeutiges Ende haben, handelt es sich bei den Hypertexten um Geflechte aus einzelnen, durch Links nichtlinear miteinander verbundener Textmodule (Bertschi-Kaufmann 2016, S. 43). Hypertexte haben einen dynamischen Charakter, indem sie verschiedenste Such- und Lesewege in der Art eines Labyrinths auslegen, wobei sich die Lesenden mit der Auswahl von Links ihren Weg bahnen müssen und dabei unter Umständen die Perspektive einer Figur wechseln. Mit den sogenannten Gamebooks wird eine Struktur aufgegriffen und erweitert, welche Jugendliche von Such-Krimis (*Die drei ???, Die drei !!!* u. a.) oder von anderen Erzählungen mit parallelen Erzählsträngen kennen (z. B. aus der Reihe *Was hättest du getan?*). An den wiederholt vorkommenden Wendepunkten der Erzählungen werden sie jeweils vor die Frage gestellt, wie sie persönlich als Protagonist:in oder als eine der Nebenfiguren gehandelt hätten, und daraufhin auf die entsprechende Buchseite verwiesen, auf der die Handlung entsprechend fortgeführt wird. Die Weiterentwicklung mit den digitalen Funktionsmöglichkeiten hat den Gestaltungsspielraum hypermedialer Erzählungen stark erweitert. Deren Textanteile gingen laufend zurück und es entwickelten sich Werke, die zunehmend akustisches und optisches Material mitverwendeten. Wegen der Verknüpfung der verschiedenen medialen Komponenten wird in diesem Zusammenhang auch die Bezeichnung „Hypermedia" verwendet (Kuhlen 1997). Ihre Nutzung ist vielen Schüler:innen aus ihrem persönlichen Medienalltag wohlvertraut. Im Unterricht bietet sich über die einfache Nutzung hinaus auch die Gelegenheit für

11 https://wwik.dla-marbach.de/line/index.php/Definition

eine eingehendere – rezeptive oder produktive – Beschäftigung mit ausgewählten Beispielen, etwa mit Adaptionen populärer Jugend- oder All-Age-Literatur wie Arthur Conan Doyles *Sherlock Holmes,* René Goscinnys und Albert Uderzos *Asterix und Obelix* oder Suzanne Collins' *Die Tribute von Panem* u. a.

- Rezeptiv: Die Schüler:innen lesen bzw. spielen ein Gamebook je einzeln oder in Gruppen und beantworten in der anschließenden Diskussion unter anderem diese Fragen: Welche Links führen zu einer befriedigenden Fortsetzung und/oder zu einem stimmigen Ende? Mit welchen Links verändert sich der Charakter der Erzählung?
- Produktiv: Die Schüler:innen entwickeln selbst Hypertextgeschichten, tauschen diese in der Klasse aus, das heißt, sie lassen sie von anderen sozusagen testlesen und holen ihre Rückmeldungen ein. Als digitales Werkzeug zur Konstruktion von hypertextuell angelegten Such- und Spiel-Geschichten wird von Kenner:innen insbesondere die Software *Twine* empfohlen.[12]

Interaktive Texte

Mit den digitalen Produktions- und Rezeptionsbedingungen heutiger Medien sind Texte von Anfang an als gemeinsame Produkte von Schreibenden und Lesenden angelegt. Über die für Gamebooks bereits erwähnten Mitbestimmungsmöglichkeiten hinaus bieten die sogenannten Smartbooks weitere Funktionen. Damit können Nutzende ebenfalls die Fortsetzung und den Ausgang der Geschichten auswählen. Mit Gamebooks lassen sich Geschichten auf eine Weise erzählen, die auf die reale Umgebung der Leser:innen reagiert, ihre Interessen und Erfahrungen berücksichtigt und in den Erzählverlauf integriert. Literarische Stoffe sind zum Beispiel als Textadventures in der Art eines Computerspiels gestaltet, teils in Form einer App, auf der im handelnden Austausch mit Figuren Aufgaben bewältigt und Lösungen gefunden werden müssen. Der mit dem Deutschen Computerspielpreis ausgezeichnete interaktive Roman *One Button Travel* ist eines der attraktiven Beispiele für eine Anlage, in welcher das fiktionale Geschehen spielend in Gang gehalten und an sein Ende geführt wird. Per Knopfdruck wird Kontakt mit einer Figur aufgenommen, die zusammen mit anderen Zeitreisenden in die Zukunft katapultiert worden ist und die von einer entsprechenden Reise dringend abrät. Die Nutzenden müssen ihre Entscheidungen – in der Auseinandersetzung mit der Figur – laufend selbst treffen.[13] Anders funktioniert die Spiel-App *Alice,* eine Adaption von Lewis Carrolls Kinderbuchklassiker

12 https://digitale-spielewelten.de/methoden/twine-als-werkzeug-der-medienpadagogik/164; siehe dazu u. a. auch https://www.bildung.digital/artikel/interaktive-geschichten-erzaehlen-mit-twine

13 Siehe https://apps.apple.com/de/app/one-button-travel/id1040120819

Alice im Wunderland.[14] Mit Schütteln, Tippen und Wischen lassen sich hier John Tenniels bekannte Illustrationen animieren und die Nutzer:innen geraten in die zauberhafte Welt des Kinderbuchklassikers, wobei die manipulierbare Szenerie erst einmal wichtiger ist als der ursprüngliche Text. Inzwischen sind auch literarische Spiele-Apps entwickelt worden, die klassische Literatur so aufnehmen, dass die Texte belassen und zugleich mit Bild und Ton sowie mit verschiedenen Animationsmöglichkeiten angereichert werden, sodass Kinder und Jugendliche im Umgang unter anderem mit Literaturklassikern multimediale, synästhetische Erfahrungen machen können. Ein überzeugendes Beispiel dafür sind die Adaptionen der Balladen von Otto Ernst, *Nis Randers* und von Theodor Fontane, *John Maynard* (beide im Verlag Kindermann erschienen). Auf solche medialen Adaptionen trifft die Bezeichnung „*enhanced* E-Book" (Krommer 2016) nicht nur in technologischer Hinsicht zu, sondern auch wegen ihrer künstlerischen Ausgestaltungen, welche die Nutzenden in eine mit dem Text eng verbundene Vorstellungswelt führen (die Apps bieten zusätzlich zur Textwiedergabe, wie wir sie vom einfachen E-Book her kennen, auch eigene künstlerisch gestaltete Animationsmöglichkeiten).

Fan-Fiction

Fans eines Films, eines Romans oder einer Romanfigur reagieren mit eigenen Entwürfen auf ihre bevorzugte Literatur und entwickeln ihrerseits Geschichten, die sie dann auf Fan-Fiction-Websites meist unter einem Pseudonym (Nickname) publizieren. Fan-Fiction hat längst vor der Erfindung des Internets bestanden, so haben sich bereits in den 1930er Jahren begeisterte *Sherlock-Holmes*-Leser:innen zusammengetan, um zu Arthur Conan Doyles Originalgeschichten weitere hinzuzufügen, sei es in schriftlichen Texten, als Audios, Animationen oder Filmen. Heute können in der Netzliteratur Adaptionen und eigene Kreationen sehr viel schneller und innerhalb größerer Gruppen ausgetauscht werden. Zum Beispiel verbreiten Plattformen wie Wattpad oder diverse Podcastanbieter eine Fülle umfassender „*Harry-Potter*-Geschichten", die in anscheinend professioneller Aufmachung daherkommen, sich von der Fan-Community nach verschiedenen Stichworten herausfiltern lassen[15] oder Webseiten, zu welchen Schüler:innen als Gastautor:innen beitragen können[16].

14 https://www.gq-magazin.de/auto-technik/article/interaktive-bucher-wie-alice-machen-literatur-anders-erlebbar

15 Siehe u. a. https://www.wattpad.com/stories/harrypotter/hot?locale=de, https://soundcloud.com/audiofanficpod/sets/harry-potter-fics, https://player.fm/podcasts/Harry-Potter-Fan-Fiction, http://www.potterficweekly.com/media/audio

16 Siehe u. a. den Blog https://lass-mal-lesen.blog/the-crew

Literaturblogs

Blogs funktionieren in der Art digitaler Tagebücher, wobei die Einträge durchaus von verschiedenen Autor:innen stammen können. Die Einträge sind grundsätzlich in sich abgeschlossen und spiegeln die Meinungen, Gedanken und Ideen der Personen wider, die sie schreiben. Diesen allgemeinen Funktionsregeln folgen auch die inzwischen zahlreichen Literaturblogs, in welchen sich Leser:innen untereinander austauschen. Je nachdem handelt es sich dabei um Personen mit ausgewiesener Kenntnis, professionelle Kritiker:innen oder es sind schlicht Literaturinteressierte, die ihren eigenen Leseeindrücken Ausdruck verleihen und sie mit anderen teilen möchten. Die Blogs unterscheiden sich in ihrer Ausrichtung und Gestaltung. Unter den literaturkritisch angelegten Blogs fällt der *Deutsche Buchpreis Blog* auf, in dem Blogger:innen die zur Auswahl stehenden und die schließlich ausgewählten Titel kommentieren.[17] Jugendliche finden Präsentationen und Kritiken unter anderem im breit angelegten *Literatur-Blog der Deutschen Akademie für Jugendliteratur*[18], der auf verschiedene interessante Titel und speziell auf die für den Deutschen Jugendliteraturpreis nominierten aufmerksam macht, weiter auch auf einer Schweizer Website[19], die in der Arbeit eines Deutschlehrers mit verschiedenen Schulklassen der Sekundarstufe I entstanden ist, sowie auf den ebenfalls reich bestückten *Foodnoters – Blog für Kinder- und Jugendmedien und -kultur*[20], welche ehemalige Studierende des Frankfurter Instituts für Kinder- und Jugendbuchforschung seit Jahren betreiben. Vom Buchhandel angebotene Blogs folgen oft einer auf das gesamte aktuelle Angebot ausgerichteten Logik, mit welcher verschiedene Lesegeschmäcker bedient werden sollen.[21] Schließlich gibt es jene zahlreichen Blogs, welche auf einzelne Genres fokussiert sind, zum Beispiel auf den Bereich der Science-Fiction- oder der Fantasy-Literatur, die von Jugendlichen oder jungen Erwachsenen selbst erstellt werden und sich meist als Sammlung von Fan-Beiträgen präsentieren.[22]

YouTube und andere Portale

YouTube beherbergt (neben vergleichbaren Plattformen wie Vimeo u. a.) die aktuell wohl umfangreichste Sammlung an Filmen und Clips unterschiedlichster Art. Das Videoportal dient dabei nicht nur als frei zugänglicher Fun-

17 Siehe https://www.deutscher-buchpreis-blog.de/buchpreisbloggen-2021-1
18 https://www.akademie-kjl.de/buch-app-empfehlungen
19 Siehe http://www.jugendbuchtipp.ch
20 https://www.footnoters.de
21 Siehe zum Beispiel https://sandrasbookcorner.blogspot.com
22 Zum Teil aufgelistet auf https://dreams-of-fantasy.de

dus für die rezeptive Nutzung, sondern bietet auch die Möglichkeit, sich selbst produktiv einzubringen, indem Beiträge anderer kommentiert oder eigene Beiträge hochgeladen werden können. Die Zugänglichkeit, die direkte Ansprache durch die Produzent:innen in vielen filmischen Beiträgen und die diversen Mitmachangebote machen dieses Medium besonders attraktiv. Folgt man den Angaben der deutschen Jugend-Medienstudie JIM, dominiert die Beschäftigung mit YouTube (ähnlich wie jene mit Netflix) den Medienalltag der Heranwachsenden und ersetzt mehr und mehr den traditionellen Fernsehkonsum. Knapp 90 % der deutschen Jugendlichen nutzen YouTube nämlich regelmäßig (JIM-Studie 2020, S. 45 ff.).

Die Beiträge, die auf YouTube angeboten und genutzt werden können, lassen sich nach verschiedenen Inhalten und Präsentationsformen unterscheiden (in diesem Zusammenhang wird von YouTube-Formaten gesprochen). Neben den beliebten Musik- und Comedy-Videos bestehen zahlreiche weitere Formate, die sich als unterhaltende und/oder informative Angebote unterschiedlichster Art präsentieren (für einen Überblick siehe z. B. von Brand 2020), unter ihnen finden sich auch literarische Beiträge. Ein Teil von ihnen befasst sich mit Werken der Weltliteratur bzw. mit deren Inhalten, dies meist in stark vereinfachenden Versionen. In der Reihe *Sommers Weltliteratur to go* zum Beispiel werden Werke in Kürzestfassungen nacherzählt und mit der Verwendung von Playmobil-Figuren szenisch gestaltet, wobei der Erzähler die Figuren führt und sie in einer leicht zugänglichen Alltagssprache sprechen lässt. Das Shakespeare-Drama *Der Sommernachtstraum,* Gottfried Kellers Novelle *Kleider machen Leute,* Theodor Fontanes *Effie Brist,* Stefan Zweigs *Schachnovelle,* Friedrich Dürrenmatts Roman *Der Richter und sein Henker* und viele weitere Werke sind auf diese Weise präsentiert. Im Zentrum steht dabei der Plot, der auf die Höhepunkte der Handlung zugespitzt und zum Teil mit ironischer Distanznahme dargestellt wird. In anderen Beiträgen vermitteln YouTuber:innen zudem auch literarisches bzw. literaturgeschichtliches Wissen, in grafisch und filmisch illustrierten Kurzvorträgen, die ihrerseits populär gehalten sind, wobei die Nutzenden – wie dies für YouTube typisch ist – scheinbar direkt angesprochen werden. Zum Teil sind diese Beiträge als niederschwelliges Lernmaterial konzipiert, die Reihe mit der Bezeichnung *musstewissen Deutsch* zum Beispiel signalisiert den Service deutlich.

Audios und Podcasts funktionieren in ähnlicher Weise, allerdings als Audioformate, die teils zum konzentrierten Hören auffordern. Innerhalb der großen und vielfältigen Produktion von Privatpersonen, von Medienhäusern und anderen Institutionen gibt es zahlreiche literaturbezogene Beiträge, die meist als Streamingangebote frei zur Verfügung stehen: als Buchbesprechungen, Fan-Fiction-Erzählungen, Interviews zwischen Autor:innen und Leser:innen – meist mit zusätzlichen und begleitenden Beiträgen zum eigentlichen Text, aber auch mit Anteilen einer literarischen Lesung. Anders als im Hörbuch wird Literatur nicht ausschließlich inszeniert, sondern präsentiert und besprochen. Mit dem Format der Podcasts sind Heranwachsende heute sicherlich gut vertraut. Mittlerweile finden sich auch welche im Angebot von *Spotify,* dem Streamingdienst, den Jugendliche zum Musikhören intensiv nutzen. Eine Art feuilletonistische Auslese interessanter Beiträge über Literatur bieten die Kultursender verschiedener Rundfunk- und TV-Veranstalter (SWR2 und viele weitere); auf empfehlenswerte Beiträge über Kinder- und Jugendbücher machen Fachzeitschriften und Presseartikel sporadisch aufmerksam (zum Beispiel die Besprechung von Judith Scholter 2021[23]).

Die Qualität des weit umfassenden Angebots von YouTube, Podcast-Portalen und anderen im Netz zugänglichen Medien ist sowohl in informativer als auch in künstlerischer Hinsicht sehr unterschiedlich. Es macht deshalb Sinn, über den persönlichen und den fachlichen Gewinn der YouTube-Nutzung zu reden, und dies kann auf sehr unterschiedliche Weise geschehen:

- Fokussiert auf YouTube- oder Podcast-Beiträge: Die Klasse beschäftigt sich nach und nach mit einer Auswahl aus dem Angebot (getroffen nach Eingaben der Schüler:innen sowie der Lehrperson) und diskutiert diese hinsichtlich ihrer Attraktivität sowie der jeweiligen Informations- und Lernmöglichkeiten, zum Beispiel entlang von Fragen wie: Warum habt ihr (nicht) aufmerksam zuhören bzw. sehen mögen? An welchen Stellen hat euch der Beitrag besonders (oder gar nicht) gefallen? Habt ihr Informationen erhalten, die ihr davor noch nicht hattet? Und findet ihr einen Weg, auf dem ihr diese Informationen auf ihre Richtigkeit hin überprüfen könnt?
- Themenzentriert und mit Einbezug von YouTube, Podcast und anderen Medien: Verschiedene klassische literarische Stoffe haben intertextuelle Verwandlungen erfahren, indem sie entweder schriftlich neu erzählt und vielleicht auch parodiert oder mit medialen Versionen visualisiert, vertont und damit auch neu interpretiert worden sind. So gibt es verschiedene literarische und mediale Aufnahmen von Volksmärchen wie dem *Rotkäppchen,* dem *Aschenputtel* und von Balladen, zum Beispiel von Goethes *Zauberlehrling,* zu dem auf YouTube mehrere Rap-Versionen zu finden sind. Zu einem dieser Stoffe erhalten die Schüler:innen sowohl das Original als auch verschiedene Adaptionen in YouTube-Beiträgen und eventuell in anderen medialen Aufbereitungen oder auch in weiteren gedruckten Texten. In der Klasse oder in Gruppen beschäftigen sie sich mit dem von der Lehrperson zusammengestellten und gegebenenfalls von ihnen selbst noch ergänzten Material. Dabei wird vom Original ausgegangen und die verschiedenen Ad-

23 https://www.zeit.de/2021/06/kinderliteratur-jugendliteratur-podcasts-freigeistern-limonadenbaum-kinderbuchpraxis-ollarikchen

aptionen kommen danach hinzu – oder es wird bewusst die umgekehrte Reihenfolge gewählt: Ausgangspunkt ist dann ein YouTube-Beitrag oder eine andere neuere medial vermittelte Version, mit denen sich die Schüler:innen danach eingehender beschäftigen. Sie versuchen, sowohl den Inhalt als auch die spezifische Darstellungsweise im Original und den Adaptionen zu benennen: Worum geht es im Text, im Hörbeitrag, im Film? Wie ist der Text, der Hörbeitrag, der Film gemacht? Was ist daran besonders? Was kennen wir auch von anderen Beispielen? – Weiter tauschen sie sich über die jeweiligen persönlichen Eindrücke beim Lesen, Hören, Sehen aus: Welcher Text, Hörbeitrag, Film hat sofort auf mich gewirkt? Und wie hat er gewirkt? Welchen Beitrag habe ich mehrmals gelesen, angesehen, weil ich ihn besonders gut fand oder weil man zunächst gar nicht alles verstehen kann?

3.3 Kinder- und Jugendliteratur – Angebote für Passagen

In einem weit gefassten Verständnis schließt der Sammelbegriff „Kinder- und Jugendliteratur" alle Texte und Medien ein, die von Kindern und von Jugendlichen faktisch gelesen bzw. genutzt werden, die sogenannte *faktische Kinder- und Jugendliteratur,* darunter auch solche, die keineswegs oder zumindest nicht ausschließlich für ein kindliches oder jugendliches Publikum produziert worden sind (Ewers 2011; Preußer 2017). Ein prominentes Beispiel für ein weder von Autor:in noch vom Verlag speziell an junge Lesende adressiertes Werk ist John Ronald Reuel Tolkiens Romanfolge *Der Herr der Ringe,* die zum Klassiker der Fantasy-Literatur geworden ist. Für die fantastische Literatur scheint die Begeisterung eines stark altersdurchmischten Lesepublikums denn auch typisch zu sein.

> *„Die Menschen in den Büchern leben anders, fühlen anders, reden anders. Themen werden berührt und Dinge angesprochen, von denen das Mädchen keine Ahnung gehabt hat, dass man sie auch nur denken könnte. In ihrem Kopf entsteht eine neue Welt. Durch das Nachdenken über die Protagonisten in den Büchern lernt sie auch, über sich selbst nachzudenken, durch das Reflektieren der beschriebenen Lebensumstände erkennt sie ihre eigenen. An ihrer aktuellen Situation ändert sich vorläufig noch nichts, äußerlich gesehen, innerlich fängt sie schon an, sich zu entfernen. […] Ohne Bücher ist die Welt eng, die Möglichkeiten dessen, was man für denkbar und daher auch für machbar hält, begrenzt."*
>
> Mirjam Pressler

Eindeutiger als Kinder- und Jugendliteratur bestimmbar sind die Texte, die originär für kindliche oder jugendliche Leser:innen verfasst worden sind und die deshalb – zur Unterscheidung von der faktischen Kinder- und Jugendliteratur – als *intentionale* Kinder- und Jugendliteratur bezeichnet werden (Ewers 2011). Dabei handelt es sich um Texte, denen eine Konzeption von kindlichen oder jugendlichen Leser:innen zugrunde liegt und die deren angenommenen Bedürfnissen und Verstehensmöglichkeiten angepasst sind.

Die Verbreitung von Kinder- und Jugendliteratur reicht bis ins Zeitalter der Aufklärung zurück. In deren Tradition waren die Texte über längere Zeit mit pädagogischem Anspruch verfasst, orientiert an einer Vorstellung von separierter Kinder- bzw. Jugendwelt gegenüber jener der Erwachsenen sowie an gesellschaftlich geprägten Rollenbildern, welche mit den Lektüren vermittelt werden sollten (Weinkauff/von Glasenapp 2018). Entsprechende Ziele im Zeichen der Philantropie sind denn auch deutlich erkennbar in Adaptionen bereits existierender Stoffe, mit welchen etwa der einflussreiche Schriftsteller und Herausgeber Joachim Heinrich Campe die Kinder- und Jugendliteratur der Aufklärung angereichert hat, dies beispielsweise mit *Robinson der Jüngere* (erstmals erschienen 1779), einer deutschsprachigen Adaption von Daniel Defoes *Robinson Crusoe* (1719).

Erzieherische und im weiteren Sinne aufklärerische Intentionen prägen aber nicht nur die Abenteuergeschichten, sondern darüber hinaus einen guten Teil des kinder- und jugendliterarischen Schaffens weit bis ins 20. Jahrhundert, wobei die erwachsenen Figuren beinahe durchwegs als überlegen und vorbildhaft gezeichnet werden. Seit den 1970er Jahren aber halten deutlich andere Gesellschafts- und Rollenbilder Einzug in die Kinder- und in die Jugendliteratur (Ewers 2013). Die Kinderliteratur zeigt autonome Kinderfiguren, welche die Normen der Erwachsenenwelt teils in kritischer, teils in komischer Art infrage stellen, Geschlechterrollenstereotypen aufbrechen und damit ihrerseits aufklärerischen Zielen folgen (Wild 1990; Bertschi-Kaufmann/Plangger 2018). Astrid Lindgrens *Pippi Langstrumpf* (in schwedischer Sprache erstmals erschienen 1945) kann als Vorläuferin dieser Art „neuer“ Kinderliteratur gelten, zu der auch viele Kinderromane von Christine Nöstlinger, Peter Härtling und anderen gehören. Die Jugendliteratur nimmt Figurenzeichnungen und den Ton von erwachsenenliterarischen Texten auf, zum Beispiel von Jerome David Salingers *Der Fänger im Roggen* (1951). Abenteurerleben ist hier eng verbunden mit Identitätssuche (unter den Bedingungen aktueller gesellschaftlicher Verhältnisse) – zwei Thematiken, welche die moderne Jugendliteratur und insbesondere das Genre des Adoleszenzromans nachhaltig prägen. Sie sind aufgenommen etwa in Wolfgang Herrndorfs Road-Movie-Roman *Tschick*, der seit seinem Erscheinen (im Jahr 2010) viel Resonanz sowohl beim jungen Lesepublikum als auch bei der Literaturkritik gefunden hat und inzwischen (im Jahr 2006) verfilmt worden ist.

In den vergangenen Jahrzehnten hat die Kinder- und Jugendliteratur eine immer größere Bedeutung gewonnen, und sie hat eine hohe Präsenz im Deutschunterricht der Grundschule wie auch der Sekundarstufe I. Sie regt die Lesesozialisation der Heranwachsenden wesentlich an, und dies dank spezifischer Merkmale: Die Texte verwenden in der Regel eine alltagsnahe Sprache; Erzählungen schreiten von der einen Handlungsstation zur nächsten fort, ohne sich bei längeren Beschreibungen aufzuhalten; die handelnden Figuren bieten Identifikationsmöglichkeiten, und dies insbesondere dann, wenn sie differenziert und mit psychologischer Tiefe gezeichnet sind. Was für die „schöne“ Literatur insgesamt gilt, trifft auf die Kinder- und Jugendliteratur und ihre Bedeutung insbesondere für das junge Lesepublikum zu: Sie leistet einen Beitrag zur Persönlichkeitsentwicklung und zur ästhetischen Bildung der jungen Leser:innen (Spinner 2000).

Darüber hinaus macht die Kinder- und Jugendliteratur Angebote zu Übergangserfahrungen verschiedener Art: Sie führt die Leser:innen von Texten mit einem einfachen Handlungsstrang zu komplexeren Erzählungen, in welchen sich verschiedene Stränge miteinander verbinden, lenkt von schlichten Kinderreimen hin zu poetischer Dichte, von kürzeren Texten zu umfangreichen. Sie führt von der eigenen Realität zur erzählten Welt, wobei diese auf die eigene Erfahrung zurückweisen und sie mit sprachlich gestalteten Möglichkeitsentwürfen anreichern kann. Sie zeigt dabei kindliche und heranwachsende Figuren, die mit den geschilderten Ereignissen heranreifen und Entwicklungen durchlaufen – das junge Lesepublikum vollzieht sie innerlich nach, gewinnt neue Vorstellungen und Vorbilder. Damit macht die Kinder- und Jugendliteratur auch erfahrbar, wie Gelesenes in das eigene Denken und Empfinden übergeht. In diesem Sinn bietet sie Lerngelegenheiten verschiedenster Art, sie macht Angebote für Passagen innerhalb der Leselaufbahn, beim Herausbilden von Leseinteressen und zum Verbinden fiktionaler Welten mit der eigenen Realität (Abraham 1998, S. 15).

Dass es sich dabei nicht nur in lesepädagogischer, sondern auch in literarischer Sicht um ein interessantes Textkorpus handelt, davon zeugen zahlreiche literaturwissenschaftliche Arbeiten, mit welchen die Geschichte der Kinder- und Jugendliteratur und ihre poetischen Merkmale anhand herausragender Beispiele beschrieben und diskutiert werden (u. a. in Lange 2012). Thematische, textliche und mediale Vielfalt zeichnen den Bereich als Ganzes aus. (Zu den Möglichkeiten des Einsatzes im Unterricht siehe die je textbezogenen didaktischen und methodischen Vorschläge im Sammelband von Spinner/Standke 2016).

Für einen Überblick – so weit als möglich – sind Unterteilungen hilfreich. Diese werden in der Regel entlang von Genrebestimmungen vorgenommen oder aber von thematischen Feldern, wobei Genre- und Themenbezeichnung zum Teil ineinander aufgehen.

Verschiedene Genres der aktuellen Kinder- und Jugendliteratur warten mit interessanten literarischen Entwicklungen auf. Zum einen sind es Leseangebote, die bei den Gleichaltrigen als wichtig gelten und Zugang bieten zu den entsprechend attraktiven fiktionalen Welten. Zum anderen überraschen einzelne Genres mit neuartigen literarischen Gestaltungen, welche die sprachästhetische Erfahrung anreichern. Und schließlich gehören zu mehreren Genres eine Reihe von Texten, die von existenziellen Problemen handeln und dabei das individuell sowie gesellschaftlich Dringliche zur Sprache bringen, dies mit den Mitteln der Poesie und einem spannenden Handlungsverlauf.

In formaler Hinsicht besonders innovativ sind vor allem das Kindergedicht sowie der Comic und die Graphic Novel. Die meisten Werke der erzählenden Kinder- und Jugendliteratur lassen sich in die anschließend aufgeführten Genres einordnen – sie sind im Literaturunterricht der Sekundarstufe I aktuell unterschiedlich stark vertreten, was sich zum einen mit der von den Lehrpersonen vorgenommenen Textauswahl ergibt und zum anderen mit der von den Schüler:innen angezeigten Bereitschaft zur Preisgabe von Lektüreerfahrungen zusammenhängen mag. Letzteres gilt insbesondere für Liebesgeschichten, die Mädchen zwar bevorzugt lesen, über deren Lektüre sie in der Schule aber nur zum Teil Auskunft geben wollen (Siebenhüner u. a. 2019).

Die nachfolgend erläuterten Genrebezeichnungen stehen für Erkennungsmerkmale der je zugehörigen Werke der Kinder- und Jugendliteratur, die Bezeichnungen sind allerdings keineswegs trennscharf – im Gegenteil, es bestehen viele interessante Genremischungen: humoristische Erzählungen mit Anleihen am Comic wie in *Gregs Tagebuch*, Abenteuerromane mit historisch exakt aufgearbeitetem Hintergrund, vor dem sich zum Beispiel *Die wundersame Weltreise des Jonathan Blum* abspielt (siehe weiter unten).

Gedichte für Kinder und Jugendliche

Der weite Bereich der Kinderlyrik reicht vom einfachen Kinderreim und den rhythmischen, sprachspielerischen Texten bis zu neuen poetischen Formen, mit welchen Erlebtes und Ausgedachtes in assoziative und dicht geformte Sprache gebracht wird. Sprachspielerische Gedichte zu Gemütszuständen von Kindern und von Jugendlichen finden sich in verschiedenen Gedichtsammlungen, etwa von Josef Guggenmos, dem Klassiker des modernen spielerischen Kindergedichts (Gedichtbände: *Was denkt die Maus am Donnerstag?*, *Ich will dir was verraten* und viele weitere), von James Krüss (Gedichtband: *So viele Tage wie das Jahr hat*) von Paul Maar (Gedichtbände: *Jaguar und Neingu-*

ar und weitere), von Jürg Schubiger (Gedichtbände für Kinder: *Der Wind hat Geburtstag* und weitere), Mascha Kaléko (Gedichtband *Träume, die auf Reisen führen*) und vielen anderen Autor:innen (großenteils präsent mit ausgewählten Gedichten auf der Plattform *Lyrikline*[24]).

Gedichte für Jugendliche über ihre Selbstwahrnehmung und ihr Sich-Zurechtfinden in ihrer sozialen Umwelt finden sich unter anderem in den Werken von Christine Nöstlinger (zum Beispiel *Armer Kurt*), Jutta Richter (zum Beispiel *Heute bin ich wild und böse*), Irmela Brender (zum Beispiel *Abschied*), auch im bereits erwähnten Werk von Jürg Schubiger (zum Beispiel *Bin so*) und in vielen weiteren (ebenfalls vertreten auf *Lyrikline*).

Kindergedichte haben die Schüler:innen der Sekundarstufe I meist in früheren Lesephasen kennengelernt. Die Freude am Sprachwitz und am Sprachspiel, den die Kinderlyrik mit vielerlei Einfällen pflegt, bleibt allerdings auch im Jugendalter erhalten. Die Jugendlichen werden den Zugang zu den vergleichsweise schlichten kurzen lyrischen Texten leicht (wieder-)finden, wenn sie aus Sammlungen eine Auswahl zusammenstellen. Dafür bieten sich (abgesehen von den weiter oben bereits erwähnten Bänden) die Sammlungen von Hans Joachim Gelberg an *(Überall und neben dir; Großer Ozean)*. Die Stichworte für die Auswahl können in der Klasse zuvor bestimmt und dann an Gruppen arbeitsteilig vergeben werden, sodass unter verschiedenen Titeln je ein Set (oder auch mehrere Sets), ein kleines Sammelheft, eine Gedichtcollage oder Ähnliches entsteht, überschrieben zum Beispiel mit „Gedichte zum Schmunzeln", „Gedichte für die Fantasie", „Gedichte über kleine Kinder und andere Monster", „Tiergedichte". Die auf diese Weise entstandenen Sammlungen können in der Klasse ausgetauscht oder an jüngere Kinder, an Grundschulklassen, an Freizeitgruppen u. a. verschenkt werden, dies jeweils verbunden mit der Bitte: Teilt uns doch mit, welches der Gedichte euch am besten gefallen hat.

Gedichte zu Thematiken des Jugendalters lernen die Schüler:innen entweder nach und nach kennen und sie besprechen sie in der Klasse oder sie erhalten eine Sammlung, welche die Lehrperson mit Rücksicht auf die Entwicklungsstände der Schüler:innen zusammengestellt hat. Das Textverständnis wird in der Klasse oder in kleinen Gruppen erarbeitet – dabei beschäftigt man sich mit einem Gedicht nach dem anderen und notiert jeweils erst einmal für sich selbst, ob man sich persönlich angesprochen fühlt, ob die Zeilen ein Befinden ausdrücken, das man selbst kennt oder das einen interessiert. In einem weiteren Schritt wird die Aufmerksamkeit auf die jeweilige Gedichtform gelenkt: Welche sprachlichen Eigenheiten tragen ihrerseits dazu bei, dass mich das Gedicht anspricht oder nicht anspricht? Wenn ein offener Aus-

24 https://www.lyrikline.org

tausch auch über sehr Persönliches in der Klasse möglich ist, bestimmen die Schüler:innen gemeinsam eine kleine Auswahl aus den behandelten und aus weiteren Gedichten unter dem Titel: „Gedichte, die zu uns passen."

Zum Gedicht unter dem Aspekt des literarischen Kanons siehe auch Kapitel 3.1.

Der Comic und die Graphic Novel

Die bildbasierten Erzählungen (Giesa 2014) sind im deutschsprachigen Raum erst seit wenigen Jahrzehnten als ernst zu nehmende Literatur anerkannt, anders als zum Beispiel in Frankreich und Italien, wo Bilderzählungen per se nicht selbstredend als trivial galten. Inzwischen ist der Comic als eigenständige Kunstform nicht nur vom deutschsprachigen Feuilleton anerkannt, sondern er hat auch Eingang in die Schulbibliotheken gefunden. Die Entwicklung des Genres ist unter anderem deshalb interessant, weil es sich der einstmaligen Zuordnung zum Bereich der Unterhaltungsliteratur zunehmend verweigert und in kunstvollen Editionen anspruchsvolle Themen behandelt. Für diese ist das Erzählen in einzelnen, voneinander abgetrennten Episoden (wie sie zur Tradition des Comic gehören) meist weniger geeignet als die umfangreicheren Formate der Graphic Novel, in welchen längere Geschichten mit erzählerischer Komplexität besser umgesetzt werden können (Art Spiegelmans Holocaust-Erzählung *Maus* wurde in Kapitel 3.2 bereits erwähnt). Viele dieser bildbasierten Werke sprechen sowohl Jugendliche als auch Erwachsene an, zum Beispiel die Beziehungsgeschichten in der Trilogie *Held*, *Sag was* und *Mädchen* von Flix (mit bürgerlichem Namen Felix Görmann) und die mittlerweile auch auf Deutsch erschienenen Graphic-Novel-Bände *Sunny* und *GoGo Monster* des Japaners Taiyō Matsumoto; sie beschäftigen sich mit der Fragilität und mit prekären Situationen einer Kindheit, mit den Übergängen zum Jugendalter, zur Adoleszenz und zum Erwachsenwerden.

Comics und Graphic Novels sind ein von vielen Schüler:innen der Sekundarstufe I bevorzugtes Genre (Siebenhüner u. a. 2019), insbesondere die Jungen haben entsprechende Leseerfahrungen längst auch außerhalb des Unterrichts gesammelt. Die Betrachtung einer Graphic Novel im Rahmen des Unterrichts kann an diese Erfahrungen anschließen, indem neben der Verarbeitung des jeweiligen Inhalts auch die Darstellungsweise, insbesondere das Zusammenspiel von Bild- und Sprachanteilen, die Art der Figurenzeichnung, der Aufbau von Spannung innerhalb des Handlungsgeschehens u. a. untersucht werden und die Schüler:innen das an der vorgelegten Graphic Novel Beobachtete mit anderen Beispielen aus ihrem Leserepertoire vergleichen (verschiedene weitere Unterrichtsvorschläge finden sich etwa im Sammelband von Engelns/Preußer/Giesa 2021).

Fantasy- und Science-Fiction-Romane

Literarische Fantastik hat in der Kinder- und Jugendliteratur eine lange Tradition. Dafür stehen Lewis Carolls *Alice im Wunderland,* aber auch neuere Klassiker wie *Krabat* von Otfried Preußler. Weitere prominente Beispiele sind Romanreihen, deren Aktualität im Medienverbund bzw. mit Verfilmungen, Websites und ergänzenden Unterhaltungsangeboten auf dem Markt aufrechterhalten wird, zum Beispiel Joanne K. Rowlings *Harry Potter,* Suzanne Collins' *Die Tribute von Panem* und Poznanskis *Erebos,* Letzteres mit Bezügen zur griechischen Mythologie. Diese drei Romanreihen repräsentieren je verschiedene Strukturen der fantastischen Literatur: Bei *Harry Potter* treffen realistische und fantastische Welten aufeinander, wobei der Protagonist deren Grenzen mehrmals überschreitet. Es handelt sich also um eine sogenannte Zwei-Welten-Erzählung (Tabbert 2000), wenngleich das Geschehen innerhalb der fantastischen, zauberhaften Welt den weitaus größten Raum einnimmt und die Figuren der realistischen Welt als Karikaturen bürgerlicher Kleinmütigkeit kaum zum Zuge kommen. Im Roman *Erebos* steht das Fantastische dem Realistischen in anderer Weise entgegen. Ersteres ist angelegt als ein geheimnisvolles und bedrohliches Spiel innerhalb einer komplexen Online-Anlage, in welcher der Protagonist Nick mythischen Figuren und Stoffen begegnet und Manipulationen auf die Spur kommt, die das reale Leben – unter anderem das eines Mitschülers – ernsthaft bedrohen. Die Überwindung der Bedrohung gelingt ihm dank seiner Freunde, ebenfalls Figuren aus der realistischen Welt. *Die Tribute von Panem* schließlich handeln gänzlich in einer anderen Welt, nämlich im zukünftig und dystopisch gezeichneten Nordamerika, wo die herrschende Klasse ein Leben in Dekadenz führt, während die meisten Menschen um ihr Überleben kämpfen und mit den vom Regime inszenierten *Hungerspielen,* einer Art Gladiatorenspielen, kontrolliert werden. Ähnlich wie im antiken Theseus- und Minotaurus-Mythos müssen jedes Jahr ein Mädchen und ein Junge (zwischen 12 und 18 Jahren) an diesen Spielen teilnehmen, wobei die meisten auf tragische Weise ums Leben kommen und nur das Liebespaar Katniss und Peeta überlebt.

Fantasy-Literatur ist zu einem großen Teil Fan-Literatur, wobei die heranwachsenden Leser:innen sich vielleicht für unterschiedliche Stoffe begeistern, während einige erst einmal (noch) gar nicht bereit sind für die meist extensiv angelegten Erzählungen. Es ist deshalb sinnvoll, dass sich die Schüler:innen in Gruppen über die von ihnen bevorzugten Werke unterhalten und sich darauf vorbereiten, für diese bei den anderen in der Klasse zu werben: mit den wichtigsten Informationen, die den Einstieg erleichtern; mit der Beschreibung von zentralen Figuren; mit der Auswahl spannender Textstellen, welche als Appetitanreger vorgelesen werden u. a. Nach einem Austausch in der Klasse lässt sich immer noch entscheiden, ob ein Band gemeinsam gelesen werden soll.

Zur literarischen Fantastik im Unterricht siehe z. B. die Ausgabe von *Praxis Deutsch* 274/2014 mit den Beiträgen von Abraham u. a.

Humoristische Erzählungen

Viele Erzählungen, die mit ironischer Distanznahme, mit Sprachwitz und dem Einsatz von Pointen geschrieben sind, reihen sich in die Tradition früherer „Lausbubengeschichten“ ein, allerdings sind sie durch neue Gestaltungsmittel gekennzeichnet. Ein prominentes Beispiel ist Jeff Kinneys *Gregs Tagebuch,* eine Serie, in welcher der 12-jährige Protagonist seine Probleme in Schule und Freizeit in stilisierter Jugendsprache und mit comicartigen Zeichnungen festhält. Es sind fiktive Aufzeichnungen eines Jungen in den USA des 21. Jahrhunderts, der von seinen laufenden Missgeschicken episodenhaft berichtet und sich dabei selbstironisch als Antiheld präsentiert. Mit der attraktiven Erzählweise und mit dem Alter des Protagonisten mag zusammenhängen, dass sowohl Kinder als auch Jugendliche zum breiten Publikum dieser in Teilen auch verfilmten Buchserie zählen. Pendants mit Protagonistinnen finden sich in der deutschsprachigen Kinder- und Jugendliteratur unter anderem mit der Tagebuchserie von Alice Pantermüller und Daniela Kehl *Mein Lotta Leben* oder mit dem Tagebuchroman von Emma Flint *Ich glaube, es glitzert! Jedes Chaos fängt mal klein an.* Auch deren Protagonistinnen sind im Alter zwischen 10 und 12 Jahren, die beiden Serien bieten sich also ebenfalls als sogenannte Crossover-Literatur sowohl am Ende der Grundschule als auch am Beginn der Sekundarstufe I an – dies vor allem für Mädchen.

Humoristische Unterhaltung unterliegt wohl besonders stark dem individuellen Leser:innengeschmack. Deshalb ist eine gemeinsame Beschäftigung mit ein und demselben Text in der Klasse nur sinnvoll, wenn zusammen mit bestimmten Textmerkmalen auch die je eigenen Vorlieben der Schüler:innen besprochen werden. Dies kann nach einer Phase individueller Lektüre oder nach einem gemeinsamen Lesen in interessenorientierten Gruppen geschehen. Zunächst bringen die Schüler:innen Beispiele für aus ihrer Sicht gute humoristische Erzählungen ein. Die entsprechenden Bände nehmen sie von zu Hause mit und die Lehrperson beschafft Ergänzungen aus umliegenden Bibliotheken, sodass eine ausreichende Anzahl zur Verfügung steht und die Gruppen entsprechend lesen, einander vorlesen und besonders witzige Stellen heraussuchen können. Entsprechend vorbereitet oder spontan im Klassengespräch klären die Schüler:innen untereinander, was den Humor in der jeweiligen Erzählung genau ausmacht. Die in der Gruppe ausgewählten Stellen dienen als Belegbeispiele für das Lustige (in Text und Bild); sie werden herauskopiert und zusammen mit den bibliografischen Angaben und eventuell dem Hinweis auf weitere Bände der Serie oder auf andere empfehlenswerte Titel als kleines Plakat oder als Aushangzettel gestaltet und für alle gut sichtbar aufgehängt.

Zum Vorschlag einer Lesewand siehe Kapitel 5.1.

Abenteuergeschichten

Abenteuergeschichten gehören zu den Urformen literarischen Erzählens, mit den alten Heldenepen als Grundsteine: das *Gilgamesch*-Epos der altbabylonischen Zeit, Homers griechische *Odyssee*. Kennzeichen des Genres sind die auf einen Helden (seltener auf eine Heldin) fokussierten Handlungsfolgen mit einer auf Spannung angelegten Erzählstruktur (Baumgärtner/Launer 2000). Der Aufbruch in eine fremdartige Welt, in der Überraschendes und Bedrohliches geschehen und es Bewährungsproben zu bestehen gilt, sind die inhaltlichen Konstanten, die sich auch in den neueren Abenteuerromanen im Bereich der Jugendliteratur wiederfinden. Die Erzählungen sind hier oft eingebettet in zeitlich und geografisch dokumentierte Umgebungen, über welche die Leser:innen zusammen mit den reisenden Protagonist:innen nach und nach Wesentliches und eventuell bis in die Gegenwart Bedeutendes erfahren. Ein Beispiel für die historisch angelegten und mit gesellschaftlich-politischen Themen verbundenen Romane ist *Die wundersame Weltreise des Jonathan Blum* von Rainer M. Schröder. Das Buch erzählt die Auswanderungsgeschichte des zu Beginn 16-jährigen jüdischen Titelhelden, der im Jahr 1858 nach Amerika auswandert, dort das Leben und erst einmal das Überleben sucht. In einer gänzlich anderen Umgebung, nämlich im südamerikanischen Urwald, spielt Sigrid Heucks *Mondjäger*, ein Roman, erzählt aus der Sicht der ebenfalls 16-jährigen Sheba. Die Protagonistin begleitet ihren Vater und einen Fotografen bei einer Expedition zu einem bisher unbekannten Indianerstamm (so wird das indigene Volk im Band aus den 1980er Jahren bezeichnet) und gibt in ihren Tagebuchaufzeichnungen ein authentisches, auf Recherchen der Autorin gestütztes Bild dieser Unternehmung. Sie freundet sich mit einem Jungen dieses indigenen Stammes an, erhält durch ihn Einblick in dessen kulturelle Bräuche und Werte und erlebt hautnah mit, wie die Grenzüberschreitungen der Europäer zur Katastrophe führen.

Identitätsfindung und Annäherung an das Fremde sind Kernthemen der Abenteuerliteratur. Sie sind typischerweise eingewoben in einen Plot, welcher den Aufbruch und den Weg der Hauptfigur aus deren Perspektive Station für Station nachzeichnet. Spannung wird hier oft verbunden mit der sachgerechten Schilderung historisch oder geografisch entlegener Welten. Die

Sicht der Protagonist:innen, die Stationen ihres Handelns und die Lebensumstände in der jeweils dargestellten Epoche – alle drei Aspekte können bei der Behandlung eines Werks im Unterricht aufgegriffen und im Verlauf der Lektüre bearbeitet werden. Dabei soll die Lektüre möglichst nicht lange ausgedehnt werden, damit die im ausgewählten Werk angelegte Spannung in einem ihr angemessenen Tempo erfahren werden kann. Passend ist deshalb zum Beispiel ein Vorgehen in teils individualisierten, teils zudem arbeitsteiligen Schritten:

- Lesephase, wenige Wochen dauernd: Die stärkeren Schüler:innen lesen das Werk im eigenen Tempo, schwächere erhalten Kurzzusammenfassungen von einzelnen Kapiteln und lesen einzelne Teile des Werks, die sie dank der Zusammenfassungen gut verorten können.
- Aufteilung des Romans in seine wichtigsten Handlungsstationen bzw. Episoden – das kann von der Lehrperson oder von den Schüler:innen selbst vorgenommen werden.
- Besprechung in Gruppenarbeit: Jede Gruppe übernimmt eine der Episoden und bespricht sowohl die dargestellte soziale und geografische Welt (welche Fakten werden hier vermittelt?) als auch die Sicht der Hauptfigur (was erlebt diese und was denkt und fühlt sie dabei?).

Liebesgeschichten

Liebe und (erwachende) Sexualität zwischen kindlichen oder jugendlichen Protagonist:innen nehmen zunehmend Raum ein in der Kinder- und der Jugendliteratur. Dabei sind die beiden Themen oft eng verbunden mit gesellschaftlichen oder existenziellen Problemen, wobei sehr verschiedene Darstellungsweisen gefunden werden. Zum Beispiel ist Laura Creedles *Die Liebesbriefe von Abelard und Lily,* ein Roman mit einer von ADHS betroffenen Protagonistin und einem am Asperger-Syndrom leidenden Protagonisten, über weite Teile als Brief- bzw. SMS-Roman verfasst. Mirjam Presslers historischer Liebesroman *Shylocks Tochter* ist linear erzählt. Er spielt im Venedig des 16. Jahrhunderts, thematisch eng angelehnt an William Shakespeares Drama *Der Kaufmann von Venedig,* und schildert das Leben der Juden im Ghetto und das teils gut funktionierende, teils schwierige Miteinander von Christen und Juden: Die Hauptfigur Jessica verlässt das Ghetto in Venedig und damit auch ihren Vater; mit viel Geld und Schmuck reist sie mit Lorenzo und seinen Freunden durch Italien, heiratet ihn und wird damit zur Christin gemacht. Sie gibt das Geld aus, versetzt den Schmuck, während ihr Vater, der venezianische Geldverleiher, in existenzielle Bedrängnis gerät.

Viele weitere Liebegeschichten werden aus der Perspektive von weiblichen Figuren erzählt und nicht selten der sogenannten Mädchenliteratur zugeordnet (Schilcher 2012). Dabei überwiegen Darstellungen von heterosexueller Liebe in Erzählungen von Annäherungen, Abweisungen und der Verständigung zwischen Mädchen und Jungen. Ausnahmen dazu bilden Romane, welche die gleichgeschlechtliche Liebe zwischen Jugendlichen thematisieren, zum Beispiel Becky Albertallys E-Mail-Roman *Nur drei Worte – Love, Simon:* Die Liebe des 17-jährigen Simon wird nicht erwidert, bis eine seiner E-Mails in falsche Hände gerät und es zu turbulenten Verwirrungen kommt, die sich schließlich glücklich auflösen. Identitätssuche und Selbstfindung sind Thema auch in vielen weiteren Jugendromanen: Karen-Susan Fessel erzählt in *Jenny mit O* von der 17-Jährigen, die in der aufregenden Stadt Berlin nicht nur Konventionen überwindet, sondern auch ihre Liebe entdeckt, nämlich zu einer jungen Frau. *Zusammen werden wir leuchten* von Lisa Williamson nimmt die beiden Themen *transgender* und soziale Unterschiede miteinander auf. Es ist die Geschichte von David, der sich als Mädchen im Körper eines Jungen fühlt und dies seinen Eltern und seinen Freunden erst noch eröffnen muss.

Für eine Beschäftigung im Rahmen des Literaturunterrichts sind die eben erwähnten Werke nur teilweise geeignet. Liebesgeschichten – und speziell solche, die in den für die Leser:innen nahen Welten spielen – nutzen die heranwachsenden Leser und vor allem die Leserinnen für intime Lektüren (Graf 2007) außerhalb der Schule. Wenn interessante Titel aber in der Schul- oder in der Klassenzimmerbibliothek vorhanden sind und für die individuellen Lektüren oder für Lesegruppen zur Verfügung stehen, ist dies sicher ein Beitrag zu einem breiten und attraktiven Leseangebot.

Historische, politische oder gesellschaftskritische Geschichten

Geschichten, die vor einem historisch zurückliegenden oder vor einem zeitgeschichtlichen Hintergrund spielen – und dies so, dass das „Gespielte" ohne diesen Hintergrund nicht möglich wäre und die Figuren als Kinder ihrer Zeit, im Widerstand gegen die Verhältnisse oder als deren Opfer gezeigt werden –, vermitteln eine stärker historische oder gesellschaftskritische Sicht. Ihr gemeinsames Merkmal ist die Beleuchtung realer sozialer Welten, innerhalb derer das erzählte Geschehen stattfindet und aus denen heraus sich die Motive und Handlungen der Figuren auch ein Stück weit erklären lassen. Je nachdem, ob es sich dabei um Darstellungen historisch dokumentierter Persönlichkeiten oder um fiktive Figuren handelt, werden die entsprechenden Werke als historischer Roman bzw. historische Erzählung oder als geschichtserzählende und eventuell politische Literatur bezeichnet. In diesen Zusammenhang gehört speziell auch die zeitgeschichtliche Kinder- und Jugendliteratur (Lange 2000), die in Deutschland bis in die 1980er Jahre vor allem den Nationalsozialismus und seine Folgen für die Betroffenen teils historisch, teils fiktional aufgearbeitet hat. Fortsetzungen finden sich in auch in neueren Werken, zum Beispiel in John Boynes *Der Junge im gestreiften Pyjama* (erschienen 2008), der Geschichte des 9-jährigen Bruno, Sohn eines SS-Offiziers, der – ohne zu verstehen – Anfang der 1940er Jahre mit seiner Familie von Berlin weg an einen Ort zieht, den das Kind als „Auswitz" hört und bei dem jugendliche Leser:innen sofort ahnen können, dass es sich um das Konzentrationslager handelt. Bruno begegnet dem Lagerinsassen Schmuel beim streng verbotenen Gespräch durch den Stacheldrahtzaun – der Topos der unerlaubten Beziehung wird hier also fiktiv in die geschichtlich fundierte Schilderung des Konzentrationslagers und in einen überraschend verlaufenden Plot eingebracht.

Stärker gegenwartsbezogene sozialkritische Problemerzählungen sind in der Regel ähnlich konstruiert wie solche mit geschichtlichem Hintergrund: Sie situieren einen fiktiven Plot in politisch und gesellschaftlich definierte Umgebungen und bringen ihre Figuren in Handlungskonstellationen, in welchen zwischenmenschliche und unter Umständen auch ethische Konflikte aufbrechen. Diese sind Auslöser für dramatische Handlungen der Protagonist:innen oder für ihre innere Entwicklung. Beides trifft auf Figuren zu in Morton Rhues Roman *Die Welle,* welcher Mitläufertum, autoritäres Verhalten und Antisemitismus auf spannende Weise thematisiert und inzwischen in der Regie von Dennis Gansel erfolgreich verfilmt worden ist: Der Geschichtslehrer Ross involviert seine Schüler:innen in ein Experiment, das ihnen die Verführbarkeit von Kollektiven und deren Folgen in der NS-Zeit bewusst machen soll, das sich jedoch verselbstständigt und schließlich abgebrochen werden muss. Gewaltbereitschaft als Problem unter Jugendlichen ist vielfach auch Thema, ohne dass dies mit einer historischen Bezugnahme verbunden ist, so zum Beispiel in Kirsten Boies *Nicht Chicago – Nicht hier,* einem Roman über Diebstahl und Gewalt, über die Anziehungskraft und die Bedrängnis, welche der eine Protagonist als Opfer vom anderen, dem Täter, erfährt.

Im aktuellen Literaturunterricht der Sekundarstufe I sind Texte, die politische und gesellschaftskritische Themen oder Probleme von Jugendlichen aufgreifen, besonders stark vertreten – Texte also, die Bezüge zur realen Welt und Anregung zur Reflexion mit differenzierten Perspektiven auf die Welt bieten. Die Lehrpersonen wählen dafür häufig auch Werke aus dem Bereich der Jugendliteratur (Siebenhüner u. a. 2019). Mit einer entsprechenden Textauswahl geht das Anliegen einher, sozial und ethisch relevante Themen in den Unterricht einzubringen, sie mit den Schüler:innen zu diskutieren und dafür die Lektüren als Anstoß und Anregung zu verwerten. Dazu passen verschiedene didaktisch-methodische Schritte:

- Situierung der Erzählung: Die zeitlichen oder politischen Hintergründe der in der Erzählung dargestellten Umgebung werden zusammengetragen und als Skizze aufbereitet.

- Übernahme von Perspektiven: Die Schüler:innen versetzen sich in die Lage verschiedener Figuren (von Täter:innen oder Opfern oder von beobachtenden Figuren) und stellen einzelne Episoden aus dem erzählten Geschehen entsprechend dar – dies zum Beispiel in einem inneren Monolog einer Figur, den man sich passend zur Figur und zur Handlung ausdenkt und danach aufschreibt, in einem zur Geschichte hinzuerfundenen Gespräch zwischen zwei Figuren oder in einem medial aufbereiteten Interview, in welchem eine Figur befragt wird und über ihre Motive, Gefühle und Gedanken Auskunft gibt.

Adoleszenzromane

Für jene Romane, welche sich mit dem Erwachsenwerden der Hauptfigur beschäftigen, verwendet die Jugendliteraturforschung die Bezeichnung „Adoleszenzroman" – dies in Anlehnung an die angloamerikanische *adolescent novel*. Ähnlich wie die gesellschaftskritischen Erzählungen (siehe Kapitel *Historische, politische oder gesellschaftskritische Geschichten*) gehört der Adoleszenzroman zur realistischen, problemorientierten Literatur, im Mittelpunkt aber steht die Darstellung krisenhafter Entwicklungen und Ablösungen in einer Lebensphase, die aus dem Jugendalter hinaus und in das Erwachsenenleben hineinführt. Der Übergang ist also ein Grundmotiv dieses Genres, das mit dem klassischen Bildungsroman viel gemein hat (Abraham 1998, S. 103). Typischerweise sind die Texte stark auf ihre Protagonist:innen zentriert, wobei familiäre und gesellschaftliche Zusammenhänge mit in den Blick geraten können – wie dies bereits bei den Vorläufern des neueren Adoleszenzromans der Fall war, beispielsweise in Johann Wolfgang Goethes *Die Leiden des jungen Werthers* und in der Adaption von Ulrich Plenzdorf *Die neuen Leiden des jungen W.*, in Robert Musils *Törleß* und in Jerome David Salingers *Fänger im Roggen*. Neuere Werke sind für die heute Heranwachsenden sicherlich eher vertraut, insbesondere dann, wenn auch das Außergewöhnliche der jeweils dargestellten Verhältnisse und Figuren Aktualitätscharakter hat. Ein vielbeachtetes und mehrfach prämiertes Beispiel aus der Jugendliteratur ist Andreas Steinhöfels *Die Mitte der Welt*, die Geschichte des 17-jährigen Phil, der mit seiner Mutter und seiner Schwester auf einem geerbten Anwesen am Rande einer deutschen Kleinstadt lebt – in einer Kleinfamilie, die in vielerlei Hinsicht ungewöhnlich ist. Zusammen mit seinen innigen Freundschaften und im Zuge seiner zunehmenden Sehnsucht nach dem ihm noch unbekannten Vater durchläuft Phil den Prozess einer Selbstfindung, dies mit der Entdeckung seiner Homosexualität, der Loslösung aus der Kleinfamilie und dem Aufbruch in die USA zur Begegnung mit seinem Vater. Holly Jane Rahlens ebenfalls prämierter Roman *Prinz William, Maximilian Minsky und ich* ist in einer humorvolleren Tonart verfasst. In seinem Zentrum steht die zu Beginn

13-jährige Nelly, die mit ihrer amerikanisch-jüdischen Mutter und ihrem Vater, einem nicht sehr erfolgreichen Musiker, in Berlin lebt. In der deutsch-amerikanischen Schule ist Nelly zwar eine brillante Schülerin, aber auch Außenseiterin. Umso wichtiger ist für sie die Entdeckung des schönen Prinzen William, dem (zur Zeit des fiktiven Geschehens) 15-jährigen Sohn der Lady Di, in den sie sich leidenschaftlich verliebt, auf eine Begegnung hofft und damit auf einen Lebensweg, den sie sich deutlich anders wünscht als jenen, den ihre Mutter für sie vorgesehen hat. Eine weitere Figur, Maximilian Minsky, tritt in ihr Leben, und mit ihm lassen sich Wunschfantasien so ausleben, dass ein fantastisch anmutender Ausbruch zusammen mit einer inneren Entwicklung seinen Gang nimmt.

Literarisch gelungene und in ihrem Verlauf spannende Geschichten des Erwachsenwerdens vermitteln zugleich ästhetische Spracherfahrung und Entwürfe von Lebenswegen, und sie zeigen damit Möglichkeiten für die Bewältigung von Entwicklungsaufgaben auf. Adoleszenzromane sind deshalb ein wichtiges Genre im Leserepertoire von Schüler:innen der Sekundarstufen I und II:

- Eine Verarbeitung im Literaturunterricht kann sich zum einen auf Themen konzentrieren, die im jeweiligen Werk angesprochen werden: der Handlungsspielraum von Jugendlichen, Lebensentwürfe von Jugendlichen bzw. Adoleszenten (welches sind die in der Generation am meisten gehegten Wünsche?), auch Themen wie Liebe, Sexualität, Geschlechtsidentität – je nachdem, wie vertrauensvoll Klassen- oder Gruppengespräche geführt werden können.
- Zum anderen bieten geglückte Adoleszenzromane (wie viele literarische Texte) interessante Möglichkeiten für die Textbeobachtung. Anhand dieser können die wichtigsten Handlungsstationen benannt und eventuell auch aufgezeichnet werden, also Stationen, welche die Hauptfigur auf dem Weg zum Erwachsenwerden durchläuft. Zudem oder als Alternative dazu können die wichtigsten Gedanken und Äußerungen zusammengestellt werden, in welchen die Selbstwahrnehmung der Figur zum Ausdruck gelangt. Die entsprechenden Textausschnitte können ihrerseits in den Handlungs- und Entwicklungsverlauf eingeordnet werden.

3.4 Serielles Erzählen: Geschichten, die (lange) nicht aufhören

Buchserien sind aus dem Lesealltag von Kindern und Jugendlichen nicht wegzudenken – auch nicht aus dem der Erwachsenen. Ihre Bedeutung als interessante alltagskulturelle Gegenstände und ebenso ihre ästhetische Bedeutung sind mittlerweile erkannt. Umberto Eco spricht in diesem Zusammenhang von „Wiederholungskunst“, welche in der Fernsehserie wie in der griechischen Tragödie zur Anwendung kommt (vgl. Eco 1989, S. 320; für die Deutschdidaktik: Anders/Staiger 2016). Blickt man aber auf die Diskussion um Buch- und Filmserien seit gut 100 Jahren, zeigt sich eine besondere Geschichte der Akzeptanz dieser Erzählform. Ihren Verlauf hat Catherine Sheldrick Ross (1995) für die USA skizziert und mit Interviews ergänzt, in denen Erwachsene über ihre früheren Lesevorlieben und die Attraktivität des seriellen Lesens Auskunft geben. Dabei scheint die divergente Einstellung der *expert readers* im Vergleich zu jener der jungen Rezipient:innen als *pleasure readers* deutlich auf: Während Bibliothekar:innen Buchserien wegen der ihnen zugeschriebenen Einfachheit und ihres Suchtpotenzials als *trashy fiction* (Sheldrick Ross 1995, S. 205) ablehnen, fühlen sich zahlreiche junge Leser:innen zu ihnen besonders stark hingezogen. Belegt wird diese starke Vorliebe zum einen mit dem Absatz in den Buchhandlungen, zum anderen mit Aussagen der Leser:innen, die sich an extensive Lektürephasen erinnern, insbesondere auch an den Sog, den sie beim Lesen serieller Lektüren erfahren haben. Was also aus der Sicht einer zum *guten Buch* hinführenden Leseerziehung als *mind candy for quick enjoyment* (Sheldrick Ross 1995, S. 207) gilt und nicht selten mit einer (impliziten) Geringschätzung verbunden ist, sehen viele Menschen im Rückblick auf ihre Lesebiografie als wichtiges, stimulierendes Leseangebot.

Der Graben, der hier für den angloamerikanischen Raum ausgemacht wird, existiert ebenso in den deutschsprachigen Ländern (vgl. z. B. die kritischen Hinweise zum engen Textverständnis der Schule von Bettina Hurrelmann 2003a). Er verläuft hier aber nicht nur zwischen der Lesepädagogik und den Leser:innen sowie den interessierten Verlagen und Buchhandlungen. Vielmehr wird der Graben noch vertieft durch die Literaturwissenschaft, die sich bis weit ins 20. Jahrhundert hinein nicht für serielle Texte interessiert bzw. ihnen Qualitäten des Literarischen abgesprochen hat (vgl. Winko 2009). Der Bereich der Kinder- und Jugendliteratur, der viele serielle Erzählungen enthält, war von dieser Art pauschalen Ignorierens insgesamt lange Zeit betroffen, bevor er die angemessene Beachtung im Rahmen der neueren Kinder- und Jugendliteraturforschung fand (siehe Kapitel 3.3).

Inzwischen interessiert Serialität als formales narratives Prinzip auch im Kinder- und Jugendbuch (bzw. in Kinder- und Jugendmedien allgemein, vgl. z. B. Dettmar 2020). Das Spiel von Wiederholung und Variation ist entscheidend für die ästhetische Wirkung von Texten; ebenso entscheidend ist die Art, wie die Fortsetzung strukturiert wird: So werden am Beispiel von Joanne K. Rowlings *Harry Potter* die *progressive series,* in denen die Figuren verschiedene Prozesse der Reifung durchlaufen und ihr Handeln jeweils neu motivieren, unterschieden von den *successive series,* zu denen als prominentes Beispiel Enid

Blytons *Fünf Freunde* gehört. Die wiederkehrenden Erzählmuster, die Flächenhaftigkeit, mit welcher die Figuren gezeichnet sind, die hohe Erwartbarkeit des Erzählverlaufs – sie machen den Konfektionscharakter dieser Kinderbuchserie als Vertreterin von stark musterhaft ablaufenden Geschichten deutlich.

Serien dieses zweiten Typus finden – womöglich zu Recht – wenig Wertschätzung, wenn man sie unter dem Aspekt literarästhetischer Bildung im engeren Sinn betrachtet. Zu einer anderen Einschätzung wird man gelangen, wenn man Bildung als Enkulturationsvorgang weiter gefasst versteht und einräumt, dass es sich bei der Entwicklung von Lesekompetenz um einen Prozess handelt, der durch Zugang zu einem breiten Textangebot und besonders auch durch interessegeleitetes Lesen ermöglicht und unterstützt wird (zu diesem Schluss gelangt bereits Hurrelmann 2003a). Tatsächlich spielen Buchserien eine entscheidende Rolle für das Hineinwachsen von Kindern und Jugendlichen in die Erzähl- und Schriftwelten (Bertschi-Kaufmann/Siebenhüner 2021).

Das Förderpotenzial von Buchserien lässt sich vor allem auf die folgenden drei verschiedenen konstitutiven Merkmale zurückführen. Schüler:innen können diese entdecken, herausarbeiten und das auf diese Weise gewonnene Genrewissen in die kommenden Lektüren mitnehmen.

Die Verknüpfung von Bekanntem und Neuem

Erzählungen handeln von Ereignissen, die als erzählenswert, als besonders, als neu oder auch als unerhört empfunden werden. Erzählungen setzen zugleich auf das Vertraute, indem sie z. B. mit Formen beginnen, die wir klar als Geschichtenanfang erkennen („Es war einmal …“ – das Volksmärchen macht es deutlich). Zudem ordnen sich Erzählungen entlang von Stationen, die uns signalisieren, dass sich die Handlung fortsetzt (von den Muggels zum Gleis 9 ¾, zu Hogwarts, zum Schulleiter Dumbledore …), und sie werden getragen von Figuren, mit denen wir über längere Zeit mitgehen können. Wir haben Erwartungen an sie und möchten diese erfüllt sehen – aber lieber nicht so, dass wir den Handlungsverlauf genau vorhersagen könnten. Dann bräuchten wir die Erzählung nicht. Wir wüssten sie ja schon und es würde wegfallen, was junge Leser:innen in Erzählungen vor allem suchen: Spannung. Gute Erzählungen verknüpfen das Bekannte deshalb mit dem Neuen, und dies fortlaufend. Dabei handelt es sich um ein altes und in der Rezeptionstheorie genau beschriebenes Prinzip: Serielle Erzählungen treiben es sozusagen auf die Spitze, wenn sie ihre Leser:innen glauben lassen, die Geschichte werde nie enden, sondern laufend fortgesetzt. Eco spricht von der „potenziellen Endlosigkeit“ (1989, S. 313) serieller Geschichten.

Noch ein anderes Charakteristikum kommt den Leser:innen entgegen: In literarischen Texten interessieren sie in erster Linie die Figuren (vgl. Hurrelmann 2003b; Bertschi-Kaufmann/Graber 2016) – und Serien erlauben ein kontinuierliches Mitgehen mit diesen. Mit den Figuren begibt man sich lesend in die Handlung hinein und begleitet sie – mitleidend und mithoffend; dabei werden die Held:innen der Buchserien von Band zu Band vertrauter. Die Kontaktaufnahme zu den Figuren ist der „Königsweg motivierten literarischen Lesens", so hat es Bettina Hurrelmann (2003b, S. 4) in literaturdidaktischer Sicht formuliert. Wenn Leser:innen diesen Kontakt dauerhaft halten können, erfahren sie eine wichtige Qualität fiktionalen Erzählens.

Im Literaturunterricht wird allerdings kaum Zeit für die Lektüre einer gesamten Buchserie zur Verfügung stehen und die Fokussierung der ganzen Klasse auf eine einzige Serie wäre wohl auch nicht ratsam, weil die meisten Serien als Fan-Literatur funktionieren und sich die Lesebegeisterung jener Jugendlichen, die in ihrer Freizeit lesen, auf verschiedene Buch- und Filmserien aufteilen wird. Der Frage nach der Verknüpfung von bereits Bekanntem und Neuem geht die Klasse deshalb sinnvollerweise in Lesegruppen nach, die sich jeweils mit einer Buchserie beschäftigen und in die man seine bisherigen Leseerfahrungen einbringen kann. Wenn mehrere Schüler:innen noch gar keine Serienerfahrung mitbringen, werden zusätzlich eine oder mehrere Gruppen gebildet, in welchen man sich auf das Kennenlernen einer Serie einigt und sich danach darauf konzentriert. Die Schüler:innen tragen zusammen, welche Wiederholungen ihnen aufgefallen sind – dies zum einen im Verlauf eines Bandes, zum anderen aber auch zwischen einzelnen Bänden der Serie. Anschließend bewerten sie diese Wiederholung anhand ihrer je persönlichen Leseerfahrung: Wann wurden die Wiederholungen als hilfreich, wann als langweilig empfunden? Hat dabei eine Rolle gespielt, ob Handlungen oder Beschreibungen in ähnlicher, aber nicht in gleicher Weise (also in Variation) enthalten waren?

Alternativ dazu kann die Frage nach der Hauptfigur bzw. den Hauptfiguren der seriellen Erzählung ins Zentrum des Gruppengesprächs gestellt werden: Mit welchen Eigenschaften und mit welchem Aussehen wird die Figur beschrieben? Welches Handeln, welche Art von Entscheidung ist für diese Figur typisch? Sind ihre Handlungen und Entscheidungen voraussehbar oder gibt es dabei Überraschungen? Bleibt die Figur über mehrere Bände unverändert oder zeigt sich eine Entwicklung, indem die Figur älter wird und aus bisherigen Erfahrungen gelernt hat?

Entlastung des Leseprozesses

Viele Buch- und Comic-Serien sind „leichte" Lektüren (zur Einfachheit von Texten siehe auch das nachfolgende Kapitel 3.5). Junge Leser:innen trauen sich die Lektüre solcher Serien in der Regel zu, und dafür gibt es mehrere Erklärungen.

Zum Ersten hängt die Zugänglichkeit mit der Spannung zusammen: Serielle Geschichten führen in aller Regel schnell von einer Geschichtenstation zur nächsten und erzeugen so Dynamik. Sie erzählen nicht mit der Zeitlupe, halten sich nicht bei Beschreibungen auf; die Orte der Handlung oder das Befinden von Figuren interessieren meist nur insoweit, als die Handlung damit ausreichend motiviert ist.

Zum Zweiten machen Wiederholungen die Lektüre „leicht“: Sie teilen uns mit, was wir schon wissen. Sie tun es oft in verknappter Form, sodass wir weniger und nicht sehr aufmerksam lesen müssen, um uns in der Geschichte zu orientieren. Und sollten die Leser:innen eine Information verpasst haben, erhalten sie in der Regel spätere Gelegenheiten, um sie noch „mitzunehmen“. Die Repetition als Sprach- und Stilmittel ist aber nicht bloß eine Erleichterung, eingesetzt mit Blick auf schwächere Sprachteilnehmende, sondern: „Repetition is [...] generally regarded as one of the principles through which language generates meaning. [...] Repetitions in language are not only persuasive but also pleasing.“ So halten es Mavis Reimer u. a. (2017, S. 14 f.) fest, wenn sie die Vorteile des seriellen Erzählens für Heranwachsende erklären.

Zum Dritten entlasten serielle Erzählungen das Lesen durch die erwähnten routinierten Ablaufmuster. Mit bekannten Erzählformen und Geschichtenelementen lässt es sich leichter und schneller zurechtkommen.

Die Erfahrungen des leichten, zügigen Lesens von Buchserien und der Zugänglichkeit von Filmserien können im Literaturunterricht zum Beispiel unter einem lesebiografischen Aspekt ausgetauscht werden: Zu welcher Zeit bzw. in welchem Alter fanden die Schüler:innen bestimmte Serien interessant? Wann und aus welchen Gründen hat sich dieses Interesse gelegt oder wurde es abgelöst durch ein Interesse an einer anderen (evtl. ihrerseits seriellen) Literatur?

Zusammenspiel im Medienverbund

Als weiteres Merkmal soll zumindest kurz jenes Phänomen Erwähnung finden, das die Lesepraxis aktuell entscheidend beeinflusst und Kinder, Jugendliche und Erwachsene in unterschiedlichen Ausprägungen trifft: die Medienkonvergenz (siehe dazu auch Hinweise in Kapitel 3.2). Das Zusammenspiel von Beiträgen zum selben Stoff in diversen Medien spielt für die Repräsentation der Buchserien und für ihre Aufnahme bei Kindern und Jugendlichen eine große Rolle. Medienkonvergenz meint nach Jenkins (2006)

- die Übernahme und das Zusammenführen von Inhalten verschiedenster Medien,
- das Zusammenspiel verschiedener Medienanbieter,
- die Beweglichkeit der Rezipient:innen von Medium zu Medium
- und das Auswahlverhalten entlang der eigenen Interessen.

Anführen lassen sich neben filmischen Adaptionsformen (Kino, TV, Streamingdienst-Staffeln etc.) und Audio-Adaptionen (Hörbücher, Hörspiele etc.) auch Umsetzungen von Lesestoffen als Computerspiele oder interaktive Webseiten. Über diese *top-down*-Angebote zur bloßen Nutzung hinaus etablieren sich zudem vielfach partizipatorische *bottom-up*-Formate, wie LARP- und Cosplay-Veranstaltungen oder Online-Foren für Fan-Art und Fan-Fiction, die von Communitys und deren gemeinsamen Begeisterung für einen Erzählstoff getragen werden. In diesen Fan-Communitys findet medienübergreifendes Erzählen statt, in das fortlaufend neue Elemente eingebracht werden. Mit Technologien, die großräumige Vernetzung ermöglichen, ist die Beschäftigung mit Buchserien längst nicht aufs private Rezipieren (und schon gar nicht nur auf das Lesen) beschränkt. Heranwachsende beteiligen sich aktiv an einer intermedialen buch- oder geschichtenbezogenen Kommunikation in realen oder virtuellen Gemeinschaften. Aus den Daten der Jugendmedienforschung (z. B. JIM-Studie 2020) wissen wir, wie attraktiv solche Partizipationsmöglichkeiten insbesondere für die jugendlichen Leser:innen sind (siehe dazu auch die Hinweise in Kapitel 3.2 zur Netzliteratur).

Die Lese- und Medienpraxis, welche die Schüler:innen im Umgang mit seriellen Erzählungen kennen, kann ihrerseits Gegenstand eines Unterrichtsgesprächs sein: Welche Stoffe stehen für sie im Zentrum bzw. mit welchen Serien beschäftigen sie sich vor allem? Welchen Anteil an der Beschäftigung haben dabei die Buchausgaben, die filmischen Versionen, Online-Formate u. a.? Und in welcher Weise beschäftigen sich die Schüler:innen mit ihren bevorzugten Serien: hauptsächlich rezipierend, also lesend oder sehend, oder mit eigenen Beiträgen, die sie innerhalb einer Community veröffentlichen oder an einzelne Freund:innen weitergeben?

3.5 Einfachheit und Vereinfachung in literarischen Texten – zweierlei Qualitäten

Literatur für alle Schüler:innen zugänglich zu machen und dabei mit leicht verständlichen Formaten jenen entgegenzukommen, die mit anspruchsvollen Texten überfordert wären – dies ist ein zentrales Anliegen einer inkludierenden literarischen Bildung, wie sie in der Literaturdidaktik der letzten Jahre mehrfach eingefordert wurde (siehe z. B. Abraham/Kepser 2016, S. 47 ff.; von Brand 2018, siehe auch Kapitel 1 in diesem Band). Die Forderung hat eine längere Vorgeschichte: Mit Blick auf die Entwicklung des Literaturunterrichts seit dem 19. Jahrhundert stellt Elisabeth Paefgen „eine kontinuierliche Erleichterung des literarischen Lernprozesses“ fest (Paefgen 2006, S. 152). Im Zeichen dieser Erleichterung stehen zum Beispiel das Vorlegen von Ausschnitten aus Werken statt einer verlangten vollständigen Lektüre, eine generelle Fokussierung auf eher kurze Texte sowie die Verwendung von Verfahren, die stärker auf Leseanimation als auf ein genaues Lesen zielen. Reduktionen dieser Art können hilfreich sein, wenn es darum geht, die Begegnung mit Literatur niederschwellig und gut bewältigbar zu gestalten. Die Zugänglichkeit literarischer Texte hängt aber in erster Linie von ihren inhaltlichen, sprachlichen und strukturellen Eigenschaften ab: Ein an die Lebens- oder die Fantasiewelt von Heranwachsenden anknüpfender Stoff, eine alltagsnahe Sprache und eine übersichtliche Textanordnung tragen dazu bei, dass ein Text als einfach empfunden wird.

„Einfachheit" gilt in der Literaturdidaktik zunächst einmal als originäre Qualität von Texten. Der Begriff wird in unterschiedlichen poetologischen Zusammenhängen auf die Komplexität sowohl sprachlicher und künstlerischer Formen als auch der jeweils dargestellten Welt bezogen (Martinez/Scheffel 2016). Für das Kinderbuch gilt Einfachheit als das gattungsspezifische Merkmal schlechthin. Von ihm wird erwartet, dass es von Handlung zu Handlung fortschreitend erzählt und die Figuren, Orte und Motive der Handlung im Rahmen des Übersichtlichen auswählt. Die strukturalistische Kinderliteraturforschung hat die „Kategorie Einfachheit" (Lypp 1984) entsprechend definiert: Literarische Einfachheit verzichtet keineswegs auf poetische Gestaltung, zu ihren poetischen Regeln gehören allerdings Transparenz und Offensichtlichkeit. Die jungen Leser:innen sollen die sprachliche Geformtheit auf Anhieb erkennen können. Zum Beispiel beginnen Geschichten mit einem stark formalisierten oder immer gleichen Anfang (auf typische Weise umgesetzt in Gudrun Mebs' Geschichten über *Oma und Frieder*) oder sie sind mit eingängigen Reimen durchsetzt (wie in Paul Maars Geschichten vom *Sams*). Gedichte präsentieren ihr Reimschema, insbesondere den Endreim gut wahrnehmbar oder sie markieren das Spiel mit Lauten deutlich. Letzteres ist auch das hervorstechende Merkmal von Ernst Jandls *Ottos Mops*, einem zur Lautpoesie gehörenden lyrischen, spielerischen Text, der als sprachliches Kunstwerk aber an keinerlei Lesealter gebunden ist und sich auch für Kinder eignet.

Lesealter-übergreifend sind denn auch die oben bereits genannten Kriterien, die zur Bestimmung der literarischen Einfachheit verwendet werden. Texte, die der Jugendliteratur zugeordnet werden, gelten als einfach, wenn sie interessierende Themen fokussieren, fortschreitend und in einem übersichtlichen Verlauf erzählen, und dies in einer Sprache, die den Heranwachsenden vertraut ist. Spannung und Humor sind dabei zwei Grundqualitäten, welche die Einfachheit von Texten zwar alleine nicht ausmachen, die aber die Akzeptanz der jungen Leser:innen und ihre Einschätzung von Lesbarkeit zumindest mitbestimmen (Bertschi-Kaufmann/Graber 2016).

Zur Bestimmung der Einfachheit bzw. der Komplexität von Texten, sowohl von literarischen als auch nichtliterarischen, unterscheidet die Kognitionspsychologie weitere und zum Teil leicht messbare Dimensionen (für die Lesedidaktik übersichtlich zusammengestellt von Rosebrock 2020; siehe auch Kapitel 4.1). Damit lässt sich bestimmen, wie hoch die mentalen Anforderungen sind, welche ein Text an die Lesenden stellt. Diese Anforderungen betreffen die verschiedenen Prozesse, die im Lesevorgang zusammengeführt werden müssen, also sowohl die verhältnismäßig einfachen, sogenannten hierarchieniedrigen, als auch die hierarchiehöheren (van Dijk/Kintsch 1983):

- Auf der niedrigsten Ebene der Leseleistung geht es um die Identifikation von Wörtern und Sätzen; diesbezüglich ist der Grad der Schwierigkeit an der Textoberfläche erkennbar und mit einfachen Formeln auch berechenbar. Ein prominentes Beispiel ist die nach ihrem Erfinder Rudolf Flesch (1948) benannte Formel, nach der ein Index aufgrund der Wortlängen und der Wörterzahl je Satz berechnet wird. Im deutschsprachigen Raum wird oft der sehr ähnlich ausgerichtete Lesbarkeitsindex LIX verwendet. Hilfreich ist dabei ein online verfügbarer LIX-Rechner[25]. Digital kopierbare Textpassagen können in den Rechner eingegeben und ausgewertet werden. Dabei werden auch die Maßstäbe dargelegt, nach welchen die Schwierigkeitseinstufung erfolgt.
- Die Wörter und Sätze müssen zudem in ihrem Sinnzusammenhang verstanden werden, dies erst einmal mit dem Erfassen kleinerer Teile eines Textes, also mit dem Herstellen einer sogenannten lokalen Kohärenz. Dies fällt in der Regel leichter, wenn die Information gut wahrnehmbar im Text platziert ist, zum Beispiel in einer Überschrift, in einem einführenden Kurztext, am Anfang eines Satzes, mit Wiederholungen derselben Wörter. Redundanzen wirken zwar stilistisch eventuell schwerfällig, sie sind in der Regel aber eine Hilfe für das Textverstehen.
- Parallel zur Bildung lokaler Kohärenz muss auch eine textübergreifende, globale Kohärenz hergestellt werden; Leser:innen sollen eine Vorstellung davon haben, wie die Textteile zusammenhängen und worum es im Text hauptsächlich geht. Erzählende literarische Texte kommen ihnen mit der Darstellung einer linearen Handlung und der Erkennbarkeit der wichtigsten Figuren an verschiedenen Stellen im Handlungszusammenhang entgegen. Dabei ist das globale Thema oft deutlich angegeben, vielleicht schon in Kapitelüberschriften, in kurzen Einleitungen oder mit der deutlichen Nennung im Textverlauf. Zudem sind Muster, denen die Texte folgen, eine Hilfe auch zum Überblicken des Textganzen. Einzelne Textsorten wie die Novelle, die Kurzgeschichte, verschiedene Romantypen, besonders die als Serien aufgebauten Romanfolgen, sind nach genretypischen Konventionen

25 U. a. auf https://www.psychometrica.de/lix.html

aufgebaut (zu den Genres siehe die Kapitel 3.1 und 3.3). Das Einhalten solcher Konventionen und die Verwendung von bekannten sprachlichen Formen (sogenannter Superstrukturen) erleichtern den Lesevorgang. Dies gilt allerdings nur für die Leser:innen, die entsprechende Erfahrungen mit den jeweiligen Genres und deren Strukturen bereits gesammelt haben, die also zumindest über ein implizites Genrewissen verfügen. – Beim Umgang mit Gedichten gestaltet sich die Herstellung einer globalen Kohärenz noch einmal komplexer. In den lyrischen Texten nämlich wird das Thema oft nicht expliziert, die Verweise auf das Bezeichnete sind eventuell diffus und die verdichtete poetische Sprache verweigert sich einem schnellen Verstehen entlang bekannter Ausdrucksweisen. Bedeutungsoffenheit und subjektive Erfahrung im Umgang mit Sprache gehören aber nicht nur zum Lesen von Gedichten, sondern generell zum Wesen der Literatur und zum literarischen Lesen, auch zum Lesen vergleichsweise einfacher Texte. Zugang zum Textsinn erhalten Leser:innen hier unter Umständen eher, wenn sie das zunächst Verstandene mit der Wirkung zusammenbringen, die der lyrische Text auf sie gemacht hat, auf die Wirkung nämlich von Wortwahl, Rhythmus und Klang.

Im Unterschied zur literarischen Einfachheit, welche als genuines Merkmal eines Textes angelegt sein kann (siehe oben), handelt es sich bei Vereinfachungen in der Regel um nachträgliche Veränderungen am Text, die in didaktischer Absicht und meist nicht von den Autor:innen selbst vorgenommen wurden. Anders verhält es sich mit Illustrationen und verschiedenen Formen grafischer Gestaltung, die den literarischen Text nicht abändern, die ihn aber visuell ausgestalten, was die Assoziationen der Leser:innen anregen und ihnen die Lektüre auch erleichtern kann. In der literaturdidaktischen Diskussion sind die verschiedenen Arten der nachträglichen Gestaltung und der Bearbeitung teils kritisch aufgenommen worden. Auf der einen Seite steht die Skepsis insbesondere gegenüber Eingriffen in literarische Texte, mit welchen deren Kunstcharakter eingeebnet wird, zum Beispiel mit Umwandlungen in einen Hauptsatzstil, mit einem Austausch selten gebrauchter Wörter durch eher übliche und dem Einsatz von Wortwiederholungen. Auf der anderen Seite überzeugt das Argument für die sorgfältig vorgenommenen Vereinfachungen, welche Themen und den Verlauf literarischer Werke soweit übernehmen, dass möglichst viele Leser:innen folgen können. Textschwierigkeiten werden dabei nicht vollständig getilgt, sondern nur insoweit, als das Original hinter der vereinfachten Version noch aufzuscheinen vermag (beide Sichtweisen diskutiert Cornelia Rosebrock in ihren Beiträgen von 2015 und 2020). Umformungen in eine einfache Sprache sind denn auch zu unterschciden von Texten in sogenannter leichter Sprache, welche insbesondere zur Kommunikation im politischen und administrativen Alltag oder für Informationen im Gesundheitsbereich verwendet wird und die klar definierten Vorgaben folgt (festgehalten z. B. im Regelwerk des Netzwerks *Leichte Sprache*[26]).

Die nachfolgenden Hinweise beziehen sich auf ausgewählte Editionen von einfachen oder vereinfachten Textpräsentationen, die von einem philologischen Standpunkt aus teilweise als problematisch beurteilt werden, die aber je auf ihre Weise einen Beitrag zur Zugänglichkeit der Texte leisten.

Nacherzählungen von bekannten Dramen, Erzählungen und Balladen

In der Reihe *Weltliteratur für Kinder* präsentiert der Kindermann-Verlag verschiedene klassisch-kanonische Werke, Erzählungen und Dramen „nach“ William Shakespeare, Johann Wolfgang Goethe, Gottfried Keller u. a. Die einzelnen großformatigen Bände vermitteln je ein Werk, und zwar mit kurzen Nacherzählungen und einer Bebilderung von bedeutenden Illustrator:innen. Bekannte Textstellen wie *Hamlets* „Sein oder Nichtsein“, *Tells* „Lern dieses Volk der Hirten kennen“ oder die Gretchenfrage im *Faust* sind als Originalzitate hervorgehoben. In der Reihe *Poesie für Kinder* gibt der Verlag auch Gedichte im Original heraus, in einem jeweils eigenen Buch, sprachlich nicht vereinfacht, aber mit wenig Text auf einer Seite und einer ansprechenden sinnunterstützenden Bebilderung. Man begegnet hier auch zahlreichen Balladen (*Der Zauberlehrling, Die Bürgschaft, Der Handschuh, John Maynard* und andere) in einer überraschenden Präsentationsform.

Solche Ausgaben bieten Vereinfachungen jeweils nahe am literarischen Original – sie sind nicht als Unterrichtsmaterial hergestellt bzw. werden nicht als solches präsentiert. Für einen Literaturunterricht, der auch die schwächsten Leser:innen einbeziehen will und der deshalb auf Differenzierung setzt, finden sich darunter aber willkommene Exemplare. Mit ihnen kann die im Unterricht vorgelegte Ausgabe ergänzt werden, sodass auch jene Schüler:innen Zugang finden, welche auf Erleichterungen angewiesen sind.

Vereinfachte Schulausgaben

Mehrere Verlage präsentieren Adaptionen von Originalausgaben aus dem Bereich der Kinder- und Jugendliteratur zum einen mit Kürzungen, Illustrationen und in reduzierter Sprachkomplexität, zum anderen mit didaktischen Vorschlägen für das indivuelle Lesen oder für Klassenlektüren (zur Klassenlektüre siehe im Kapitel 5.3). Als Zielgruppe sind oft Schüler:innen mit Deutsch als Zweitsprache explizit genannt, die Ausgaben kommen aber auch allen ande-

26 https://www.leichte-sprache.org

ren entgegen, die erst einmal nur einfache Texte bewältigen können. Entsprechend breit ist das Angebot des Spaß-am-Lesen-Verlags, der das Motto *Lesen für alle* auf vielfältige Weise umsetzt und neben Originalpublikationen sowie einer Wochenzeitung in einfacher Sprache verschiedene Werke auch der Jugendliteratur in gekürzter und vereinfachter Fassung herausgibt, zum Beispiel eine Kurzfassung von Wolfgang Herrndorfs *Tschick*. In der Reihe *Leichte Lektüren für Jugendliche* des Klett-Verlags sind ebenfalls Jugendbücher bekannter (inzwischen zum Teil verstorbener) Autor:innen enthalten, in Zusammenarbeit mit dem Goethe-Institut wurden sie neu bearbeitet: Erzählungen unter anderem von Christine Nöstlinger *(Die Ilse ist weg)* und von Peter Härtling *(Paul, das Hauskind)*, dazu auch mit Angaben des Leseniveaus, wobei die Einstufung dem Gemeinsamen Europäischen Referenzrahmen folgt. Kurzfassungen „in einfacher Sprache“ finden sich zudem im Programmteil *Gulliver* von Beltz. Dabei handelt es sich um leichter lesbare Versionen von Titeln, die der Verlag im Original veröffentlicht hat und damit um Material für den differenzierenden Literaturunterricht, zum Beispiel mit einer Ausgabe zu Jörg Isermeyers *Alles andere als normal,* der Geschichte vom Zusammenkommen des 12-jährigen Lukas mit Jule, die sich nicht nur wilde Geschichten ausdenkt, sondern auch für aufregende Abenteuer sorgt. Die prekären Verhältnisse von Jule und ihrer Familie erfährt Lukas erst am Ende der Erzählung. In einer ähnlichen Art der Vereinfachung gibt der Cornelsen-Verlag zum einen in der Reihe *Einfach klassisch!* kanonische Werke der deutschen Literatur heraus, zum anderen Titel der klassischen sowie der neueren Kinder- und Jugendliteratur, alle in gekürzten Ausgaben mit unterrichtsbezogenen Hinweisen. Unter den vereinfachten Jugendbüchern findet sich Henning Mankells *Der Junge, der unterwegs zu einem Stern war,* der erste Teil der vierteiligen Romanfolge, einer spannenden Entwicklungsgeschichte der besonderen Art. An deren Beginn ist der Protagonist Joel 12 Jahre alt, er lebt mit seinem Vater alleine in einer schwedischen Kleinstadt. Seine Mutter hatte die Familie bald nach Joels Geburt verlassen. Nach der Schule versorgt er deshalb nicht nur sich selbst, sondern auch seinen wortkargen Vater. In der Nacht aber begibt er sich in seine eigenen Fantasien, streunt durch den Ort und will dem Hund auf die Spur kommen, der in seiner Vorstellungswelt eine besondere Rolle spielt. Ein älterer Junge, Ture, drängt ihn zu einer Mutprobe, die ihn in größte Gefahr bringt und aus der ihn sein Vater im letzten Moment befreit. Damit kündigt sich die Wende des Vater-Sohn-Verhältnisses an, welches zusammen mit vielen weiteren Stationen auf dem Weg durch die Adoleszenz eine Rolle spielen wird – dies in den Folgebänden, zu denen keine vereinfachten Versionen vorliegen.

> „*Also wenn ich jetzt lese, es nicht verstehe und wir es nachher besprechen, bin ich schon froh darüber. Da ich dann begreife, was jetzt der Sinn der Handlung war.*“

4 Die Schüler:innen im Literaturunterricht

Was geht in den Schüler:innen vor, wenn sie lesen? Was nehmen sie wahr? Was empfinden sie? Und bezieht sich ihr Empfinden auf den Textinhalt oder auf die Form der Texte, auf sich selbst oder auf die Situation, in der sie lesen? Welche Rolle spielen dabei der unterrichtliche Rahmen und die Vorgaben, mit denen die Lektüren veranlasst und gelenkt werden? Und welchen Einfluss auf die Textverarbeitung hat schließlich die Vorgehensweise, mit der die Schüler:innen an die Texte herangeführt werden? Mit diesen Fragen beschäftigt sich derjenige Teil der empirischen Leseforschung, der auf die Leser:innen zentriert ist, auf ihre Lese- und Verstehensprozesse und ihr emotionales Erleben des Gelesenen (van Holt/Groeben 2006).

Die Erkenntnisse zu den Einstellungen von Heranwachsenden gegenüber Texten, zu den Leseneigungen und -abneigungen sowie den Vorgängen im Verlauf von Lektüren sind wichtig für die Gestaltung des Literaturunterrichts, ebenso wichtig wie die Kenntnis von den Texten und den Medien, die im Unterricht vorgelegt werden (diese sind in Kapitel 3 dieses Bandes besprochen worden). Schließlich kann der Literaturunterricht nur dann gelingen, wenn das von den Lehrpersonen bereitgestellte Leseangebot und die von ihnen vorbereiteten Arrangements der Textbegegnung von den Schüler:innen tatsächlich auch genutzt werden. Das Angebot vonseiten der Lehrpersonen muss auf die schüler:innenseitige Bereitschaft treffen, sich mit den Texten und Medien zu beschäftigen und die Hürden, die sich dem Verstehen entgegenstellen können, zu übersteigen. Was Andreas Helmke (2021) als Angebots-Nutzungs-Modell der Lernwirksamkeit in erziehungswissenschaftlicher Sicht herausgearbeitet hat, betrifft selbstverständlich auch den Umgang mit Literatur. Ob dieser gelingt, hängt unter anderem von Faktoren ab, welche die Schüler:innen mit ihren jeweiligen Voraussetzungen und Neigungen in den Unterricht einbringen. Darauf haben Lehrpersonen nur zum Teil einen direkten Einfluss. Ein theoretisches Wissen über die literaturbezogenen Motivationen von Heranwachsenden und über das Anregungspotenzial von methodischen Zugängen zur Literatur helfen aber, das Leseangebot möglichst passend zu den Lernvoraussetzungen der Schüler:innen auszurichten. Zu einem solchen Wissen kommen die Beobachtungen hinzu, die Lehrpersonen im Verlauf ihres Unterrichts selbst laufend sammeln, indem sie die Reaktionen der Schüler:innen auf die Texte und die Aufgaben als Signale für die Gestaltung des weiteren Unterrichtsverlaufs möglichst nutzen. In den Interviewantworten und Rezensionen von Schüler:innen, die in diesem Kapitel zitiert werden, scheint auf, was aus solchen Mitteilungen zu erfahren ist. Es sind Hinweise auf das Leseerleben und auf Lesevorlieben, auf Emotionen und auch auf Schwierigkeiten im Umgang mit den jeweiligen Texten. Die folgenden Abschnitte fokussieren verschiedene Konzepte, die mit Blick auf die jugendlichen Leser:innen und ihre Zugänge zum Lesen und zur Literatur entwickelt worden sind und die von der Leseforschung bestätigt werden.

> *„Der Autor versteht es, die Spannung, Faszination und Gefahren am Berg so zu übermitteln, dass der Leser die damalige Situation genau vor Augen sieht."*
>
> Michael, 8. Schuljahr

4.1 Lesekompetenz

Die Lesekompetenz ist eine entscheidende Voraussetzung für die eigenständige und souveräne Nutzung von Texten und Medien und damit für den Zugang zur Literatur. Zwar machen Kinder ihre ersten literarischen Erfahrungen noch weitgehend ohne die eigene Verarbeitung von Schrift: beim Hören von Geschichten, beim Betrachten von Bilderbüchern, beim Sehen von Kinderfilmen, von Beiträgen auf YouTube oder in Apps, im Kindertheater u. a. Das Lesen von Literatur aber, das idealerweise im direkten lesebiografischen Anschluss an die literarischen Erfahrungen der frühen Kindheit erfolgt, verlangt alle jene Fähigkeiten, die im Begriff der Lesekompetenz zusammengefasst werden und die spätestens seit der ersten PISA-Studie (Baumert u. a. 2001) eine besondere Beachtung finden – und dies weit über die Schule hinaus.

Tatsächlich handelt es sich bei der Lesekompetenz um ein ganzes Bündel einzelner unterscheidbarer Leistungen. Als kognitive Teilleistungen gelten die verschiedenen mentalen Prozesse, die sich in den Köpfen der Leser:innen während der Lektüre vollziehen (sie wurden in Kapitel 3.5 bereits zusammenfassend erwähnt):

- Die Bedeutungszuschreibung auf der Wort- und der Satzebene: Leser:innen, die bereits flüssig lesen können, durchlaufen die entsprechenden hierarchieniedrigen Prozesse automatisiert, da sie Buchstabengruppen, Wörter und Wortgruppen als sogenannten Sichtwortschatz in ihrem mentalen Lexikon gespeichert haben und sie deshalb mühelos und sehr schnell wahrnehmen (Rosebrock 2012).
- Die Bildung lokaler Kohärenz: Satzfolgen werden so miteinander verknüpft, dass logische Zusammenhänge zwischen den Sätzen hergestellt werden.
- Die Bildung globaler Kohärenz: Größere Textteile werden so miteinander verknüpft, dass eine sogenannte Makrostruktur, nämlich die Vorstellung vom Textinhalt als Ganzes, entsteht (ausführlich erläutert von Rosebrock/Nix 2020, siehe u. a. S. 18 ff.). Damit lässt sich das übergreifende Thema des Textes erfassen und es können Hypothesen über den Fortgang des Textes gebildet werden. Sie dienen der durch die Leser:innen selbst gesteuerten Aufnahme von vielschichtigen Textinformationen, sie werden laufend bestätigt oder korrigiert.
- Das Nutzen von Strukturmusterwissen: Verschiedene Textsorten folgen genretypischen Darstellungsmustern innerhalb einer konventionalisierten Struktur: Sagen, Märchen, Erzählungen, Briefe, aber auch Sachtexte u. a.

Grundlegend für die Einordnung des Kompetenzbegriffs ist die Definition, die Franz E. Weinert (2001) formuliert hat und die seither in der Diskussion über Kompetenzen und die in ihrem Zusammenhang formulierten Bildungsstandards häufig aufgegriffen wurde. Demnach sind Kompetenzen „die bei Individuen verfügbaren oder durch sie erlernbaren kognitiven Fähigkeiten und Fertigkeiten, um bestimmte Probleme zu lösen, sowie die damit verbundenen motivationalen, volitionalen [willentlich gesteuerten] und sozialen Bereitschaften und Fähigkeiten, um die Problemlösungen in variablen Situationen erfolgreich und verantwortungsvoll nutzen zu können“ (Weinert 2001, S. 27 f.).

Gemeint sind also die im Individuum angelegten Voraussetzungen für bestimmte Leistungen, die als solche nicht sichtbar werden, sondern jeweils erst in der Anwendung, in der sogenannten „Performanz“, wahrgenommen werden können. Diese allgemeinere Bestimmung von Kompetenz ist für das Verständnis von Lesekompetenz hilfreich. Was Leser:innen tatsächlich können, wird bekanntlich in konkreten Anwendungssituationen erkennbar, in ihrem Umgang mit verschiedenen Texten. Die Lesekompetenz zeigt sich in der Art, wie sie an die Texte herangehen, wie sie sich mit den Texten befassen. Insbesondere wird Lesekompetenz dann manifest, wenn die Leser:innen Einblick in ihren Leseprozess und Auskunft über ihr Leseverstehen geben.

Im Unterschied zur dahinterliegenden Lesekompetenz sind das Leseverhalten und die jeweils erbrachte *Leseleistung* also direkt erkennbar. Sie sind in verschiedenen Unterrichtssituationen anhand geeigneter Texte und Aufgaben beobachtbar, lassen sich vergleichen und einschätzen oder – mit dafür geeigneten Tests – auch messen.

> *„Man darf die Arbeit nicht unterschätzen, denn Lesen braucht nämlich viel Konzentration."*
>
> Thomas, 7. Schuljahr

PISA misst die Lesefähigkeiten der 15-Jährigen periodisch im internationalen Vergleich (und zugleich auch die mathematischen und naturwissenschaftlichen Fähigkeiten) und will damit in erster Linie die Leistungsfähigkeit der Schulsysteme in den verschiedenen Ländern überprüfen. Die ursprüngliche Ausrichtung der Tests hat im deutschsprachigen Raum zunächst überrascht, zumindest haben die PISA-Aufgaben ein anderes Konzept von Lesen eingebracht als jenes des hier traditionellen Deutschunterrichts, der weitgehend auf das Lesen von meist kürzeren literarischen Texten im Lesebuch ausgerichtet war. Lesen wird im Rahmen von PISA im Sinne von *reading literacy* definiert als die „Fähigkeit, geschriebene Texte zu verstehen, zu nutzen und zu reflektieren, um eigene Ziele zu erreichen, das eigene Wissen und Potenzial weiterzuentwickeln und aktiv am gesellschaftlichen Leben teilzunehmen" (OECD 2010, S. 37). Dieser pragmatische Ansatz legt den Fokus somit auf die Bewältigung der Informationsentnahme aus Alltagstexten. Literarische Texte werden für die PISA-Testaufgaben zwar ebenfalls verwendet, die Fragen betreffen aber kaum deren ästhetischen Gehalt, sondern sind primär auf das Verstehen von Textinformationen gerichtet.

In der Schule wurden Leseleistungen schon immer bewertet. Lehrpersonen hatten zwischen „guten" und „weniger guten" oder „schlechten" Leser:innen zu unterscheiden. Dies gehört nach wie vor zu ihren Aufgaben; sie stützen ihre Bewertungen heute aber sicher auf differenziertere Skalen und Beurteilungsmaßstäbe; die herkömmlichen Bewertungsarten wurden weiterentwickelt (siehe u. a. Lindauer/Schneider 2016, S. 10 ff.; Trägerkonsortium BiSS 2016). Neben den Messinstrumenten, die im Rahmen großer Leistungsstudien wie PISA entwickelt worden sind, stehen mittlerweile auch zahlreiche Tests und daran anschließende Fördermaterialien zur Verfügung, die sich für die Anwendung in der Schule eignen und mit denen Lesekompetenz auf verschiedenen Ebenen eingeübt und anschließend überprüft werden kann (Kruse/Riss/Sommer 2018; Bäuerlein/Lenhard/Schneider 2012; siehe weiter auch die Testzentrale des Hofgrefe-Verlags[27]): zum einen hierarchieniedrige Verstehensprozesse, in denen Wort- und Satzelemente erkannt werden müssen, und zum anderen hierarchiehöhere Prozesse, in denen es Zusammenhänge zwischen Textteilen sowie zwischen dem Text und dem eigenen Vorwissen herzustellen gilt.

Zum Verständnis von Lesekompetenz als einem messbaren Ergebnis kommen zwei weitere Perspektiven hinzu: die der Lesesozialisationsforschung und die der Literaturdidaktik.

Sozialisation der Lesekompetenz

Mit Blick auf die Lesesozialisation interessieren nicht primär die Ergebnisse der Leseleistung (wie sie mit Tests ermittelt werden können), sondern deren Entwicklung beim Aufwachsen mit Schrift, Büchern und Medien. Speziell interessieren die Wege, auf welchen Kinder und Jugendliche Zugang zur Literatur finden, und die Art der Unterstützung, die sich dabei als hilfreich erweist. Die Sozialisation der Lesekompetenz ist ein langjähriger Prozess (Hurrelmann 2004, S. 45), für den gesellschaftliche Erwartungen den Rahmen vorgeben und an denen Familie, Kindergarten, Schule, die Gruppen der Gleichaltrigen und die Medien beteiligt sind.

> *„… wer als Kind auch nur einen einzigen dicken Band „Harry Potter" geschafft hat oder fünf kurze Bände einer Serie, selbst wenn wir Erwachsenen beim Blick auf die Geschichte vielleicht die Augen rollen, weil sie uns viel zu trivial erscheinen: Der wird das Lesen danach nicht mehr verlernen.*
> *Wäre das allein nicht vielleicht schon ein Grund, warum Kinder Bücher lesen sollten?"*
>
> Kirsten Boie

Die Familie als die früheste Instanz der Lesesozialisation ist nachweislich auch die mit der größten Wirkung auf den Leseerfolg und die Lesemotivation der Kinder. Die soziale Einbindung des Lesens in emotional positiv besetzte Alltagssituationen und dabei insbesondere das Geschichtenerzählen und Vorlesen, Gespräche über Geschichten und Texte sowie das Leseverhalten der Eltern sind die wichtigsten Bedingungen eines günstigen *Leseklimas*. Die Erkenntnisse der mittlerweile fast 30 Jahre zurückliegenden Studie zur Lesesozialisation deutscher Kinder von Bettina Hurrelmann und anderen (Hurrelmann u. a. 1993) sind inzwischen auch international mehrfach bestätigt und teilweise er-

27 https://www.testzentrale.ch/shop/lesetest-sekundarstufe-94346.html

gänzt worden, einhellig wird jeweils die Bedeutung des Lesens als einer sozialen Handlung hervorgehoben, dabei insbesondere die Kommunikation zwischen Erwachsenen als den kompetenten Anderen und den Kindern als den Lernenden, welche Begleitung und Unterstützung beim Aufbau von verstehendem Lesen innerhalb einer sogenannten Ko-Konstruktion erhalten (zum Konzept von Ko-Konstruktion in der Lesesozialisation siehe Groeben 2004). In den familiären Umgebungen verlaufen entsprechende Prozesse auf informellen Wegen. Sie sind selten geplant, sondern selbstverständlicher Teil einer kulturellen Praxis, die – im positiven Fall – den eigenständigen Umgang mit Schrift, Büchern und Medien unterstützt und diesen mit Kontakten zu verschiedenen kulturellen Institutionen wie Bibliotheken und Theatern anreichert.

Für die Schule können Erfolgsbedingungen, wie sie die Lesesozialisationsforschung aus den Analysen des Förderverhaltens innerhalb der Familie herausgearbeitet hat, zumindest als Hinweise zur Gestaltung von Schul- und Unterrichtssituationen überlegt werden. Im Unterschied zur Familie ist die Schule aber eine formelle Instanz der Lesesozialisation und das Leben und Lernen geschieht hier im Rahmen von curricularen Rahmungen und innerhalb einer vorgegebenen schulischen Organisation. Die Lehr-Lernforschung hat dafür die allgemein wirksamen Qualitäten eines förderlichen Lernklimas ermittelt (Helmke 2021) und sie als sogenannte Schlüsselvariablen der Unterrichtsqualität beschrieben (Brophy 2000). Zu den wichtigsten Merkmalen gehören ein unterstützendes Klassenklima, echte Lerngelegenheiten sowie eine dafür ausreichende Unterrichtszeit und eine klare Strukturierung des Unterrichts (Meyer 2020). Leseförderung und Lesetraining finden im besten Fall unter ebendiesen als besonders günstig geltenden Bedingungen statt, zum einen im Klassenverband und zum anderen mit einer individuellen Unterstützung bei der Entwicklung der Lesekompetenz: mit einer Zusammenstellung von Texten und Aufgaben, welche an die Voraussetzungen der Schüler:innen angepasst sind (z. B. aus der Sammlung von Kruse/Riss/Sommer 2018). Dazu braucht es eine Unterrichtsgestaltung, in welcher das Lesen und insbesondere auch das Lesen von Literatur Zentrum einer konstanten Praxis ist und die Schüler:innen von ihren Lehrpersonen dafür laufend Anregung (mit attraktiven Lesestoffen) erhalten, dazu die nötige Unterrichtszeit (zum ungestörten Lesen), Herausforderungen (mit inspirierenden Aufgaben), Beratung (z. B. beim Lösen von Verständnisproblemen) und Unterstützung (zum Durchhalten in den Lektüren oder bei einem Wechsel zu einem möglicherweise noch besser geeigneten Text). Gespräche über das Gelesene sowie über weitere Lesewünsche spielen dabei eine zentrale Rolle.

Anschlusskommunikation ist eine wichtige Komponente in einem Modell der Lesekompetenz, das gestützt auf die Sozialisationsforschung entwickelt worden ist (Hurrelmann 2016, posthum wieder abgedruckt) und das insbesondere das Hineinwachsen in die kulturelle Praxis des Lesens mit allen seinen Voraussetzungen im Blick hat. Der kommunikative Austausch zum jeweils Gelesenen, die Verständigung über Textinhalte und -bedeutungen, über eigene Einstellungen gegenüber dem Text und über die Einstellungen und Interpretationen anderer Leser:innen – in ihnen realisiert sich die soziale Dimension der Lesekompetenz.

> *„In den Büchern trat mir das Leben entgegen, das die Schule vor mir verborgen hatte. In den Büchern zeigte sich mir eine andere Realität des Lebens als die, in die meine Eltern und Lehrer mich pressen wollten. Die Stimmen der Bücher forderten mein Mittun, die Stimmen der Bücher forderten, dass ich mich öffnete und auf mich selbst besann. Ich stöberte in der Bibliothek meiner Eltern. Das Lesen dieser Bücher war mir verboten. Ich musste die Bücher heimlich entwenden und die Lücken sorgsam ausgleichen. Meine Lektüre fand unter der Bettdecke statt, beim Schein der Taschenlampe oder im Klosett oder unter der Tarnung von Schulbüchern.“*
>
> Peter Weiss

Weiter sind im Kompetenzmodell der Lesesozialisationsforschung auch die motivational-emotionalen Aspekte des Lesens enthalten. Dabei geht es zum einen um die Fähigkeit, Lesebereitschaft aufzubringen, positive Erwartungen aufzubauen und Schwierigkeiten im Verlauf des Lesens zu überwinden. Zum anderen geht es aber auch um ein Sich-Einlassen auf einen Text, um ein Involviert-Sein beim Lesen, dies mit Neugier auf das zu Lesende, mit der Erfahrung von Spannung und Genuss und bei literarischen Texten insbesondere mit einer emotionalen Beteiligung am Schicksal der Figuren (Hurrelmann 2003b).

Literarische Lesekompetenz

Literarische Texte stellen besondere Anforderungen an ihre Leser:innen; sie evozieren eine ästhetische, mithin sinnliche Wahrnehmung (griechisch *aisthesis*), und diese geht über die allgemeine Lesekompetenz hinaus. Literarische Sprachgestaltung fordert zum inneren Mithören, zum Mitfühlen, je nachdem auch zum sinnlichen Nachvollziehen, zum Mitriechen und Mitschmecken, auf. Das in den Texten mitgeteilte Erleben können die Leser:innen nachempfinden, indem sie Vorstellungen bilden, um das Mitgeteilte angemessen aufzunehmen. Die sinnliche Vorstellung beim Lesen lässt sich zwar am Text festmachen und auf ihre Nähe zum Text auch kritisch befragen, sie ist in diesem Sinne objektiv. Die Vorstellung wird zugleich aber immer auch subjektiv bleiben, weil die Leser:innen dabei auf ihre je eigenen Erfahrungen zurückgreifen, auf ein persönliches Repertoire, das sie mit jeder literarischen Lektüre erweitern können. Es handelt sich dabei um ein Können im Umgang mit Literatur, das Leser:innen bei sich selbst wahrnehmen und das auch von Lehrpersonen eingeschätzt werden kann, das sich aber nicht genau messen lässt. Auch deshalb unterscheidet sich die literarische Lesekompetenz vom weiter oben besprochenen Begriff der Lesekompetenz, wie er von PISA oder anderen großen Leistungsstudien verwendet wird.

Die Besonderheit des literarischen Lesens bzw. der literarischen Lesekompetenz hängt nicht zuletzt auch mit der Qualität literarischer Texte zusammen. Kennzeichnend für deren literarischen Charakter sind zwei Grundeigenschaften, auf die sich Lesende selbstredend einlassen: zum einen die Vieldeutigkeit literarischer Texte und zum anderen deren sprachliche Gestaltung nach ästhetischen Gesichtspunkten und nicht nach den für die Alltagssprache oder für die Wissenschaftssprache geltenden Regeln. Die Literaturwissenschaft verwendet in diesem Zusammenhang die beiden Begriffe „Polyvalenzkonvention“ und „Ästhetikkonvention“. Damit gemeint ist die (ungeschriebene) Übereinkunft zwischen der Literatur und ihren Leser:innen, dass es sich bei literarischen Texten um vieldeutige, fiktionale Gebilde mit Kunstcharakter handelt und dass literarische Interpretationen zwar nicht eindeutig als richtig oder falsch beurteilt werden können, wohl aber Regeln der Adäquatheit unterstellt sind (Jannidis 2003). Bei aller Offenheit literarischer Bedeutung und dem Spielraum für die individuelle literarische Erfahrung ist das Verstehen literarischer Texte keineswegs beliebig, und die verschiedenen Fähigkeiten im Umgang mit Literatur sind durchaus auch lernbar.

Allgemeine Lesekompetenz trainieren

„Lesen lernt man durch Lesen“ – das Prinzip in der Formulierung des österreichischen Lesepädagogen Bamberger (1973) hat sicherlich seine Richtigkeit. Wenn Lehrpersonen die Leseaktivität ihrer Schüler:innen anregen, sie also häufig lesen lassen, unterstützen sie damit zugleich deren Lesekompetenz. Allerdings stellt sich das eigenaktive, gelingende Lesen nicht ohne Weiteres ein. Nach heutiger Kenntnis möchte man Bambergers Aussage deshalb differenzierend erweitern: Lesen lernen Kinder und Jugendliche im Verlauf eines aufbauenden Lesens, und auch in der Sekundarstufe I sind die meisten Schüler:innen auf eine Hinführung und auf Übungsgelegenheiten innerhalb eines systematischen Trainings angewiesen. Mittlerweile werden verschiedene Trainingsprogramme auf dem Lehrmittelmarkt angeboten – für die Schule sind insbesondere solche hilfreich, die eine Auswahl an Übungen zu verschiedenen Komponenten der Lesekompetenz erlauben, und dies mit unterschiedlich hohen Anforderungen, sodass die Schüler:innen auf ihrem jeweiligen Lernstand trainieren, also adaptiv lernen können.

Sinnvollerweise üben sie dabei Teilfertigkeiten auf verschiedenen Ebenen der Lesekompetenz ein, wobei ihnen auf jeder der Ebenen je nach Lernstand verschieden anspruchsvolle Aufgaben zugemutet werden. Entsprechend aufgebaut ist etwa das Programm „Lesen – Das Training“, welches im Rahmen einer Schweizer Studie zur Wirksamkeit von Lesefördermaßnahmen zusammen mit Lehrpersonen entwickelt worden ist (Schneider/Bertschi-Kaufmann 2006; inzwischen ist dieses Training mehrmals überarbeitet worden und seine Systematik ist auch im Internet[28] einsehbar):

- Lesefertigkeiten: Je besser die einfachen Prozesse des Lesens auf hierarchieniedriger Ebene trainiert werden, desto eher laufen sie automatisiert und also mühelos ab: das schnelle und genaue Dekodieren respektive die Worterkennung sowie das Erfassen, Verstehen und Verbinden von Texteinheiten (Wörtern, Wortgruppen, Sätzen, kleinen Abschnitten). Ziel eines Lesefertigkeitstrainings ist es, das Wahrnehmungs- und Erfassungsvermögen im Wort- und Satzbereich zu verbessern, sodass die Schüler:innen nach und nach zu einem Leseverstehen zumindest kleinerer Texteinheiten gelangen.
- Lesegeläufigkeit (auch: Leseflüssigkeit): Ähnlich verhält es sich mit dem geläufigen oder flüssigen Lesen, das ebenfalls auf der hierarchieniedrigen Ebene verortet wird. Wer gewohnheitsmäßig liest und durch Texte verhältnismäßig schnell hindurchkommt, verfügt zwar nicht zwingend über ein besseres Sinnverständnis, hat aber doch günstigere Voraussetzungen dafür. Lesegeläufigkeit ist deshalb ein weiteres Ziel innerhalb eines Trainings, in welchem Leseprozesse zur Routine werden sollen. Lesegeläufigkeit wird oft in Zweierteams im sogenannten Lautleseverfahren trainiert, wobei die zuhörende Person genauso aktiv ist wie die laut lesende, die jeweils Hilfe erhält, wenn sie Wörter übersieht, ungenau oder falsch ausspricht. Zur Leseflüssigkeit und der Gestaltung ihres Trainings siehe auch Rosebrock/Nix u. a. (2021).
- Lesestrategien: Anders als das Training von basalen Lesefertigkeiten und von Lesegeläufigkeit zielt das Training von Lesestrategien vor allem auf die kognitionshöhere Fähigkeit des Textverstehens ab. Kompetente Leser:innen verfügen über Arbeitsroutinen beim Umgang mit Texten. Sie ermöglichen ihnen, die Texte zielbezogen zu lesen und so, wie es dem Text und der jeweiligen Situation angemessen ist. Mit einem Strategietraining werden mögliche Wege der Texterarbeitung bewusst gemacht, und es werden Werkzeuge eingeführt, die bei der Sinnkonstruktion, das heißt beim Herstellen von Zusammenhängen innerhalb des Textes sowie zwischen

28 https://www.lesendastraining.ch/pages

dem Text und dem eigenen Vorwissen, eingesetzt werden: zum Beispiel Texte erst einmal überblicken und Vermutungen zum Inhalt ausdrücken, sich die eigene Leseerwartung also bewusst machen; die Textart bestimmen und sich einen Leseplan machen; das auf Anhieb Verstandene markieren, unklare Stellen deuten und unbekannte Wörter nachschlagen; Texte in Sinnabschnitte einteilen, wichtige Stellen markieren, Kernaussagen des Textes in eigener Sprache formulieren; die sogenannten „W-Fragen" zu einem Text beantworten: Was geschieht? Wann? Wo? Wer ist beteiligt? Wie handeln die Figuren? Wozu? (Konkret z. B.: Wozu braucht es die einzelnen Handlungen bzw. die Stationen, denen entlang erzählt wird?) Warum? (Welches sind die Gründe, aus denen heraus die Figuren handeln?)

Für das Lesetraining werden in der Regel vielerlei Texte (oder Textteile) eingesetzt, Sachtexte und fiktionale Texte. Dabei steht Literatur oft nicht im Vordergrund von Aufgaben, mit denen Lesekompetenz aufgebaut werden soll. Über das gezielte Einüben einzelner Lesefähigkeiten hinaus möchten viele Lehrpersonen das Leseverstehen aber generell verbinden mit dem Umgang mit Literatur, und dies bei der Beschäftigung mit ein und demselben Text. Entsprechende Auskünfte gaben jedenfalls Lehrpersonen, welche an der TAMoLi-Studie beteiligt waren, und sie erklärten, dass für ein Separieren der Ziele „Leseverstehen" und „Literatur lesen" die nötige Unterrichtszeit fehle und man sich in der Schulpraxis entsprechend pragmatisch verhalte (Böhme/Bertschi-Kaufmann u. a. 2018).

Kompetenzen im Umgang mit Literatur fördern

Zur genaueren Erläuterung des literarischen Lernens und mit Blick auf den Unterricht hat Kaspar Spinner (2006) elf Aspekte unterschieden. Sie sind in der Art von Kompetenzbeschreibungen formuliert, wobei die Literaturdidaktik (wie bereits ausgeführt) die Frage nach der Messbarkeit dieser spezifisch literarischen Lesekompetenzen noch längst nicht ausreichend beantwortet hat. Für die Gestaltung der Lehr-Lernprozesse im Umgang mit Literatur ist die differenzierte Betrachtung literarischer Lesekompetenz aber relevant, und dies für alle Schulformen – für die Sekundarstufen I und II und auch für die Grundschule (in den vorhergehenden Kapiteln dieses Bandes sind entsprechende Fähigkeiten bereits angesprochen worden). Die Benennungen der elf Aspekte sind mit vielfachen Unterrichtsideen ergänzt (Spinner 2006, S. 8 ff.) und sie lassen sich weiterentwickeln, dazu nachfolgend einige Vorschläge. Dabei erhält das Gespräch über Texte als ein speziell wichtiger Aspekt ein besonderes Gewicht (siehe den Punkt „Mit dem literarischen Gespräch vertraut werden" weiter unten).

Beim Lesen und Hören Vorstellungen entwickeln – also eigene Imaginationen zu den Inhalten entfalten, die im Text angelegt sind und diese damit auch sinnlich bzw. sinnlich-bildlich nachvollziehen. Entsprechende Prozesse können mit verschiedenen produktiven Verfahren angeregt werden: beim rhythmischen Nachsprechen von lyrischen Texten, beim szenischen Nachspielen von Passagen aus erzählenden Texten; beim Gestalten von Bildern, mit welchen Stimmungen im Text wiedergegeben werden. Weitere Vorschläge für produktive Verfahren finden sich in den Kapiteln 4.5 und 5.2.

Subjektive Involviertheit und genaue Wahrnehmung miteinander ins Spiel bringen – also einen eigenen Bezug zum Text finden, weil man sich mit Inhalten oder mit Figuren identifiziert und emotionale Nähe empfindet, und zugleich die besonderen Merkmale eines Textes wahrnehmen. Es geht dabei um ein Wechselspiel von Nähe und Distanz beim Lesen: Die subjektiven Leseerfahrungen, welche Schüler:innen auch in die Gespräche über die Lektüren einbringen dürfen, treffen auf Beobachtungen und Entdeckungen am jeweiligen Text, die wiederum eine bestimmte Distanz nötig machen. Beide Prozesse tragen zur Intensivierung der Literaturerfahrung bei. Angeregt werden sie bei den Schüler:innen zum Beispiel mit der Aufgabe, die Lieblingsfigur in einer Erzählung zu portraitieren, dabei Ähnlichkeiten mit sich selbst oder Unterschiede zu benennen und die Sprache der Figur oder die Art, wie sie beschrieben wird, ebenfalls in das Porträt zu integrieren. Eine andere Aufgabe – im Umgang unter anderem mit lyrischen Texten – kann sich auf die Sinneseindrücke und auf die Gedanken der Schüler:innen beim Lesen fokussieren: Welche Stellen fand ich besonders schön? Welche haben bei mir ein inneres Hören oder Sehen ausgelöst? Welche Stellen haben mich irritiert und zum Nachdenken gebracht?

Sprachliche Gestaltung aufmerksam wahrnehmen – also eine Fokussierung auf den Punkt, der oben bereits angesprochen worden ist. Neben der Beobachtung von besonderen Merkmalen eines Textes (Wortwiederholungen, Klang und Rhythmus der verwendeten Sprache, Auslassungen, Aufeinanderfolge von kurzen Sätzen oder längere, mehrteilige Sätze und anderes) können Schüler:innen sprachliche Muster aus literarischen Texten auch in eigenen Gestaltungen anwenden: einen Text nach dem Vorbild einer Vorlage schreiben und dabei bestimmte sprachliche Strukturen übernehmen oder einen Text umschreiben, indem dieser zum Beispiel auf eine Kurzform reduziert wird, ein neues Ende erhält oder in einem gänzlich anderen Stil neu erzählt wird.

Perspektiven literarischer Figuren nachvollziehen – also die eigene Wahrnehmung von Figuren im Text schärfen. Der Umgang mit Figuren, die Perspektivenübernahme der Leser:innen, ihre Identifikationsprozesse und je nachdem auch ihre Abgrenzung werden in diesem Band speziell angesprochen (siehe dazu auch Kapitel 4.2 zur Lesemotivation), dazu hier ein erster Vorschlag: Die Schüler:innen nehmen ausgewählte Figuren in einem Text genauer in den Blick, indem sie ihr Denken, Fühlen und Handeln (im Verlauf der Handlungsabfolge) beobachten und zueinander in Beziehung setzen: Welche Textstellen geben dazu Auskunft? Wo stimmen die innere Welt der Figur und ihr äußeres Handeln überein? Wo gibt es Widersprüche? Und wie kann man diese erklären?

Narrative und dramaturgische Handlungslogik verstehen – also Zusammenhänge innerhalb einer Handlungsfolge erkennen. Erzählende Texte sind meist als Handlungskette aufgebaut, innerhalb derer sich die Figuren bewegen – und dies entweder in einer linearen zeitlichen Anordnung, der sich vergleichsweise einfach folgen lässt, oder in einer komplexer angelegten Struktur, deren Logik sich die Leser:innen erst einmal erschließen müssen. Bei den Schüler:innen können die entsprechenden Verstehensprozesse beispielsweise angeregt werden mit der Aufgabe, die Handlungskette bzw. die Abfolge der Handlungsstationen im Text grafisch darzustellen, sie also zu rekonstruieren, und zwar mit Blick auf die Hauptfigur oder auf andere für den Verlauf wichtige Figuren. Ausgehend von diesen Aufzeichnungen können die Schüler:innen Kürzestversionen der Geschichte herstellen, sie mündlich erzählen, in eigenen kleinen Filmen umsetzen oder schriftlich festhalten, geleitet etwa von der Frage: Welche der Stationen sind für das Geschichtenganze unverzichtbar und welche könnte man eventuell auch weglassen?

Mit Fiktionalität bewusst umgehen – also verschiedene Facetten fiktionaler Texte nach und nach kennen und dabei differenzieren lernen. Literarische Texte gehen in der einfachen Gegenüberstellung von „wahr" und „erfunden" nicht auf, vielmehr verweist auch das von Autor:innen Ausgedachte auf eine außertextliche Realität, welche die Leser:innen mit ihrer eigenen Erfahrungswelt in Verbindung bringen oder aber als gänzlich neue Phänomene aufnehmen. In fantastisch angelegten Texten ist die Differenz zwischen Fiktion und Realität scheinbar eindeutig angelegt; allerdings scheint das Reale auch im Surrealen, im Märchenhaften oder in der Fantasy in jeweils besonderer Weise auf. Je nachdem handelt es sich um Gegenmodelle zum real Möglichen oder um symbolartige oder parabolische Verweise auf die Wirklichkeit, die zum Nachdenken anregen. Gespräche im Literaturunterricht helfen unter anderem auch dabei, dass die Schüler:innen die Differenz zwischen Fiktion und Realität in verschiedenen Facetten kennen und benennen lernen. Leitend können dafür unter anderem die folgenden Fragen sein, die in der Klasse im Anschluss an die Lektüre einer Geschichte diskutiert werden: Welche der Bezeichnungen treffen auf den Text am ehesten zu: wahr, erfunden und dennoch wahr, lebensnah, realitätsbezogen, unrealistisch, fantasievoll und mit Bezügen zur Realität, vollkommen fantastisch? Und an welchen Stellen im Text zeigt es sich besonders gut, dass die Bezeichnungen zutreffen?

Metaphorische und symbolische Ausdrucksweise verstehen – also sprachliche Bilder im Zusammenhang des Textes oder der filmischen Darstellung verstehen oder zumindest intuitiv aufnehmen. In Gedichten finden sich Metaphern besonders häufig. Sie zu „verstehen" bedeutet in der Regel, dass ihre bildliche und ihre übertragene Bedeutung zueinander in Beziehung gesetzt werden. Dabei kann es sich je nachdem um eine Analogiebildung handeln, wenn das von der Metapher ausgelöste konkrete Bild den Leser:innen vertraut scheint und in einfacher Art auf das Bedeutete hinweist, wie zum Beispiel in Rose Ausländers Gedicht *Zirkuskind* (beginnend mit der Strophe: „Ich bin ein Zirkuskind / spiele mit Einfällen / Bälle auf – und ab"). Metaphern können aber auch irritierend wirken, wenn Sprachbilder wenig vertraut sind und die Anschauungen dazu neu gefunden werden müssen, damit ein Sinnzusammenhang hergestellt werden kann. (Dies mag in der dritten Strophe von Ausländers Gedicht der Fall sein: „reite auf einem Flügelpferd / über ein Mohnfeld / wo der Traum wächst".) Zum lernenden Umgang mit Metaphern im 6.–9. Schuljahr siehe u. a. Lessing-Sattari (2018) und Pieper (2004); siehe in diesem Band auch den Vorschlag zu Gedichten in Kapitel 3.1 und speziell zum *Zirkuskind* in Kapitel 5.3.

Sich auf die Unabschließbarkeit des Sinnbildungsprozesses einlassen – also mit der Bedeutungsoffenheit von Literatur umgehen lernen und das eigene Textverständnis in einen vergleichenden Bezug zu alternativen Deutungsmöglichkeiten setzen. Dass sich der Sinn literarischer Texte meist nicht eindeutig festlegen lässt, erfahren bereits Kinder im Umgang mit Wortspielen, Nonsense-Gedichten oder -Geschichten wie zum Beispiel denen von Ernst Jandl (u. a. *auf dem Land, ottos mops,* Letzteres wurde bereits erwähnt in Kapitel 3.5) von Michael Ende (u. a. *hänsel und knödel*) und Jürg Schubiger (u. a. im Band *Als die Welt noch jung war*). Später, in der Sekundarstufe I, lernen die Schüler:innen in der Regel, allmählich Deutungsmöglichkeiten zu finden für jene Stellen, an welchen das im Text explizit Ausgedrückte durch das zwischen den Zeilen Stehende ergänzt werden muss, und sie lernen, mit dem Spielraum für die Vielfalt von Lesarten umzugehen. Als Rückmeldung zu den von ihnen gefundenen Lesarten sind die Kategorien „richtig" und „falsch" aus mehreren Gründen nicht passend: Zum einen enthalten literarische Texte jeweils Leerstellen, die mit Bezug zu anderen Stellen im Text gefüllt oder aber offengelassen werden müssen. Zum anderen ist das Festlegen von Interpretationen meist weit weniger interessant als der Vergleich von Deutungsmöglichkeiten und von textnahen Begründungen, welche die eine oder andere Deutung stützen (siehe dazu das Unterrichtsbeispiel „Gedichte ergänzen“ in Kapitel 5.2).

Aus diesen Gründen lässt sich das literarische Textverstehen auch nur sehr beschränkt mit einfachen Testverfahren überprüfen und Ja/Nein-Antworten oder Multiple-Choice-Anlagen reichen nicht aus. Entsprechende Kritik an solchen Verfahren zur Überprüfung von literarischem Verstehen hat Juliane Köster (2010) bereits vor vielen Jahren geäußert, dies mit Bezug zu konkreten Beispielen: Zum klassischen Lektürestoff auf der Sekundarstufe I gehören in diesem Zusammenhang Bertolt Brechts sehr kurze parabelhafte *Geschichten von Herrn K.,* aus welchen sich das gemeinte Allgemeine nicht ohne Weiteres und oft auch nicht zweifelsfrei herauslesen lässt. In der in der Sekundarstufe I häufig eingesetzten Geschichte *Der hilflose Knabe* zum Beispiel bleibt offen, ob der um Hilfe suchende Knabe tatsächlich nicht geschrien hatte und deshalb schutzlos blieb, oder ob er zwar durchaus gehört wurde, aber dennoch keine Hilfe erhielt. Für das Ende der Sekundarstufe I und die Sekundarstufe II eignet sich die Keuner-Geschichte *Maßnahmen gegen die Gewalt,* die als Parabel auf den stillen Widerstand von unterdrückten Menschen gelesen werden kann. Hier bleibt unter anderem die Frage offen, warum der Unterdrücker (der Agent) den ihm dienenden Mann nicht ansieht, wenn er mit ihm spricht („... fragte mit dem Gesicht zur Wand“): Hält er den Dienenden für widerwärtig und will ihn deshalb nicht ansehen, oder will er den Menschen in ihm nicht sehen und vermeidet deshalb seinen Anblick, oder ist eine andere Erklärung plausibel? Auch hier sind die möglichen Argumentationen für eine der Interpretationen interessanter als die gewählte Deutung selbst.

„Etwas Geschriebenes wird erst durch Lesen lebendig, daraus folgt, dass Leser genauso wichtig sind wie Schreiber. Der Leser ist bereit, sich auf die Gedanken und Gefühle des Autors einzulassen, wenn er einen Text liest, er gibt ihm aber seine eigenen Gedanken und Gefühle hinzu und macht ihn dadurch differenzierter, umfassender, reicher. Der Autor schreibt ein Wort wie „blau“ und denkt an die Schürze einer dicken, alten Frau, die einen Apfel in der Tasche hat, der Leser sieht einen Pullover vor sich, den er so gerne gehabt hätte, als er klein war, aber nicht bekommen hat. Die beiden schauen sich über das Wort „blau“ hinweg an, nicken einander zu und spüren die Sehnsucht und die Enttäuschung bis in die Fingerspitzen.“

Mirjam Pressler

Mit dem literarischen Gespräch vertraut werden – also lernen, über Texte zu sprechen, eigene Sichtweisen und Fragen zum Gelesenen einzubringen, auf noch nicht bemerkte Textelemente und Deutungsmöglichkeiten aufmerksam zu werden und sein Textverständnis im Dialog mit anderen zu schärfen. Für den Austausch von Texterfahrungen werden in der Leseforschung mittlerweile mehrere Fachbegriffe verwendet:

- Mit dem der Soziologie entnommenen Konzept der „Ko-Konstruktion" wird der produktive und zugleich soziale Charakter des Leseprozesses bezeichnet, innerhalb dessen sich Leser:innen ihr Textverständnis schaffen.
- „Anschlusskommunikation" bezeichnet sowohl eine Dimension der Lesekompetenz, eben die Fähigkeit, über Texte und ihre Bedeutung mit anderen zu sprechen (Hurrelmann 2002), als auch die Gesprächsaktivität, welche insbesondere im Literaturunterricht auf Lektüren folgt und die auf verschiedene Art inszeniert werden kann: als Gruppengespräch oder als von der Lehrperson geleitetes Gespräch in der Klasse, begleitet von allen möglichen gestaltenden Arbeiten zu Texten oder im Zeichen von Textanalysen. Zu den verschiedenen Verfahren im Literaturunterricht siehe Kapitel 4.5.

Ein didaktisches Grundmodell für das geleitete literarische Gespräch im Rahmen einer Lektion wurde von der Heidelberger Gruppe um Gerhard Härle entwickelt (Härle/Steinbrenner 2004). Es zielt auf den freien Dialog, innerhalb dessen laufend auf den Text Bezug genommen wird. Dabei wird ein Vorgehen in sechs Schritten vorgeschlagen (Steinbrenner/Wiprächtiger-Geppert 2010):

1. Die leitende Person (die Lehrperson oder einzelne Schüler:innen, welche eine Gesprächsgruppe leiten) wählt einen Text aus, der wegen seiner Mehrdeutigkeit und seiner sprachlichen Gestaltung ausreichenden Anreiz zum Gespräch bietet.
2. Sie wählt und organisiert ein Setting, das eine Atmosphäre der Ruhe und Konzentration begünstigt und auch den Schüler:innen einsichtig ist.
3. Nach der Eröffnung des Gesprächs werden der gesamte Text oder Textteile vorgelesen. Anschließend wird der Text ausgeteilt und es folgt eine stille Lesephase.
4. Die leitende Person eröffnet das Gespräch mit einem Impuls, welcher möglichst allen Teilnehmenden einen kurzen Beitrag zum Einstieg ermöglicht. Damit sind die Schüler:innen auf den Hauptteil des Gesprächs vorbereitet.
5. Die leitende Person eröffnet diesen Teil möglichst so, dass sich alle beteiligen und die Schüler:innen ihre Deutungen und Ideen, ihre Fragen und Irritationen mitteilen können.
6. Den Abschluss bildet eine Schlussrunde, in der das Textverständnis, wichtige Erkenntnisse zum Text oder Gesprächserfahrungen ausgedrückt und reflektiert werden können.

Das hier zusammengefasste modellhafte literarische Unterrichtsgespräch beschreibt eine der möglichen Inszenierungen unter vielen. Gespräche über Literatur können verschiedene Funktionen innerhalb des Erlebnis- und Verstehensprozesses übernehmen. Thomas Zabka (2020) zeigt die Vielfalt auf von Gesprächsformen, die sich je nach ihrer Funktion für das Verstehen für verschiedene Unterrichtsphasen eignen:

- Während der Rezeption, in Vorlesesituationen beim Hören und Betrachten von Geschichten können Textverständnis verglichen, die Bedeutung von Wörtern und Formulierungen geklärt und dargestellte Inhalte rekapituliert werden. Darüber hinaus können die Schüler:innen ihre Vorstellungen, ihre Gedanken und Fragen zum Text, auch ihre Erwartungen zur Fortsetzung und anderem einander mitteilen und wechselseitig auf diese Mitteilungen eingehen.
- Gespräche am Ende der Rezeption dienen diesem Austausch von Verstehen in besonderem Maße und sie bieten auch Gelegenheit, eigene Wertungen zum Text mitzuteilen, Interpretationen zu besprechen und weitere Fragen oder formulierte Thesen zum Text zu sammeln.
- Der Verarbeitung und Vertiefung von Lektüren dienen Gespräche, in welchen verschiedene Meinungen geprüft und je nachdem mit recherchiertem Wissen über Texte oder ihre Autor:innen gestützt werden. Hinzu kommen Gespräche, die nach der Bearbeitung von Aufgaben zum Text stattfinden und die Arbeitsergebnisse der Schüler:innen sichern, und weiter solche Gespräche, welche mit Schreibaufgaben verbunden sind: mit Notizen, welche die Schüler:innen entlang bestimmter Fragen zum Text anfertigen, mit Kommentaren, die sie während des Lesens laufend formulieren, damit z. B. ihre jeweilige Haltung gegenüber dem Text an verschiedenen Stellen festhalten und anhand derer sie Veränderungen oder Verfestigungen ihrer Einstellungen im Verlauf der Lektüre beobachten und mitteilen können.

Verschiedene weitere Gesprächsimpulse finden sich in den vorhergehenden Kapiteln in den dort enthaltenen Hinweisen für den Unterricht.

Prototypische Vorstellungen von Gattungen/Genres gewinnen – also zunehmend eine begriffliche Orientierung dafür erhalten, wie Literatur eingeordnet werden kann und welche Merkmale für die formale oder die inhaltliche Einordnung vor allem ausschlaggebend sind. Das Wissen und die Beispiele, die in diesem Zusammenhang vermittelt werden können, sind in der Regel am literarischen Kanon orientiert; sie wurden in diesem Band mit Blick auf das Textangebot im Literaturunterricht ausführlich besprochen (siehe Kapitel 3.1).

Literaturhistorisches Bewusstsein entwickeln – also anhand geeigneter Texte erkennen, dass Autor:innen mit ihrem Schreiben auf die Zeit reagieren, in der sie leben oder gelebt haben, und dass ihre Texte vor diesem Hintergrund oft besser verstanden werden können. Der Aufbau eines systematischen literaturgeschichtlichen Wissens ist sicherlich nicht Ziel des Literaturunterrichts in der Sekundarstufe I. Wichtig sind aber erste Erfahrungen dazu, dass ein Text im Kontext seiner Geschichte eventuell besser verstanden werden kann. Wolfgang Borcherts Kurzgeschichte *Nachts schlafen die Ratten doch* zum Beispiel steht – wie alle literarischen Texte – zunächst einmal für sich. Die Verstörung des Jungen lässt sich vor dem Hintergrund des Wissens um die Situation Deutschlands gegen Ende des Zweiten Weltkriegs besser erklären und sie wird als eine über das individuelle Schicksal hinausweisende allgemeine Erfahrung auch erkennbar. Christine Nöstlinger macht in ihrem historisch-biografischen Jugendbuch *Maikäfer flieg* explizite Angaben zur Situierung ihrer aus kindlicher Perspektive erzählten Geschichte vom Aufwachsen, Leben und Überleben in den 1940er Jahren in Österreich. Je nachdem, ob das Alltags- und Kinderleben zur Zeit des Kriegsendes einen größeren Raum im Literaturunterricht einnehmen soll, werden Lehrpersonen weitere Lektüren anbieten (zum Beispiel Mirjams Presslers Roman *Wenn das Glück kommt, muss man ihm einen Stuhl hinstellen*) und eventuell auch historische Dokumente beiziehen.

Einen anderen Zugang zur historischen Gebundenheit von Texten erhalten Schüler:innen beim Vergleichen von Texten, die in verschiedenen Zeiträumen entstanden sind, die aber dieselben oder ähnliche Motive enthalten und zwischen denen intertextuelle Bezüge bestehen. Deutlich erkennbar sind sie zum Beispiel in Adaptionen oder Parodien von Volksmärchen, in Günter Kunerts Gedicht *Dornröschen* u. a.

4.2 Lesemotivation, Engagement und Flow-Erleben

Zu einem bestimmten Zeitpunkt einen bestimmten Text verstehen wollen, dafür alle nötigen Anstrengungen auf sich nehmen und dem Lesen einen persönlichen Sinn abgewinnen – dies ist, in aller Kürze ausgedrückt, die Haltung, welche in der Leseforschung als Lesemotivation bezeichnet wird. John Guthrie und Alain Wigfield (2000) haben mit ihren Forschungsgruppen wiederholt gezeigt, wie entscheidend die motivationalen Voraussetzungen für das Lesen sind. Sie hängen eng zusammen mit der inneren Überzeugung, dass Lesen persönlichen Gewinn bringt, weiter auch mit dem Selbstvertrauen, lesen zu können, und schließlich mit der Konzentration auf den Text ebenso wie auf das Gespräch über den Text.

Lesemotivation ist also die grundlegende Voraussetzung für ein erfolgreiches Lesen und sie ist zugleich dessen Ergebnis. Wer gerne liest, liest mehr und laufend besser, und wer laufend besser liest, also gut ist im Lesen, hat Vertrauen in sein Können, liest häufiger und mehr, gewinnt dabei an Routine und Geläufigkeit und verstärkt damit auch seine Lesefreude. Diese wiederum spornt zum weiteren Lesen an. Der Ursache-Wirkung-Bezug dieser einzelnen Faktoren lässt sich zwar nicht eindeutig festmachen, die Leseforschung zeigt aber verschiedene Zusammenhänge zwischen ihnen auf (eingearbeitet z. B. im Erwartungs-Wert-Modell der Lesemotivation von Möller/Schiefele 2004). Von welchem Faktor aus man die Wirkungskette auch aufzieht: Die Lesemotivation, das Lesenwollen (in Bezug auf die Lesetätigkeit und die mit ihr bewältigte Lesemenge) und das Interesse an (bestimmten) Lektüren sind entscheidend. Literatur, für die sich Heranwachsende auf Anhieb begeistern, und auch die Texte, für die sie ein Interesse erst nach und nach entwickeln, spielen eine zentrale Rolle für ihre Leseentwicklung. Mit der Sogwirkung, die von interessanten Lektüren ausgeht, machen junge Leser:innen die existenzielle Erfahrung, dass Literatur einen „etwas angehen" kann. Figuren, die durch das erzählte Geschehen führen und mit denen man sich identifizieren oder zu denen man zumindest eine emotionale Nähe aufbauen kann, liefern dabei sicherlich wichtige textseitige Anreize (thematisiert unter anderem im Zusammenhang mit Buchserien und deren Attraktivität, siehe Kapitel 3.4).

Bei den Schüler:innen findet die Lesemotivation ihren Ausdruck in einer aktiven Lesehaltung, von John Guthrie und anderen als *reading engagement* bezeichnet (Guthrie/Wigfield 2000). Es begünstigt die Entwicklung des weiteren Leseverhaltens und der Lesekompetenz in ganz besonderer Weise (Guthrie/Wigfield/You 2012). Engagierte Leser:innen sind

- zum Lesen motiviert,
- gehen strategisch vor, um zu verstehen, was sie lesen,
- rekonstruieren die Textbedeutung mental – für sich selbst und auf verständige Weise
- und sind im Verlauf des Lesens auch sozial interaktiv.

> *„Ansprache eines Bücherwurms*
> *Der Kakerlak nährt sich vom Mist,*
> *Die Motte frisst gern Tücher,*
> *Ja selbst der Wurm ist, was er isst.*
> *Und ich, ich fresse Bücher."*
>
> Mascha Kaléko

Engagement bezeichnet also eine motivierte und zielorientierte Auseinandersetzung mit einem Text. Die Leser:innen identifizieren sich mit der Textauswahl, die sie vielleicht selbst getroffen haben. Sie wollen den Text lesen, sie haben eine Vorstellung davon, wie sie dabei vorgehen möchten und sie haben bestimmte Leseziele: die Fortsetzung einer guten Geschichte kennen, gut unterhalten werden oder etwas Bestimmtes daraus erfahren und mit anderen später darüber reden können (Guthrie/Wigfield/You 2012). In diesen Zusammenhang passen Ergebnisse einer Studie zu den Entwicklungen jugendlicher Leser:innen, welche zum Teil wenig günstige Voraussetzungen für einen Leseerfolg hatten *(Literale Resilienz):* Diese Leser:innen suchen in ihren Lektüren in erster Linie die Erfahrung von Sinn, den sie in frei gewählten Texten eher finden, wobei sie sich von diesen zu weiteren Lektüren anregen lassen (siehe Wiesner/Schneider 2011; Bertschi-Kaufmann 2011).

Die Leseziele, welchen die Leser:innen – mehr oder weniger bewusst – folgen, sind ausschlaggebend dafür, wie und mit welcher inneren Haltung gelesen wird. Werner Graf (2004, 2007) hat sie aus den Selbstberichten von Heranwachsenden herausgearbeitet und beschrieben als sogenannte Lesemodi, die sich junge Leser:innen zu eigen machen und die im Verlauf ihrer Lesebiografie je nachdem dominieren oder zurückgedrängt werden. Die Motivationen, die mit den verschiedenen Lesemodi eng verbunden sind, sind teils extrinsischer Natur (wenn die Lektüren nicht um ihrer selbst willen, sondern äußerer Gründe wegen erfolgen), teils intrinsisch motiviert (wenn der Anreiz im Lesen selbst empfunden wird). Unterscheiden lassen sich unter anderem:

- die Pflichtlektüre, die Jugendliche angehen, um etwas zu lernen oder um eine Prüfung zu bestehen, oder einfach deshalb, weil ihnen ein Zwang zur Lektüre auferlegt wird;
- das instrumentelle Lesen, mit dem sie sich nützliche Informationen beschaffen und damit schulische Aufgabe lösen oder ihren Alltag organisieren können;
- das Konzeptlesen, bei dem sie Informationen zu einem Thema sammeln, an dem sie selbst interessiert sind und zu dem sie mehr wissen möchten;
- das partizipatorische Lesen, mit welchem Inhalte und Leseerfahrungen in den eigenen Alltag übernommen oder mit anderen geteilt werden können: Ersteres mit der praktischen Verwertung von Informationen zum Beispiel aus Ratgebern oder Texten zu Lieblingsthemen; Letzteres, um sich in einer Lesegemeinschaft zu bewegen und dort mitreden zu können.
- das ästhetische Lesen, das weniger stark auf Inhalte als auf sprachliche Erfahrung zentriert ist und mit dem man poetische Gestaltungsweisen genießt – die Form eines Textes, seinen Sprachstil, seine Sprachbilder u. a.: Diese Art zu lesen setzt sprachliche Sensibilität voraus, Schüler:innen haben sie teils in sehr jungen Jahren und außerhalb der Schule erworben. Der Literaturunterricht ist aber sicherlich der Ort, wo sie weiterentwickelt oder neu geweckt werden kann.

- das intime Lesen, bei welchem die Leser:innen ihren Fantasien und Wünschen folgen, sich am Gelesenen intensiv emotional beteiligen und in eine Welt befriedigender Illusionen eintauchen (Graf 2004, S. 206): Mit dieser Art zu lesen, schließen Jugendliche an die Erfahrungen lustvoller Kinderlektüren an und damit an eine Praxis, in der Lesen mit einer hohen emotionalen Beteiligung verbunden ist. Die Intimität des Lesens haben die Schüler:innen im günstigen Fall als Kinder in ihrer familiären Umgebung, beim sogenannten informellen Umgang mit Büchern und Medien entdeckt. Die Schule als formelle Instanz der Lesesozialisation vermittelt demgegenüber einen kognitiv und emotional eher kontrollierten Zugang zu den Texten (Pieper 2010). Ein Teil der Schüler:innen der Sekundarstufe I möchte ihren intimen Lektüren denn auch lieber außerhalb der Schule nachgehen, sozusagen im Rückzug, und sie unterscheiden zwischen bevorzugten Privatlektüren und geeigneten Schullektüren. Ein anderer Teil wünscht sich die bevorzugten und emotional stark positiv besetzten Genres auch für die Schule (Siebenhüner u. a. 2019). Mit Blick auf die Lesemotivation, deren Förderung und deren Erhalt ist es sicherlich wünschenswert, dass dem intimen Lesen auch und gerade im Literaturunterricht Raum gegeben wird – und dies nicht nur mit der Auswahl von dafür geeigneten Texten und Medien, sondern ebenso mit Unterrichtsanlagen, in welchen ein zeitweiliger Rückzug mit der Lektüre möglich ist und auch für die Auskünfte über das Gelesene ein intimer, von den Schüler:innen selbst bestimmter Rahmen gefunden wird.

„Flow“ kann sich mit verschiedenen Lesemodi einstellen, es ist die Bezeichnung für einen aktiven mentalen Zustand, der die Leser:innen durch ihre Lektüren trägt und ihr positives subjektives Befinden zu einem guten Teil ausmacht. Der Chicagoer Psychologe Mihály Csikszentmihályi (1985), dessen Konzept dem aktuellen Flow-Begriff zugrunde liegt, meint mit diesem eine stark handlungsbezogene Erfahrung, in der reale Zeitgrenzen nicht wahrgenommen werden, eine Erfahrung um ihrer selbst willen also. Die Lektüre als selbstvergessenes Tun wird – in Anlehnung an Csikszentmihályis Konzeption – als Erlebnisfluss von den Leser:innen selbst gestaltet, dieser stellt sich ein, wenn

- die herausfordernde Aktivität den Fähigkeiten entspricht,
- die Aktivität sich mit eigenen Zielen verbindet und
- volle Konzentration vorhanden ist (Csikszentmihályi 1985).

Aus welcher wissenschaftlichen Perspektive die Lesemotivation und ihre verschiedenen Ausprägungen auch immer beschrieben werden, sie werden stets als Ergebnis eines langjährigen Sozialisationsprozesses betrachtet (Hurrelmann 2004; Philipp 2011). Die Schule kann diesen Prozess sicherlich anregen und fundieren – dies mit einer Literaturvermittlung, die neben den Texten auch und gerade die Leser:innen, ihre Bedürfnisse und ihre Potenziale im Blick hat, die damit die Leseaktivität der Schüler:innen anregt und den Umgang mit poetisch gestalteten Texten mit angemessenen Hilfen unterstützt (siehe auch Kapitel 4.1 zur literarischen Lesekompetenz).

Die Leseinteressen der Schüler:innen in Erfahrung bringen

Damit die Lektüreprogramme, die Lehrpersonen für ihre Klassen zusammenstellen, bei den Schüler:innen tatsächlich ankommen, braucht es den Anschluss an die von diesen bislang gesammelten Leseerfahrungen – und wenn immer möglich auch an die bereits geweckten Leseinteressen. Damit ist keineswegs gemeint, dass nur solche Texte vorgelegt werden sollen, deren Inhalte oder Formen den Schüler:innen bereits vertraut sind. Im Gegenteil: Der Literaturunterricht soll ihren Erfahrungs- und Interessenshorizont erweitern und sie darin bestärken, sich die Begegnung mit neuen und zum Teil auch sperrigen Texten zuzumuten. Eine Passung zwischen den vorgelegten Texten und der Lesebereitschaft der Schüler:innen wird sich aber eher ergeben, wenn diese nach ihrem persönlichen Zugang, ihren Präferenzen und ihrer jeweiligen Lesebereitschaft bei verschiedenen Gelegenheiten gefragt werden und wenn auch eventuelle Widerstände gegenüber Texten thematisiert werden. Die Anteilnahme von Lehrpersonen an den Leseinteressen und -eindrücken der Schüler:innen erfahren diese mit verschiedenen kommunikativen Schritten, die periodisch in den Literaturunterricht eingebaut werden und die auf die weitere Unterrichtsgestaltung einen auch für die Lernenden direkt spürbaren Einfluss haben können:

Lektürevorlieben dokumentieren und erklären: Im Verlauf des Literaturunterrichts erhalten die Schüler:innen den Auftrag, die aus ihrer Sicht besonders wichtigen oder besonders schönen Texte und Medienbeiträge laufend zu sammeln und periodisch (zum Beispiel alle drei Monate) so zusammenzustellen, dass sie eigene Neigungen zum einen sich selbst bewusst machen, zum anderen ihren Lehrer:innen mitteilen und sich dazu weiter auch in der Klasse oder in Gruppen austauschen. Einbezogen werden alle Werke, die als literarisch, als fiktional oder poetisch geformt empfunden werden: Erzählungen, Gedichte, Dramen, Filme u.a. – eine Auswahl aus den Freizeitlektüren sowie dem in der Schule Gelesenen. Solche – möglichst ohne großen Aufwand erstellten und auch von der Lehrperson aufmerksam wahrgenommenen – Dokumentationen sind Ausgangspunkt für Gespräche über Leseinteressen und deren Veränderung, und sie geben Anhaltspunkte für die nächstfolgende unterrichtliche Textauswahl. Diese kann bewusst nahe an den von den Schüler:innen zum Ausdruck gebrachten Interessen erfolgen oder aber in Kontrast dazu stehen. Ist Letzteres der Fall, wird während der Lektüre auch über den Gegensatz von Lektürepräferenzen und den neu vorgelegten Texten gesprochen werden.

> *„Es war für mich ein mulmiges Gefühl, mich von der Welt zu trennen, in die ich mich während sehr langer Zeit hineingelesen hatte."*
>
> Michael, 8. Schuljahr

Persönliche Leseeindrücke formulieren, sie damit sich selbst bewusst machen und der Lehrperson mitteilen: Im direkten Anschluss an die Beschäftigung mit einem Text, einem Film oder einer anderen Art von Medienbeitrag notieren die Schüler:innen ihre persönlichen Erkenntnisse im Verlauf ihrer Rezeption. Als Anhaltspunkt erhalten sie Satzanfänge, die sie entsprechend ihrer Erfahrungen ergänzen sollen: Bei diesem Text (oder Film oder Beitrag)

- habe ich erfahren/entdeckt/herausgefunden, dass ...
- ist mir aufgefallen, dass ...
- habe ich realisiert, dass es nicht wahr ist, was viele glauben oder was ich selbst immer gedacht hatte, nämlich ...
- habe ich herausgefunden, was mich an diesem Text (oder Film oder Beitrag) interessiert ...
- sind mir Erinnerungen an andere Texte (oder Filme oder Beiträge) eingefallen ...

Die Anhaltspunkte lassen sich selbstverständlich ergänzen. Sie sind Anstoß dafür, dass die Schüler:innen ihren persönlichen Gewinn im Umgang mit dem jeweiligen Text, dem Film oder dem Medienbeitrag festhalten, periodisch und auch im Rückblick auf längere Sequenzen im Literaturunterricht. Die Lehrpersonen erfahren damit ein Stück weit, wie die jeweils vorgelegte Literatur verarbeitet wurde, welchen Nutzen die einzelnen Schüler:innen dabei empfunden haben und auf welche weiteren Werke sie möglicherweise gut ansprechen werden (siehe dazu auch die Studie von Schrijvers u. a. 2016).

Der Textauswahl der Schüler:innen Raum geben: themen-, genre- oder autor:innenzentriert

Gelegenheiten, bei denen die Schüler:innen ihre Texte selbst auswählen können, sind innerhalb verschiedener unterrichtlicher Arrangements planbar (siehe dazu u. a. auch den Vorschlag für die freien Lesestunden in Kapitel 5.1), dies sowohl in einem offenen als auch im stärker angeleiteten Unterricht, bei dem die Lektüren keineswegs beliebig sind: Bei diesem Letzteren trifft die Lehrperson die Vorauswahl, und zwar mit einer Zusammenstellung von Texten passend zum jeweiligen Unterrichtsschwerpunkt. Dieser wird je nach Klassenstufe und Unterrichtsprogramm thematisch, genrebezogen oder autor:innenzentriert gelegt, und dies möglichst so, dass Texte mit unterschiedlich hohen Anforderungen angeboten werden und in ausreichender Anzahl von Exemplaren zur Verfügung stehen. Die Schüler:innen können damit eine echte Wahl treffen, individuelle Lesewege gehen, fokussiert aber auf ein gemeinsames Thema, zu welchem sie die Ergebnisse und die Fragen aus ihren Lektüren ins Gespräch einbringen. Dieses kann begleitend zur Lektüre in mehreren Malen stattfinden oder aber am Ende der Lektüre, wobei den Schüler:innen passende Leitfragen von Anfang an mitgegeben werden. Zu Beginn erhalten sie eine Einführung mit Informationen zum Thema und den verschiedenen zur Auswahl stehenden Texten mit Stichworten zu Inhalt, Epoche, Autor:in, zum Umfang u. a.

Für entsprechende Unterrichtseinheiten bieten sich verschiedene Themen und Genres an, Lehrpersonen werden sie passend zu den Lernständen in ihrer Klasse und zu den jeweiligen Lesecurricula wählen und mit geeigneten Texten ausstatten:

- Gedichte aus verschiedenen Jahrhunderten innerhalb einer thematischen Einheit, zum Beispiel zu einem der Themen, „Liebe“, „Freiheit“ oder „Natur“; dazu etwa die Leitfragen: In welchem Gedicht wird ein Grundgefühl so zum Ausdruck gebracht, wie es junge Menschen auch heute noch empfinden können? Und bei welchem Gedicht spürt ihr deutlich, dass es aus einer anderen Zeit kommt?
- Spannende (kurze) Geschichten, darunter neuere, mit deren Art zu erzählen die meisten Schüler:innen bereits vertraut sind, sowie ältere, deren Sprache wegen ihrer zeitlichen Distanz zu heute fremder ist und die den Handlungsbogen oft weiter spannen als die neueren Geschichten. Kurzgeschichten sind in der Regel übersichtlich, im Mittelpunkt stehen meistens eine oder zwei Hauptfiguren, die in einen Konflikt geraten und diesen bewältigen müssen. Entsprechend stellt sich etwa die Leitfrage nach dem Verlauf von Konfliktaufbau und -lösung: Wo beginnt die Geschichte spannend zu werden, und welche Rolle spielen dabei die wichtigen Figuren? Welches Problem stellt sich ihnen? Wie lösen sie dieses? Und wie löst sich die Spannung in der Geschichte auf?
- Neuere Jugendbücher innerhalb einer thematischen Einheit, zum Beispiel zum Thema „Freundschaft“ (erzählt aus einer geschlechterbezogenen Perspektive); dazu etwa die Leitfragen: Wie verläuft die Freundschaft im jeweiligen Band? Gibt es Stellen, an denen sie beinahe (oder ganz) kaputtgeht? An

welcher Stelle ist sie besonders intensiv? Anfang und Ende der Erzählung – wie hat sich die Freundschaft dazwischen verändert? (Die Schüler:innen suchen die entsprechenden Stellen heraus und ordnen sie entlang der gestellten Fragen ein.)

- Novellen des 19. Jahrhunderts, deren einfacher Struktur sich gut folgen lässt, die aber Figuren in zeitlicher Distanz zu heutigen Lebenswelten zeigen. Konflikte und Konfliktlösungen sind zum einen mit den jeweiligen individuellen Charakteren eng verbunden, zum anderen meist aber nur verständlich im Kontext historischer und sozialer Zusammenhänge. Leitfragen stellen sich deshalb mit Blick auf die Hauptfigur oder auf mehrere Figuren und weiter auch in Bezug zur zeitlichen und gesellschaftlichen Situation, in welcher die Figuren handeln: Mit welchen Eigenschaften lernt man die Figuren zu Beginn der Novelle kennen? Welche weiteren Eigenschaften kommen im Verlauf der Erzählung hinzu? Von welchen äußeren Umständen ist das Leben der Figuren geprägt? Gäbe es heute einen anderen Spielraum für ihr Handeln bzw. für die Entscheidungen, die sie fällen?

Zusätzlich zu den verschiedenen Leitfragen, welche die textbezogenen Gespräche innerhalb der Einheiten jeweils lenken sollen, nehmen die Schüler:innen Fragen mit, die ihre Selbstwahrnehmung als Leser:innen anregen sollen, damit auch die Reflexion ihrer Auswahlentscheidung sowie die Aufmerksamkeit für ihre Lesemotivation und ihr etwaiges Interesse an weiteren Lektüren zum selben oder einem anderen Thema. Diese Frage stellen sich für alle Einheiten, wobei ihre Formulierungen an die Lernstände in der jeweiligen Klasse angepasst werden: Was war für meine Textauswahl entscheidend? Wie beurteile ich meine Wahl, nachdem ich den Text gelesen habe? Habe ich den für mich passenden Text ausgewählt? Habe ich den Text gerne (oder schließlich doch nicht gerne) gelesen? Bin ich dabei in einen Lesesog geraten, sodass ich für kurze Zeit alles um mich herum vergessen habe? Was würde ich gerne als Nächstes lesen (einen anderen Text innerhalb der Einheit oder einen ganz anderen Text, nämlich ...?).

4.3 Lesen und Körperlichkeit

Dass die körperliche Erfahrung eine wichtige Rolle für das Leseverstehen spielt, ist seit Langem bekannt. So wird in der Geschichte des Lesens vielfach aufgezeigt, in welcher Weise Leseprozesse zumindest seit dem 18. Jahrhundert ihren körperlichen Ausdruck fanden (Schön 1987; Manguel 1996). Insbesondere galt das Lesen in der Natur als ideal für ein intensives Erleben sowohl der Natur als auch der Lektüre. Noch im 19. Jahrhundert fand man wichtig, den Körper beim Lesen in einer anregenden Umgebung zu platzieren, ihn beim lauten Lesen einzusetzen, auch mit Bewegungen, welche den Textinhalt nachahmten. In geselligen Lesekreisen, den sogenannten Salons, und in der bürgerlichen Familie waren gemeinsame Lektüren üblich. Zuhören, Vortragen und Vorspielen geschahen im wechselseitigen Rollentausch. Körpererfahrung war also Teil und zugleich Mittel des gemeinsamen Lesens. Berichte vom lesenden Kind, das sich mit seinem Buch an einen unbeobachteten Ort zurückzieht, sind seit dem 19. Jahrhundert gängig. Der Garten oder der Dachboden waren die dafür besonders beliebten Rückzugsorte.

Parallel dazu setzt sich allerdings eine gegenteilige lesepädagogische Tendenz durch, nach der eine gerade Sitzhaltung und das ausdauernde Verharren auf einem eigens dafür angefertigten Lesestuhl eingeübt werden. Damit ist vorbereitet, was bis weit ins 20. Jahrhundert hinein in unseren Schulen gelten wird: Die Kinder sollen beim Lesen eine „arbeitshafte" Haltung einnehmen, körperlich reglos und sich an das stille Lesen gewöhnend. Bis in die 1980er Jahre empfiehlt die Lesedidaktik das Lesen im Klassenverband; individuelle Rückzugsmöglichkeiten und das körperliche Ausgestalten sind erst einmal die Ausnahme (Bertschi-Kaufmann/Graber/Manetsch 2016). Junge Leser:innen ignorieren ihren Körper beim Lesen aber keineswegs, im Gegenteil: Miterleben, spüren und sich damit vorstellen können, was Buchheldinnen und -helden fühlen, wird als Gewinn der Lektüre hervorgehoben – in der Rezension von Andjelina wird das deutlich. Viele Jugendliche bringen ihre körperlichen Reaktionen im Verlauf von Lektüren differenziert zur Sprache (Bertschi-Kaufmann/Graber 2016).

> *„Das Buch ist sehr schön geschrieben. Man kann sich richtig in die Handlung hineinversetzen, wenn Brooks z.B. von Moos schreibt, fühlt man dieses schon fast unter den eigenen Füßen. Ich konnte das Buch fast nicht aus den Händen legen, es ist sehr fesselnd und jedem wärmstens zu empfehlen."*
>
> Andjelina, 8. Schuljahr

Kinder hingegen berichten von physischen Vorgängen beim Lesen meist knapper: „Ich habe richtig geschwitzt", schreibt Kevin, ein Junge im 4. Schuljahr. Ein prominentes, fiktionales Beispiel für den körperlichen Rückzug beim intensiven Lesen gibt Michael Ende in seiner *Unendlichen Geschichte,* wenn er die Lage des Protagonisten Bastian bei dessen Eintritt in die magische Erzählwelt als jene Art des Verstecks bezeichnet, die Kinder und Jugendliche aus ihrem realen Alltag kennen: „Wer niemals heimlich beim Schein einer Taschenlampe unter der Bettdecke gelesen hat, weil Vater oder Mutter einem das Licht ausknipste mit der gut gemeinten Begründung, man müsse jetzt schlafen [...]. Wer nichts von alledem aus eigener Erfahrung kennt, nun, der wird wahrscheinlich nicht begreifen können, was Bastian jetzt tat." (Stuttgart 1979, S. 11)

Embodiment – Einblicke in die empirische Forschung

Dank neueren kognitionswissenschaftlichen Studien weiß man heute, dass psychische Prozesse immer auch körperlich eingebettet sind und dass man von Wechselwirkungen zwischen innerpsychischen Vorgängen und dem körperlichen Verhalten ausgehen kann. Ein Teil der kognitionswissenschaftlich orientierten Leseforschung insbesondere aus den USA schließt hier an (Glenberg 2011; Gunraj 2014). Ausgegangen wird dabei von Befunden, die für mündliche Erzählsituationen seit Längerem vorliegen: Das Erzählte löst bei den Zuhörenden innere Nachahmungen des Gehörten aus. Ihre Körper vollziehen beim Zuhören zum Beispiel den Klang von Stimmen oder berichteten Schmerzen nach. Auf diese Weise Sinn zu entnehmen, ist im Mündlichen einfacher als bei schriftlichen Texten; dies deshalb, weil Mündlichkeit in unmittelbar erlebte Zusammenhänge eingebettet ist. In mündlichen Erzählungen wird mit Stimme, Gesichtsausdruck und mit Gesten ein Teil der Textbedeutung in ihrem direkt erfahrbaren Kontext vermittelt. Eine solche Hilfe aber fehlt, wenn Geschichten still gelesen werden. Schriftliche Texte verlangen eine in diesem Sinne dekontextualisierte Sprache, weil sie von einem Geschehen berichten, das die Leser:innen nicht unmittelbar miterleben (mit Bezug auf den Schrifterwerb: Andresen 2002). Gleichwohl aktivieren sie im Verlauf ihrer Lektüren innere Simulationen, die das Aufschlüsseln der Schriftzeichen, das Verstehen von Wörtern und Sätzen erleichtern. Ein solches körperliches Nachvollziehen ist Ausdruck des Texterlebens, in dem kognitive, körperliche und emotionale Dimensionen zusammenwirken. Lesende erfahren dies besonders deutlich, wenn sie mit einer Geschichtenfigur und ihren Handlungen innerlich mitgehen, mitfühlen, sich mit ihr identifizieren und das Geschehen mit deren Augen mitverfolgen, später vielleicht aber auch wieder Distanz von ihr nehmen.

Die sogenannte *embodiment*-Annahme geht davon aus, dass solche anspruchsvollen Verstehensprozesse dank des Körpereinsatzes intensiviert werden. Die Annahme wurde in verschiedenen Untersuchungen bestätigt. Unter anderem wurde Kindern im 2. bis 4. Schuljahr ein Text vorgelegt, wobei die eine Gruppe die Geschichte mit Spielsachen nachstellte, während sie von der anderen Gruppe in einem szenischen Spiel umgesetzt wurde. Im Anschluss daran wurde das Leseverstehen in beiden Gruppen je Schuljahr getestet. Die Ergebnisse weisen durchwegs darauf hin, dass der Einsatz des eigenen Körpers deutlich überlegen ist gegenüber der bloßen Veranschaulichung durch Gegenstände und dass er zu einem besseren Textverständnis führt. Andere Untersuchungen, zum Beispiel die von John Yandell (2008), in der jugendliche Schüler:innen Shakespeares *Richard III.* teils lesend, teils szenisch spielend verarbeitet haben, kommen zu ähnlichen Schlüssen. Untersucht wurden dabei die multimodalen Herangehensweisen der 13- und 14-Jährigen an dieses Drama im Rahmen des Literaturunterrichts im 9. Schuljahr (in der Erstsprache Englisch). Nachdem der erste Teil des ersten Akts gelesen ist, führen die Schüler:innen in Kleingruppen ein Theater auf. Die inhaltliche Vorgabe der Lehrperson lautet, dass im präsentierten Theaterstück eine Person eine andere davon überzeugen müsse, etwas zu tun, was sie auf keinen Fall machen will. Insofern werden keine konkreten Szenen aus dem Drama nachgespielt, aber Themen und Motive daraus szenisch interpretiert. Dass die Schüler:innen ihre körperlichen Ressourcen (Sprache, Gestik, Mimik, Bewegungen) nutzen, um die gelesene Episode nachzuspielen und dabei Szenen in plausibler Entsprechung zur dramatischen Vorlage realisieren, wertet John Yandell als Beitrag des körperlichen Ausdrucks zur Sinnkonstruktion. Die Umsetzung einer Szene mit physischem Einsatz und als dialogisches Arrangement wird deshalb zur Förderung des Leseverstehens empfohlen.

Das körperliche Befinden von Figuren beobachten und beschreiben

Das Nachspüren von Empfindungen, welche die Figuren in literarischen Texten mit ihrer Sprache und dem geschilderten Handeln erkennen lassen, intensiviert die Leseerfahrung – geübten Leser:innen gelingen entsprechende synästhetische Erfahrungen, in denen sie die Schönheit oder Genauigkeit der Sprache zusammen mit deren Inhalt wahrnehmen, zum Teil spontan. Davon zeugt zum Beispiel die im Kasten auf S. 106 zu lesende Selbstaussage der 15-jährigen Selina, die mit Haruki Murakamis Figuren mitlebt, mitdenkt und mitfühlt. Für andere Schüler:innen kann eine gemeinsame Suche nach entsprechenden Textsignalen hilfreich sein, sodass sie erst einmal aufnehmen, was die Figuren im Handlungsverlauf fühlen. Aufschlussreich können dafür Textstellen sein, die atmosphärisches, physisches oder inneres Empfinden von Figuren explizit machen. Auch Leerstellen fordern dazu auf, dass sich die Leser:innen ausdenken, wie sich die jeweilige Situation anfühlen muss oder wie es einem selbst in einer solchen Situation erginge. Das Aufspüren der verschiedenen Textstellen, in welchen körperliches Empfinden mitgeteilt wird, kann auf verschiedene Weise geschehen:

In Textausschnitten das Empfinden von Figuren markieren. Die Lehrperson wählt geeignete Textausschnitte aus, die mehrere Signale für die Regung von Figuren enthalten; die Schüler:innen unterstreichen alle Stellen, in denen dieses Empfinden deutlich wird. Textstellen, aus denen man das Empfinden erahnen kann, ohne dass es direkt mitgeteilt würde, markieren sie ebenfalls (eventuell mit einer anderen Farbe oder anderen Markierungszeichen). Anschließend werden die Funde in der Klasse (oder in Gruppen) zusammengetragen und die Schüler:innen benennen die Empfindungen entlang der erzählten Handlung, wobei sie einander auch mitteilen, ob sie das Denken und Fühlen der Figuren nachempfinden können oder ob sie denken, es wäre ihnen an der jeweiligen Stelle anders ergangen. Ergiebig sind solche Beobachtungen und Gespräche zum Beispiel bei Erzählungen, in denen eine Figur in emotionale und körperliche Bedrängnis gerät oder aber in wohltuende Situationen, in denen sich ihre Anspannung löst. Louis Sachars Jugendroman *Löcher – Die Geheimnisse von Green Lake* erzählt von einer ganzen Kette bedrohlicher Erfahrungen des jugendlichen Helden Stanley Yelnats, der aus der harten Realität einer US-amerikanischen Jugendstrafanstalt in lebensrettende Fantasiewelten flüchtet. Bedrohung und Rettung sowie die Empfindungen, welche sie auslösen, sind unter anderem auch Thema in Mirjam Presslers historisch ganz anders situiertem Jugendbuch *Malka Mai.* Es erzählt die Überlebensgeschichte der 7-jährigen Malka im Zweiten Weltkrieg, die auf der Flucht aus Ungarn erkrankt und bei einer Bauernfamilie zurückgelassen werden muss. Dort beginnt die Irrwanderung des kleinen Mädchens, welches in brandgefährliche Situationen gerät, Gräuel von Nahem beobachtet, selbst Gewalt erfährt und unerwartet Schutz erhält.

Eigene körperliche Reaktionen auf einen Text wahrnehmen. Einen weiteren Zugang zur Körperlichkeit des Leseprozesses erhalten die Schüler:innen, wenn sie ihren eigenen Zustand und dessen Veränderung während der Lektüre beobachten und mit wenig Aufwand auch festhalten. Ergiebig ist dies zum Beispiel bei Erzählungen, die im Wechsel von Spannung und Ent-Spannung verlaufen und das Bedrohliche ebenso wie das Angenehme anschaulich schildern. Viele beliebte Jugendbücher bieten entsprechende Variationen des Atmosphärischen und der Zustände ihrer Figuren: Romane wie Michael Endes *Momo,* das Kind, das den Menschen die ihnen gestohlene Zeit zurückbringt und sich dafür in größte Gefahr begibt, Joanne K. Rowlings *Harry Potter* oder Juliane Pickels *Krummer Hund,* der Roman über den 15-jährigen Michael, in dessen Leben familiäre Spannungen, der Tod seines geliebten Hundes, Freundschaften und Gemeinheiten in der Klasse zusammentreffen und die unbeherrschten Wutausbrüche des Protagonisten nachvollziehbar machen. Stimmungs- und Situationswechsel mit einer ähnlichen Intensität bietet die moderne Jugendliteratur auch mit kürzeren Erzählungen, zum Beispiel in Marlene Röders Band *Melvin, mein Hund und die russischen Gurken.* Dieser versammelt 18 Geschichten, die durch ineinandergefügte Handlungsstränge miteinander verbunden sind. Sie erzählen von Berliner Jugendlichen, deren Leben verschiedenen Härten ausgesetzt ist und die für ihre Vorstellungen von einem richtigen Leben kämpfen, unter anderem gegen Ungerechtigkeit, Verleumdung, Gruppenzwang und Tod, für Freundschaft und Liebe.

> *„Atmosphärisch dicht, relevant und voller Weisheit. Teilweise werden ganze Seiten mit Philosophie gefüllt, die ich nicht sofort verstanden habe, aber mit gründlichem Lesen den Sinn erarbeiten konnte. In die Handlungspersonen kann ich mich sehr hineinversetzen. Ich lebe in ihnen, denke mit ihnen, fühle mit ihnen."*
>
> Selina, 8. Schuljahr

Parallel zu ihrer Lektüre und orientiert an deren Handlungsstationen gestalten die Schüler:innen eine Art Stimmungsbarometer, in dem sie die einzelnen Stationen benennen und dabei auch eine kurze Beschreibung dafür finden, was sie beim Lesen jeweils empfunden haben und wie stark diese Empfindung war. Diese Aufzeichnungen können anschließend in der Klasse oder in Gruppen miteinander verglichen werden: Wenn ein und derselbe Roman oder dieselbe Erzählung gelesen wurde, ist erst einmal interessant, welche Momente erfasst worden sind und welche ähnlichen oder je nachdem auch verschiedenen körperlichen und stimmungsmäßigen Reaktionen die Schüler:innen bei sich wahrgenommen haben. Wenn sie verschiedene Texte gelesen haben (wie dies zum Beispiel im Band von Röder gut möglich ist), können sie ihre Lektüreerfahrungen miteinander entlang ihrer eigenen Reaktionen bzw. entlang ihrer entsprechenden Aufzeichnungen austauschen.

Texten mit eigenen stimmlichen oder körperlichen Gestaltungen nachspüren. Verfahren, die zum körperlichen Nachahmen und Ausgestalten von Texten oder Textteilen anregen, werden in der deutschsprachigen Literaturdidaktik meist dem Konzept des handlungs- und produktionsorientierten Literaturunterrichts zugeordnet (siehe dazu auch das Kapitel 4.5). Die Schüler:innen werden dazu angeregt, ihre Lektüre oder Teile aus dieser mit körperlichen oder stimmlichen Mitteln darzustellen: Eine Situation wird szenisch nachgespielt, die Stimme einer Figur wird nachgeahmt, Körperhaltungen von Figuren und deren Veränderung werden passend zu einzelnen Situationen im Text physisch gezeigt, ein zentraler Ausschnitt einer Erzählung wird von mehreren Schüler:innen gemeinsam in einem Standbild festgehalten und dieses wird von anderen je nachdem verändert, sodass es zu einem weiteren Ausschnitt passt und so weiter. Mit solchen körperlichen Umsetzungen gewinnen Schüler:innen an Textverständnis, weil sie handelnd selbst eine Deutung vornehmen und weil sie aufnehmen, zu welchen Umsetzungen andere Leser:innen in der Klasse gelangt sind.

4.4 Digitales Lesen

Die Eigenschaften und die Verbreitung von Texten im Internet und ihre besonderen Eigenschaften sind in diesem Band bereits besprochen worden (siehe Kapitel 3.2). Die Entwicklung der digitalen Kommunikation betrifft allerdings nicht nur die Produktion von Texten, sondern auch die Art und Weise, wie diese rezipiert werden, und darüber hinaus das gesamte Medienverhalten, also die Häufigkeit der Nutzung, die besonderen Medienaktivitäten und ihre Gewichtung im Alltag. Neue Medien verändern die Gewohnheiten der Nutzenden – diese Regel gilt allgemein. Dabei zeigt sich eine Verhaltensdifferenz zwischen Älteren, die sich zumindest bei ihrem Lesen von „schöner" Literatur auf gedruckte Texte konzentrieren, und der jüngeren Generation, für die das Netz als Quelle für alle Informations- und Unterhaltungsbedürfnisse fungiert und die mittlerweile auch literarästhetische Lektüreerfahrungen auf digitalem Weg sammeln. Strittig hingegen ist, ob und wie die sogenannten neuen Medien die älteren verdrängen und ob mit der digitalen Entwicklung die Seriosität und die Anregungsqualität der Angebote verbessert oder eher verflacht werden. Dabei dominiert noch oft eine generelle kulturpessimistische Sicht. So galten Geräte wie der Computer, das Tablet oder das Smartphone, die längst auch in den Kinderzimmern Einzug gehalten haben, in ihren Anfängen nicht nur als harte Konkurrenten des Buches, sondern als Bedrohung der Lesefähigkeit schlechthin, zumindest als eine Verführung zum oberflächlichen und flüchtigen Lesen und Schreiben. *Log-Out* hatte der amerikanische Computerfachmann Clifford Stoll mit einem sofort zum Bestseller avancierten Titel bereits kurz nach der Jahrtausendwende geraten (2002 auf Deutsch erschienen) und pamphletartig dargelegt, warum Computer zumindest im Klassenzimmer nichts zu suchen hätten. Sie ließen – so Stoll – das Lesen mit Mausklick zur Spielerei verkommen und verhinderten damit eine tiefergehende kognitive Textverarbeitung. Das Urteil bezüglich einer fehlgeleiteten, leseabstinenten Jugend schien damals besiegelt; zumindest traf es eine Gruppe Jugendlicher, die als bildungsfern und deshalb als risikobehaftet galten.

Zu deutlich anderen Einschätzungen gelangt die Medienwissenschaft, die sowohl die Anwendungsmöglichkeiten des digitalen Angebots als auch dessen tatsächliche Nutzung laufend untersucht (u. a. Lauer 2020). Einer ihrer frühen Vertreter ist der US-amerikanische Kommunikationsforscher Henry Jenkins, der das Lesen und Schreiben mit digitalen Mitteln als die Möglichkeit zur Teilhabe für viele Menschen bezeichnet, weil ihnen niederschwellige Einstiegsmöglichkeiten geboten werden und wenige Erwartungen an die Einhaltung von stilistischen Regeln oder Rechtschreibnormen bestehen. Im Gegenteil existiere gerade mit den neuen Praktiken im Umgang mit Schrift, den *New Literacies,* eine Medienpraxis mit einem kreativen Spielraum (Jenkins 2006). Dieser ist – so auch Jenkins – insbesondere in sozialer Hinsicht von großer Bedeutung, weil

- man sich in die digitale Kommunikation selbst spielerisch und recht schnell einbringen kann und die Schwellen zur Teilhabe an einer öffentlichen Kommunikation vergleichsweise niedrig sind,
- die Teilnehmenden sich laufend untereinander austauschen können und voneinander Unterstützung erhalten beim Schaffen eigener Inhalte,
- das Wissen weitergegeben wird, welches zum Selbst-Gestalten von Beiträgen gebraucht wird,
- Gemeinschaften im Netz ihren Mitgliedern die Überzeugung vermitteln, dass ihr Beitrag von Bedeutung ist und
- eine Beteiligung aller grundsätzlich möglich ist und damit – im positiven Fall – soziale Inklusion geschaffen wird.

In der Mediengemeinschaft fallen die Leistungen der Einzelnen weit weniger stark ins Gewicht als in der Schule. Wer mitmacht, hat Anteil an einer gemeinschaftlichen Arbeit, aus welcher Texte, Kommentare, filmische Beiträge und andere Arten der Visualisierung hervorgehen. So lesen Kinder und Jugendliche Buchserien mittlerweile auch auf den dafür eigens zur Verfügung stehenden Apps, zum Beispiel *kinderbuch.app*[29], die ähnlich wie E-Book-Reader funktionieren und über die die Bände *Gregs Tagebuch* von Jeff Kinney, *Die unendliche Geschichte* von Michael Ende und viele weitere besorgt werden können. Ein Austausch unter den Leser:innen findet dann je nachdem im direkten Gespräch oder auf WhatsApp statt.

Zum sozialen Aspekt digitalen Lesens und Schreibens kommt ein kultureller hinzu. Diesen erkennt die Medienwissenschaft insbesondere bei solchen sozialen Plattformen, in welchen Geschichten erzählt und zu einem guten Teil laufend weitererzählt und kommentiert werden und die Aufmerksamkeit der Nutzenden sowohl auf tradierte literarische Texte als auch auf das Schreiben neuer Autor:innen gelenkt wird. Die kulturelle Dimension des digitalen Lesens wird in den Lesepraktiken vieler Heranwachsender manifest: in der Kommunikation auf Plattformen, auf denen literarische Texte zur Verfügung

29 http://www.kinderbuch.app

stehen, Leseeindrücke und kreative Einfälle zu den Texten sowie Mitteilungen aus dem eigenen Leben untereinander geteilt werden und man mühelos Zugang zu einer internationalen Lesegemeinschaft hat.

Ein in diesem Zusammenhang prominenter Ort ist die Plattform *Wattpad*[30]; sie funktioniert als unendlich große, weltumspannende Bibliothek, die weltweit von mehr als 70 Millionen Leser:innen genutzt wird. 80 Prozent von ihnen sind im Alter zwischen 13 und 35 Jahren, „a new generation of 'wreaders'" (Pianzola/Rebora/Lauer 2020, S. 18). Sie tauschen ihre Einfälle lesend und schreiben untereinander aus. Unter den Texten finden sich mehrheitlich Geschichten in englischer Sprache, daneben aber auch nicht wenige in Deutsch und in vielen weiteren Sprachen, sogenannte Teenfiction, sowie klassische Texte: Johann Wolfgang Goethes *Faust,* William Shakespeares *Romeo und Julia,* Theodor Fontanes *Effie Briest,* Georg Büchners *Woyzcek* und *Dantons Tod* und viele weitere. Besonders übersichtlich sind die zur Teenfiction gehörenden Romane für Jugendliche und die Adoleszenzliteratur angeordnet, gut auffindbar mithilfe der Suchfunktionen über Schlagworte wie „Liebe", „Freundschaft", „Schule" u. a.

Zum Teilen von Gedichten bestehen weitere unterschiedlich breit angelegte Sammlungen. Allein auf der deutschsprachigen Plattform *gedichte.com*[31] sind über hunderttausend Gedichte präsentiert worden, großenteils waren sie neu verfasst. Traditionelle Formen standen neben experimentellen, wobei man in der Lesegemeinschaft auch mit kritischen Kommentaren und mit eigenen Einfällen auf das Gelesene reagieren kann. Davon haben bisher mehr als zwanzigtausend Nutzende Gebrauch gemacht. Das Portal ist aktuell offline, der Wiederaufbau wird erwartet. Eine andere vielfältige, auf moderne Lyrik und stärker international ausgerichtete Quelle bietet *Lyrikline*[32], wobei hier keine Kommentare angebracht werden können. Stark interaktiv ausgerichtet hingegen ist die Plattform *poeten.de*[33], die als Rahmen für eine Art permanenten *poetry-slam* funktioniert: Schreiber:innen geben ihre selbst verfassten Gedichte unter einem Pseudonym ein und erhalten dafür je nachdem die Stimmen sowie Kommentare von anderen Nutzer:innen.

Den Zugang zur Literatur gewinnen heranwachsende Leser:innen also nicht als Alternative zum digitalen Lesen im Netz, sondern gerade auch dank diesem. Allerdings zeigen Untersuchungen zu den Arten des Lesens und insbesondere zu den kognitiven Verarbeitungsprozessen, dass erhebliche Unterschiede bestehen zwischen dem schnelleren digitalen Lesen, einschließlich

30 https://www.wattpad.com
31 https://www.gedichte.com
32 https://www.lyrikline.org
33 https://poeten.de

dem schnellen Reagieren auf Texte von anderen, und dem sukzessiven, vertieften Lesen insbesondere von gedruckten Romanen. Zu diesem Schluss gelangt die Kognitions- und Literaturwissenschaftlerin Maryanne Wolf (2018, 2019 auf Deutsch erschienen). Auf der Grundlage eigener Leseerfahrung und von vielerlei neurowissenschaftlichen Studien zeigt sie die Vorteile auf, die ein sukzessives Lesen langer fiktionaler Texte für die Entwicklung kognitiver sowie emotionaler Verarbeitungsfähigkeiten hat: die genaue Wahrnehmung und das Behalten von Textinformationen und deren Verknüpfung, die Aufmerksamkeit für die Entwicklung der Handlung und der Figuren, aber auch die Empathie für Figuren sowie die Fähigkeit zum Perspektivenwechsel beim Mitdenken und Miterleben mit mehreren Protagonist:innen. Solche für die kognitive Entwicklung entscheidenden Prozesse seien, so Wolf, mit den Praktiken der schnelleren und bei den diversen Klickmöglichkeiten meist sprunghaften Lektüren nicht zu haben. Diese polarisierende Gegenüberstellung vom „schnellen", digitalen Lesen und dem „langsamen" Lesen gedruckter Texte wird in ihrer Schärfe innerhalb der Medienwissenschaft aktuell nicht bzw. nicht vollkommen geteilt – dies unter anderem auch wegen des positiven, animierenden Effekts, welche digitale Lektüren auf die Lesetätigkeit allgemein haben. Einig ist man sich aber darin, dass das digitale Lesen seine besonderen Anforderungen stellt, dass eine Kombination von digitalem Lesen und von Printlektüren ratsam ist und dass sich die Literatur- und Leseförderung den digitalen Angeboten und der lebhaften Kommunikation insbesondere auf den großen Plattformen keineswegs verschließen sollte (Pianzola/Rebora/Lauer 2020; Krommer 2020) „Die Zukunft des Lesens", so die Folgerung der Leseforscher:innen, die sich zur Initiative *Evolution of Reading in the Age of Digitisation (E-READ)* zusammengeschlossen haben, wird mit beiderlei Lesemedien gestaltet werden, dem bedruckten Papier und dem Bildschirm. Entsprechende Empfehlungen hat die Gruppe in der *Stavanger Declaration* (2019) ausformuliert, sie wurde auch von den oben bereits erwähnten Forschenden Gerhard Lauer und Maryanne Wolf unterzeichnet. Darin enthalten sind unter anderem die folgenden Empfehlungen, hier in knapper Form wiedergegeben:

- Digitales Lesen muss geschult werden, es verlangt geeignete Lesestrategien.
- Das Lesen gedruckter Bücher und Texte soll an Schulen weiterhin praktiziert werden.
- Lehrer:innen (und Erziehungspersonen) müssen ein Bewusstsein dafür entwickeln, dass ein rasches Ersetzen gedruckter durch digitale Texte nicht folgenlos bleibt.
- Die Einführung digitaler Technologien im Bildungsbereich erfordert bessere Richtlinien.
- Es braucht digitale Tools, die die Erkenntnisse der Forschung miteinbeziehen.

Kritisches Lesen einüben – über die Beschäftigung mit Literatur hinaus

Dass in sozialen Medien vielerlei Ideologien verbreitet werden, ist bekannt und es bereitet insbesondere mit Blick auf das junge Lesepublikum Sorgen (siehe dazu zum Besipiel das Fachbuch von Bock/Schubarth 2021). Die Kommunikation im Netz verlangt neben der allgemeinen Lesefähigkeit auch eine Lesehaltung, mit der Informationen auf ihre Korrektheit, ihre Kohärenz und Wahrhaftigkeit geprüft und also kritisch gelesen werden (Philipp 2021).

Bei fiktionalen Texten, die als solche erkennbar sind, stellt sich diese Herausforderung nicht in derselben Weise. Ihre Bezüge zur Realität können verschiedenster Art sein, sie können auch in Gegensatz dazu treten. Allerdings wirft der Umgang mit fiktionalen Texten seinerseits Fragen nach möglichen Versuchen der Beeinflussung und nach der inneren Stimmigkeit der Texte auf. Die Schüler:innen sollen sie zunehmend selbstständig stellen und jeweils textbezogen beantworten: Welche Erzählwelten werden dargestellt? Welche Übereinstimmungen oder welche Gegensätze bestehen zwischen den erzählten Welten und der Realität? Werden Erzählung und Wirklichkeit voneinander getrennt; gibt es Verbindungen, die man lesend nachvollziehen kann; oder handelt es sich um eine nicht ganz durchschaubare Vermischung von beidem? Welche Haltungen, Meinungen oder Argumente werden vertreten (zum Beispiel von einzelnen Figuren), die die Leser:innen möglicherweise beeinflussen oder die sogar offensichtlich auf eine Beeinflussung angelegt sind? Und welche dieser Haltungen, Meinungen oder Argumente sollte man aus unserer Sicht ernst nehmen, sich damit auseinandersetzen. Welche davon teilen wir selbst? – Solche Fragen können die Schüler:innen an eine der von ihnen individuell gewählten Lektüren stellen, oder sie werden zusammen mit einem gemeinsam ausgewählten digitalen Text aufgegeben und die Schüler:innen tauschen ihre Antworten in der Gruppe oder in der Klasse aus.

Literaturplattformen und ihr Angebot kennenlernen und vergleichen

Die Schüler:innen der Sekundarstufe I werden einige Plattformen schon kennen und sie persönlich längst nutzen. Die Kenntnisse, Interessen und Nutzungsweisen variieren aller Voraussicht nach zwischen den verschiedenen Schulformen und zwischen Mädchen und Jungen. In Schulklassen, in welchen bereits viele Schüler:innen Erfahrung mit dem Verwerten von digitalen Leseempfehlungen und den entsprechenden Lektüren haben, lohnt sich erst einmal ein Austausch. In anderen Klassen kann die Lehrperson auch zusammen mit einzelnen erfahrenen Schüler:innen einen Einblick in Plattformen vorbereiten und der Klasse danach weitergeben. In beiden Fällen geht es vorerst um ein Erkunden und Präsentieren dessen, was an literarischen Empfehlungen im Netz aufgearbeitet ist, und darum, Strategien zu lernen, mit denen man sich darin zurechtfindet. Das Angebotsspektrum von *Bücher-Treff.de*[34] und den oben bereits erwähnten Plattformen *Wattpad*[35], *Lyrikline*[36] und *poeten.de*[37] u. a. ist unterschiedlich breit. Die jugendlichen Leseinteressen werden teils mit international prominenten Büchern, Texten und Gedichten, teils mit Experimentellem bedient, teils auch mit Serien, die einen länger dauernden Lesesog versprechen, sowie mit Büchern zu Themen, die vor allem weiblichen oder männlichen Vorlieben entgegenkommen.

Die Präsentationen, welche von Gruppen, von einzelnen Schüler:innen oder von der Lehrperson übernommen werden, orientieren sich an teils identischen Fragen, sodass ein Vergleich der Angebote und je nachdem auch eine Bewertung aus Schüler:innensicht möglich ist: Wie wird die Plattform genutzt und welche Schritte braucht es für den Zugang? Was bietet die Plattform, welche Art von Geschichten oder Gedichten? Gibt es dazu Illustrationen oder Filme bzw. Hinweise auf Verfilmungen oder andere Präsentationen? Welche Funktionen stehen auf der Plattform zur Verfügung? Und welche helfen beim Finden eines Themas, eines Textes oder eines Films? Gibt es Empfehlungen von gedruckten Büchern, die man schneller und besser findet als anderswo? Wo kann man etwas über die Nutzer:innen dieser Plattform erfahren und was genau: die ungefähre Anzahl, das Alter, die Interessen, anderes? Wie kann man sich selbst beteiligen: mit Kommentaren, mit anderen eigenen Beiträgen? Kann man mit weiteren Nutzenden in Kontakt kommen: auf welchem Weg zum Beispiel? Was macht die Plattform besonders attraktiv?

Selbst Literaturempfehlungen im Netz schreiben

Kommentare verschiedenster Art gehören zum Kernbestand der sozialen Medien. Den allermeisten Jugendlichen sind sie beim Gebrauch von Instagram, Snapchat, Facebook oder anderen Diensten und Plattformen längst bekannt, und dies in verschiedenen Formaten. Ein für den Deutschunterricht interessanter Gegenstand sind Buchrezensionen, und zwar zum einen solche, denen die Schüler:innen im Netz begegnen und die wegen ihrer Struktur und ihres Gehalts besonders aufschlussreich sind, und zum anderen die von ihnen selbst verfassten und hochgeladenen Beiträge. Sie alle lassen sich entlang derselben Hauptkriterien beurteilen:

34 https://www.buechertreff.de
35 https://www.wattpad.com
36 https://www.lyrikline.org
37 https://poeten.de

- Informationen zum rezensierten Buch oder Beitrag: Angabe von Autor:in und Titel, Angaben zum Umfang bzw. zur Seitenzahl, zum Kaufpreis, eine kurze Inhaltsangabe, Nennung der wichtigsten Figuren und deren Konstellation, Stichworte zu den wichtigsten Themen; Kurzbeschreibung der erzählerischen, sprachlichen und je nachdem auch grafischen Gestaltung.
- Eigene Bewertung: Kritische Argumente, die möglichst an die bereits gegebenen Informationen anknüpfen, als persönliche Bewertung erkennbar sind und die möglichst mit dem einen oder anderen Beispiel aus dem Text oder den Illustrationen veranschaulicht werden; Würdigung von Besonderheiten z. B. der Thematik der Darstellungsart, der Sprache u. a.
- Gestaltung: Die Empfehlung soll möglichst so verfasst werden, dass sie nicht nur informativ und nachvollziehbar, sondern auch ihrerseits attraktiv zum Lesen ist – dies zum Beispiel mit einem überraschenden Einstieg, der mitten in die Erzählung führt; mit einer klaren, genauen Sprache, welche die wichtigsten Qualitäten des empfohlenen Buchs benennt; mit einem Aufbau, in welchem sich die Leser:innen gut orientieren können.

Ob die Rezensionen, die angeregt durch den Literaturunterricht verfasst worden sind, nicht nur diesen Kriterien genügen, sondern ihrerseits eine Leser:innenschaft gewinnen und positiv aufgenommen werden, erfahren die Schüler:innen unmittelbar, wenn sie ihre Beiträge im Netz veröffentlichen und die Rückmeldungen, die sie von Peers erhalten, mit denen der Lehrperson vergleichen können.

Eine ähnliche Anregung zum Gestalten von Blogbeiträgen als sogenannte *Booktubes* findet sich im Beitrag von Ina Brendel-Perpina und Barbara Reidelshöfer (2017).

Multimodale Interpretationen von Gedichten vergleichen und selbst entwickeln

Das Weitergeben von Geschichten verläuft meistens multimodal. Beim mündlichen Erzählen tragen Stimmführung, Mimik, Gestik und unter Umständen auch die Zuhilfenahme von Illustrationen zur sinnlichen Wahrnehmung und damit zur Steigerung der Aufmerksamkeit der Zuhörenden bei. Diese Feststellung ist keineswegs neu. So bestehen mit dem Bilderbuch, dem Theater und dem Film längst bekannte Medien, mit denen das *Erzählen zwischen Text und Bild* (Uhlig/Lieber/Pieper 2019) seinen je besonderen multimodalen Ausdruck findet.

Das Vortragen von Balladen mit vielerlei Ausdrucksformen, welche die Wahrnehmung der Zuhörenden auf verschiedenen Kanälen aktivieren, hat eine lange Tradition (Frederking 2008). Ursprünglich wurden Balladen nicht still gelesen, sondern vorgetragen oder aufgeführt, und die Zuhörenden erhielten zusammen mit dem Gedichttext auch eine darstellende Interpretation. Heute finden sich multimodale Darstellungen von Balladen mit digitalen Mitteln in zahlreichen Videos, die als YouTube-Beiträge oder auf Apps zur Verfügung stehen: Johann Wolfgang Goethes Gedichte *Der Zauberlehrling* und *Der Erlkönig* sind in mehreren multimodalen Darstellungen zu finden, teils als Rap vorgetragen, *Die Bürgschaft* von Friedrich Schiller, Heinrich Heines *Belsazar*, Theodor Fontanes *John Maynard* u. a. werden mit illustrierenden Rezitationen präsentiert. (Einige dieser Balladen wurden bereits in Kapitel 3.1 erwähnt.) Dabei handelt es sich stets um ausgestaltete Interpretationen, mit denen sich die Schüler:innen auseinandersetzen können – zum Beispiel über folgende Aufgaben:

- Ein Beispiel analysieren: Die Schüler:innen können eine Interpretation an einem Beispiel genauer beobachten, wobei sie sich den Beitrag zunächst mehrmals ansehen und den Text der Ballade erst nach der Analyse ihrer medialen Umsetzung selbst lesen. Damit lassen sie sich zunächst direkt auf die mit der Darstellung weitergegebene Interpretation ein. Ihre Beobachtungen notieren sie laufend und unterscheiden dabei die akustische und die optische Ebene: zum einen also die Art und die Variation der Stimmführung, die musikalische Untermalung, die Pausen u. a., zum anderen die Erscheinung der Vortragenden und die Umgebungen, in welchen diese gezeigt werden. Schließlich beobachten sie auch das Zusammenspiel der Elemente, die Auge und Ohr mit der jeweiligen Präsentation zu sehen bzw. hören bekommen.
- Die Darstellungsweise bewerten: Ob die Darstellung gelungen ist, ob sie einen zu faszinieren vermag, ob sie einem hilft, die Ballade zu verstehen, oder ob sie vom Text eher ablenkt, beurteilen die Schüler:innen ein erstes Mal spontan und ein weiteres Mal, nachdem sie den Text für sich oder in Gruppen gelesen haben. Ihre Einschätzungen sollen sie möglichst in Verbindung mit den eben gesammelten Beobachtungen machen. Wenn es in der Klasse (oder in den Gruppen) zu kontroversen Beurteilungen kommt, lohnt sich eine Diskussion, in der für die verschiedenen Sichtweisen argumentiert wird.
- Eine Ballade selbst multimodal ausgestalten: Dank der Funktionen neuer Mobilgeräte können sich die Schüler:innen einer Ballade auch auf medienaktivem Weg annähern. Sie arbeiten dabei in Gruppen und gehen jetzt in umgekehrter Richtung vor: Sie beginnen mit der eigenen Lektüre, lesen eine Ballade mehrmals, tauschen sich dazu aus und klären Fragen eventuell auch zusammen mit der Lehrperson. Danach probieren sie verschiedene akustische und optische Darstellungsmöglichkeiten aus, die ihnen zum Text besonders gut passend scheinen und zu denen sie sich fähig fühlen. Ihre erprobten Ideen setzen sie in einem Video um und geben dabei die Ballade vollständig wieder. Die Ergebnisse werden in der Klasse ausgetauscht, wo-

bei sie bereits zu diesem Zweck auf eine geeigneten Plattform hochgeladen und einem breiten Publikum zugänglich gemacht werden können. Dabei sollen Urheber- und Persönlichkeitsrechte selbstverständlich beachtet werden (siehe zum Beispiel die Broschüre auf der Informationsplattform *iRights*[38]).

4.5 Verschiedene Verfahren zum Textverstehen

„Jedes Verstehen eines Textes besteht aus einer Kombination von textverstehenden Operationen" (Grzesik 2005, S. 133). Was der Neurobiologe Jürgen Grzesik im Anschluss an diesen Satz differenziert beschreibt, lässt sich in Kürze so ausdrücken: Leser:innen erarbeiten sich ihr Verständnis eines Textes über Handlungen, die meisten davon vollziehen sie gleichzeitig: Sie identifizieren Buchstaben sowie Buchstabengruppen und ordnen ihnen Bedeutungen zu. Dazu aktivieren sie Vorstellungen aus ihrem eigenen Weltwissen und bilden neue Vorstellungen. Aussagen des Textes beziehen sie auf die eigene Wirklichkeit. Sie erkennen Elemente im Text, mit welchen sich Aussagen weiter aufklären lassen (vgl. dazu auch die Ausführungen zur Lesekompetenz in Kapitel 4.1).

Zum Textverstehen gehören also verschiedene geistig-abstrakte Tätigkeiten, deren sich auch die Leser:innen selbst nur zum Teil bewusst sind. So weit trifft die Beschreibung für das Verstehen im Umgang mit allen Texten zu. Beim Lesen literarischer Texte müssen noch weitere sogenannte Operationen vollzogen werden. Insbesondere müssen Beziehungen hergestellt werden zwischen dem vom Text Dargestellten und der Darstellungsform, also der Sprache, des Sprachklangs, des Sprachrhythmus u.a. Es sind Beziehungen, die im Text zwar angelegt, aber eben nicht festgelegt sind. Der literarische Text lässt den Deutungsspielraum an verschiedenen Stellen offen. Die sogenannten Leerstellen müssen die Leser:innen selbst füllen. Wenn sie also den Sinn eines literarischen Textes konstruieren, handelt es sich um weit mehr als um den Nachvollzug eines gemachten Sinns, es ist ein eigenes Sinnschaffen.

> „*Immer dort, wo Textsegmente unvermittelt aneinanderstoßen, sitzen Leerstellen, die die erwartbare Geordnetheit des Textes unterbrechen.*"
>
> Wolfgang Iser

Die Sinnbildungsprozesse, die Leser:innen durchlaufen, sind also in doppelter Weise bezogen: zum einen auf den Text bzw. auf Textelemente, die sich

38 https://irights.info/artikel/nicht-alles-was-geht-erlaubt-broschuere-irightsinfo-klicksafe/23533

für eine Deutung anbieten, und zum anderen auf die Leser:innen selbst. Sie nehmen ihre Erfahrung, ihre bereits geformten Vorstellungen und ihr Weltwissen in die jeweilige Lektüre mit und reichern diese mit neu gewonnenen Vorstellungen und Erfahrungen an. Das Verstehen von literarischen Texten ist damit subjektiv gebunden. Die Subjektivität des Lesens besteht aber nicht allein auf der Seite der Leser:innen, sie ist vielmehr auch im Text als Kunstwerk angelegt. Dieses lässt sich auf keine eindeutige Interpretation fixieren – oder mit den Worten der US-amerikanischen Schriftstellerin und Essayistin Susan Sontag (1982) formuliert: Literarische Texte lassen sich von den Leser:innen nicht zähmen. Einen literarischen Text zu lesen bedeutet also immer auch, sich die Grenzen des eigenen Interpretierens einzugestehen.

> *„Wirkliche Kunst hat die Eigenschaft, uns nervös zu machen. Indem man das Kunstwerk auf seinen Inhalt reduziert und diesen dann interpretiert, zähmt man es. Die Interpretation macht die Kunst interpretierbar, bequem."*
>
> Susan Sontag

Wie kann nun der Literaturunterricht dieses Verstehen unterstützen? Welche Handlungen im Umgang mit dem Text soll er anregen, damit den Schüler:innen ein verstehendes Lesen möglichst gelingt? In den vergangenen Jahrzehnten sind verschiedene didaktische Verfahren für die Beschäftigung mit Literatur entwickelt worden. Die Vorgehensweisen lassen sich grob unterscheiden entlang von zwei Konzepten, die nachfolgend vorgestellt werden.

Als handlungs- und produktionsorientierter Unterricht wird jener methodische Ansatz bezeichnet, bei dem sich die Schüler:innen gestaltend mit Literatur beschäftigen: Sie schreiben zum Beispiel einen Text weiter oder arbeiten ihn um, sie ergänzen oder imitieren ihn. Sie spüren dem Textsinn malend, vertonend und szenisch spielend nach. Leitend ist dabei die Vorstellung, dass die Schüler:innen mit konkreten Handlungen Zugang zu den Texten finden und sich ihnen erst einmal annähern sollen. Wenn sie die dabei entstehenden Produkte für sich selbst und für andere sichtbar machen, kommt dies dem bildhaften und analogen Denken der Heranwachsenden entgegen, und ihre Schritte des Textverstehens erhalten eine für alle greifbare Form.

Inzwischen sind zahlreiche Ideen für den handlungs- und produktionsorientierten Unterricht entwickelt worden. Als ihre Begründer zumindest im deutschsprachigen Raum gelten Günter Waldmann (1998) und Gerhard Haas (1984). In ihrer Sicht haben produktive Verfahren große Vorteile nicht nur für die Motivation der Schüler:innen, sondern auch für deren Kreativität und literaturbezogene Sensibilisierung. Ähnlich, aber mit einer internationalen

Ausrichtung bewertet der australische Literaturdidaktiker Ian Reid (1984) den gestaltenden Umgang mit Literatur. Er wählt dafür die Bezeichnung „*Workshop*" und unterstreicht damit das praktisch-gestaltende Arbeiten der Schüler:innen.

Als analytische Zugänge im Literaturunterricht können all jene Verfahren bezeichnet werden, mit denen Schüler:innen zu gezielten Beobachtungen am Text geführt werden. Im Grunde geht es dabei um das Aufnehmen des Textes sowie um das Erkennen, wie ein Text als Ganzes zusammengesetzt ist und aus welchen spezifischen Textmerkmalen er besteht. Damit Leser:innen das am Text Beobachtete benennen können, brauchen sie ein Minimum an Fachbegriffen, eine Art Handwerkszeug, das sie sich bereits angeeignet haben oder das sie im Verlauf der jeweiligen Analyse neu erwerben (Menzel 1989): Begriffe, welche zur Bestimmung der Gattungszugehörigkeit, der Epochen, des literarischen Stils u. a. gebraucht werden, Informationen zu Autor:innen und ihren Lebensverhältnissen u. a. Textanalysen gehören traditionell zum Literaturunterricht. Spätestens seit den 1960er Jahren stehen sie im Zeichen eines sachlichen, kritischen und exakten Umgangs mit Literatur (Spinner 2016).

Maßgeblich ist dabei diese Zielvorstellung: Was einzelnen Schüler:innen vor allem im Gymnasium auf Anhieb gelingt, nämlich einen beobachtenden Zugang zu Texten zu finden, sollte möglichst vielen Schüler:innen beigebracht werden. Geleitet durch textbezogene Aufgaben und durch Hinweise auf das jeweilige Werk, auf dessen Stil, auf Gattungsmerkmale, auf die Entstehungsgeschichte u. a. sollen sie zu einer textadäquaten Interpretation gelangen, zumindest zum Verständnis von einzelnen Textstellen und von deren Zusammenhang. Im Fokus stehen dabei in der Regel anerkannte Werke. Anders als beim handelnd-produktiven Zugang werden diese von den Schüler:innen nicht mit eigenen Gestaltungen verändert, sondern aufmerksam betrachtet. International wird ein entsprechender Literaturunterricht als *Literary Gallery* bezeichnet, was die Achtung vor dem Text als Kunstwerk und dessen Unantastbarkeit deutlich akzentuiert.

Produktive Verfahren

Die Möglichkeiten gestaltender Zugänge zur Literatur sind ausgesprochen vielfältig und sie lassen sich für alle Schulformen adaptieren. Kaspar Spinner hat viele davon erläutert und anhand konkreter Beispiele dargestellt, er hat damit einen Fundus für die Theorie und die Praxis des handlungs- und produktionsorientierten Literaturunterrichts geschaffen (siehe zum Beispiel Spinner 1999) – nachfolgend diese kleine Auswahl.

Produktive Verfahren zu erzählenden und dramatischen Texten. Bei epischen oder dramatischen Texten liegt es nahe, sich an Figuren und Handlungen zu orientieren. Dies kann mit verschiedenen Aufgaben angeregt werden, passend zum jeweiligen Text und möglichst abwechslungsreich:

- Figuren in Ich-Form vorstellen: Die Schüler:innen übernehmen je eine Figur aus dem Text und verfassen eine Selbstbeschreibung dieser Figur. Danach stellen sie das Figurenporträt in der Klasse vor, und diese stellt Rückfragen zur Figur selbst und zur Sympathie, welche die Verfasser:innen der Porträts für ihre Figuren aufbringen (unter Umständen wird auch die Ablehnung einer Figur spürbar).
- Textstellen aus der Perspektive einer Figur umschreiben: Auf diese Weise können sich die Schüler:innen die Wahrnehmungsweise einer Figur vergegenwärtigen. Möglicherweise lohnt sich auch ein Vergleich zwischen verschiedenen Umschreibungen, die ein Teil der Klasse zu einer der handelnden Figuren und ein anderer Teil zu deren Gegenspieler:in verfasst haben.
- Einen Text mit nur angedeuteter Handlung ausfabulieren: Dafür eignen sich unter anderem Dialoge, die im Text zwar nicht ausgeführt, aber im Rahmen der Handlung denkbar sind.
- Eine Figur verändern und eine Szene entsprechend umschreiben: Die Schüler:innen stellen sich vor, wie eine bestimmte Szene verlaufen würde, wenn eine der Figuren andere Charaktereigenschaften als die im Text beschriebenen besäße. Sie denken beispielsweise darüber nach, inwiefern Charakter und Handlung zusammenspielen und wie sich dieses Zusammenspiel im Originaltext einerseits und in ihrer eigenen Variante andererseits zeigt.
- Standbilder bauen: Die Schüler:innen stellen sich vor, eine unsichtbare Person hätte an einer bestimmten Stelle der Handlung ein Foto gemacht. Dieses sollen die Schüler:innen als lebendes, unbewegtes Bild nachstellen. Dabei sind mehrere Vorgehensweisen möglich: Die Schüler:innen überlegen in Gruppen, wie das Standbild gestaltet sein soll. Oder jemand von ihnen übernimmt die Regie und formt das Standbild nach der eigenen Vorstellung. Zudem ist auch eine spontane Komposition denkbar, wenn sich die Schüler:innen ohne vorhergehende Absprache als eine der Figuren in das Bild integrieren. Im Anschluss daran tauschen sie sich darüber aus, was sie als Figur in ihrer jeweiligen Position gedacht haben.

Produktive Verfahren zu Gedichten. Zur Verarbeitung lyrischer Texte gehört zusammen mit dem Aufnehmen der Inhalte auch die besondere Aufmerksamkeit für die Form. Dazu können Aufgaben der Textbearbeitung und der Ausgestaltung beitragen:

- Vers- oder Strophenreihenfolge herstellen: Die Schüler:innen erhalten ein in Verse oder Strophen auseinandergeschnittenes Gedicht und setzen es selbst zusammen. Sie vergleichen ihre Komposition mit dem Original und tauschen sich zu den Wirkungsweisen des Originals und der davon eventuell abweichenden Lösungen aus.

- Zeilenumbruch vornehmen: Die Schüler:innen erhalten das Gedicht wie einen Prosatext fortlaufend geschrieben und stellen dazu die Versform her. Dies ist insbesondere bei reimlosen Gedichten sinnvoll, wenn also die Zeilenenden nicht auf Anhieb an Endreimen erkennbar sind.
- Titel ausdenken: Dieses Vorgehen lohnt sich bei Gedichten, die inhaltlich stark interpretationsbedürftig sind. Der Titel, den die Schüler:innen entwerfen, ist dann Ausdruck ihres Interpretationsvorschlags. Dieser wird in Gruppen oder in der Klasse mit den Vorschlägen anderer ausgetauscht und die Schüler:innen überlegen sich, welche Hinweise aus dem Gedicht über den jeweiligen Titel aufgenommen werden.
- Analoges Schreiben: Nach dem Muster eines Gedichts verfassen die Schüler:innen selbst ein Gedicht. Bekannt ist dafür das Erarbeiten von Haikus. Geeignete Vorlagen sind aber auch andere Gedichte, in welchen ein regelmäßig eingesetztes Muster erkennbar ist (u. a. Lautgedichte, zum Beispiel *auf dem land* von Ernst Jandl, oder Konkrete Poesie, zum Beispiel *gleichmäßig* von Eugen Gomringer).
- Malen, Zeichnen oder Collagen anfertigen zu einem Gedicht: Die visuellen Gestaltungen, welche die Schüler:innen erarbeiten, sind Ausdruck ihrer Interpretation. Sie zeigen ihre Produkte in Gruppen oder in der Klasse und tauschen sich mit anderen darüber aus, was das Gedicht und die bildliche Darstellung miteinander verbindet und worin sich ihre Aussagen je nachdem auch unterscheiden.

Zu weiteren, ausgearbeiteten Beispielen zum handelnden Umgang mit Gedichten und mit Klassenlektüren siehe Kapitel 5.2.

„Denn daß wir alle längst zu schreiben oder zu dichten, zu musizieren oder zu rezitieren begonnen hatten, war selbstverständlich: jede passiv-passionierte Einstellung ist ja an sich schon unnatürlich für eine Jugend, denn es liegt in ihrem Wesen, Eindrücke nicht nur aufzunehmen, sondern sie produktiv zu erwidern."

Stefan Zweig

Verfahren der Texterschließung und Textanalyse

Texterschließung und Textanalyse – die beiden Begriffe werden in der Literaturdidaktik nicht deutlich voneinander getrennt, in der Regel aber mit Nuancen verwendet (Abraham/Kepser 2016, S. 240). Zur Erschließung dienen

Aufgaben, mit denen sich die Schüler:innen ein erstes Verständnis des Textganzen erarbeiten können. Analytische Schritte zielen eher auf die Wahrnehmung von einzelnen Merkmalen und Aspekten, die in eine umfassende Textinterpretation aufgenommen werden können. Nachfolgend einige Vorschläge zur praktischen Arbeit in der Klasse.

Den Inhalt sichern. Insbesondere bei längeren Texten müssen sich die Schüler:innen den Überblick erst einmal erarbeiten. Textzusammenfassungen, Inhaltsangaben oder Nacherzählungen sind die dafür traditionell eingesetzten Aufgaben (Abraham/Kepser 2016, S. 240 ff.). Dabei besteht allerdings die Gefahr, dass die Schüler:innen das Interesse am Text verlieren und das Verlangte als reine Fleißarbeit empfinden. Die Inhaltssicherung kann aber mit stärker anregenden Aufgaben gefördert werden: Zum Beispiel erhalten die Schüler:innen den Auftrag, einen Text in mehrere Sinnabschnitte aufzuteilen (dies kann auch die Lehrperson übernehmen) und danach für jeden Teil eine Kürzestzusammenfassung so zu formulieren, dass der Kerninhalt aufgenommen ist. Dabei können sie einen in ihrer Sicht besonders wichtigen Satz aus dem Text integrieren, auch in einer gekürzten Form. Die stärkeren Leser:innen sollen ihre zusammenfassenden Teile anschließend so redigieren, dass sich diese in der Aneinanderreihung gut lesen lassen und eine Art Kürzestgeschichte entsteht.

Solche Aufgaben verlangen also schriftliche Beiträge der Schüler:innen. Anders als bei handlungs- und produktionsorientierten Verfahren besteht für diese aber ein nur sehr beschränkter kreativer Spielraum. Die Schüler:innen sollen sich weniger stark von eigenen Ideen als von einer möglichst genauen Aufnahme des Textes leiten lassen.

Fragend-entwickelnd interpretieren. Dieses ebenfalls seit Langem praktizierte Verfahren zielt auf einen kognitiv anregenden Umgang mit dem literarischen Text. Ähnlich wie bei der sokratischen Lehrmethode sollen die Schüler:innen durch Fragen zum eigenen Nachdenken angehalten werden. Dabei bringen sie eigene Beobachtungen ein. Sie ziehen Schlüsse, die sie untereinander vergleichen und schließlich als Teil ihrer Textinterpretation verwenden. Es geht dabei nicht in erster Linie darum, dass sich die Schüler:innen ein Wissen *über* Literatur aneignen. Sie sollen sich vielmehr beobachtend und überlegend *im* Text zurechtfinden, indem sie Sinnzusammenhänge herstellen. Sie setzen Elemente im Text in Beziehung zueinander, berücksichtigen inhaltliche und formale Aspekte und verwenden fachliches Wissen (über die Autor:innen, über das jeweilige Genre u. a.), das ihnen hilft, das am Text Beobachtete einzuordnen (Spinner 2010).

Die Gesprächsleitung übernimmt in der Regel die Lehrperson. Ihr stellen sich dabei mehrere didaktisch Herausforderungen: Die Fragen sollten nicht mit einer bestimmten Antworterwartung gestellt werden, sondern möglichst so, dass sie als Impulse für das Nachdenken der Schüler:innen dienen und als Hilfe, ihre eigenen Vermutungen zum Text in Bezug zu solchen von anderen zu setzen. Am Gespräch sollten sich denn auch möglichst viele Schüler:innen beteiligen und kritisch-fragend aufeinander zugehen. Dies gelingt in der Regel eher, wenn sie Beobachtungen am Text erst einmal zu zweit austauschen und die Ergebnisse dann ins Klassengespräch einbringen. Handelt es sich um einen erzählenden Text, beziehen sich die vorbereitenden Beobachtungen zum Beispiel auf einzelne Figuren: Wo tauchen diese im Text zum ersten Mal auf? Aus welchen Stellen im Text kann man auf ihren Charakter schließen? Oder sie beziehen sich auf den Handlungsverlauf: Was geschieht der Reihe nach? An welchen Stellen passiert Überraschendes und wie wird dieses eingeführt? An welchen Stellen ist der weitere Verlauf je nachdem auch vorhersehbar?

Leitmotive und Symbole erkennen. Symbole spielen in vielen literarischen Texten eine große Rolle. Es sind bildhafte, wirkungsvolle Zeichen, die für ein Ding, einen Sachverhalt oder ein Empfinden stehen. Der Zusammenhang zwischen Symbol und Gemeintem ist dabei meist nicht offensichtlich und lässt sich auch nicht eindeutig aufschlüsseln. Beim Symbolverstehen handelt es sich deshalb meist um Annäherungen an mögliche Interpretationen. Diese gelingen den Schüler:innen am ehesten, wenn sie

- diejenigen sprachlichen Elemente im Text aufspüren, die möglicherweise bildlich verstanden werden können,
- ihre (vorläufige) Deutung zu anderen Stellen im Text in Beziehung setzen,
- ihre Deutung zudem in Verbindung mit der Wirklichkeit außerhalb des Textes bringen und
- literarische Fachbegriffe beiziehen, wenn sie zum Beispiel darüber nachdenken, ob es sich beim betreffenden Ausdruck um ein Symbol handelt (ein gegenständliches Zeichen, das für einen bestimmten Zusammenhang gebraucht wird) oder um eine Metapher (ein Ausdruck, der als Bild verwendet und in einen anderen Bedeutungszusammenhang übertragen werden kann).

Nähere Erläuterungen zum Symbolverstehen finden sich unter anderem bei Kammler und Noack 2011.

„Wir haben darüber diskutiert, und das habe ich eigentlich witzig gefunden, halt auch so zu schauen, wie das jetzt jemand interpretiert und ob ich dem zustimmen kann oder eher nicht."

5 Modelle und Materialien für den Unterricht

Schüler:innen in literarische Lektüren einzuführen, ihnen einen der Literatur angemessenen und für sie selbst passenden Zugang zu verschaffen, dieses Ziel verfolgt der Literaturunterricht mit verschiedenen Methoden. Einordnungen und praktische Vorschläge finden sich dazu in den vorangegangenen Kapiteln. Die nachfolgenden Unterrichtsbeispiele schließen daran an. Sie zeigen Handlungsmöglichkeiten im Umgang mit literarischen Texten mit Unterrichtsmodellen und den zugehörigen Download-Materialien. Es sind Unterrichtsplanungen, die direkt in die Praxis übernommen, aber auch entsprechend den eigenen Vorhaben angepasst, erweitert und abgeändert werden können. Sie sollen die Vorbereitung des Literaturunterrichts erleichtern.

Es gibt mehr als einen „richtigen" Modus literarischer Lektüren. Unter den vielen Lesepraktiken finden sich solche, die viele Schüler:innen eigenständig bewältigen und die sie direkt in ihren Lesealltag übernehmen können oder mit denen sie bereits vertraut sind. Im Zentrum steht hier die individuelle Leseerfahrung (siehe dazu die nachfolgenden Beispiele in Kapitel 5.1). In andere Verfahren müssen die Schüler:innen erst einmal eingeführt werden – mit Anleitungen, welche die Vorstellungsbildung und das Verstehen literarischer Texte fördern sollen, und damit die Aufmerksamkeit für die besonderen Merkmale des Literarischen und für die Wirkung, die von diesen Merkmalen auf die Leser:innen ausgeht.

Die Unterrichtsvorschläge dieses Kapitels sollen zur Herausbildung einer solchen Aufmerksamkeit beitragen, sie integrieren dazu entweder produktive Verfahren (Beispiele in Kapitel 5.1 und 5.2) oder ein interpretierend-analytisches Vorgehen (Beispiele in Kapitel 5.3).

5.1 Lesen und Schreiben im Offenen Unterricht

Das Lesen zur Gewohnheit machen, zu einer Tätigkeit, die sich die Schüler:innen selbstverständlich zutrauen – diese Aufgabe betrifft die Schule insgesamt. Der offene Literaturunterricht ist längst nicht der einzige Ort für die Habitualisierung des Lesens, er bietet aber einen besonders günstigen Rahmen, in dem Heranwachsende Lesen als lohnende Tätigkeit erfahren, um anregende, den eigenen Interessen entsprechende Texte entdecken und so die Motivationen aufbauen zu können, die sie für eine stabile Lesetätigkeit benötigen (Bertschi-Kaufmann 2016b). Die Bezeichnung „offen" steht dabei für solche Unterrichtsanlagen, welche den Heranwachsenden die Wahl der Lektüre, ihr Tempo und ein Stück weit auch die Art ihrer Bearbeitung überlassen. Die Schüler:innen sollen eigenständig, das heißt auch von ihren eigenen Interessen geleitet, und selbstbewusst an Texte und andere Medien herangehen können. Sie sollen anhand der Texte nicht nur lernen, sondern vor allem auch mit ihnen leben. Über dieses Ziel hinaus ist man sich in der lesedidaktischen Diskussion zudem auch weitgehend einig, dass Beobachtungen, welche die Lehrpersonen zur Ermittlung von Lernständen machen, möglichst mit der kognitiven Aktivierung und der Selbstbeobachtung der Schüler:innen einhergehen sollen (siehe u. a. Trautwein/Sliwka/Dehmel 2018). Dies zumindest sind die Idealvorstellungen, die sich in verschiedenen Modellen während der vergangenen Jahrzehnte bereits bewährt haben und die mit einem laufend erneuerten Leseangebot sowie mit aktuellen medialen Ergänzungen aktualisiert werden können. Es sind unter anderem die „freie Lesestunde", das Lesetagebuch sowie die Buchrezensionen, welche die jungen Leser:innen für andere schreiben.

Die freie Lesestunde im Schulzimmer oder in der Bibliothek

Neben der gemeinsamen Textarbeit in der Klasse (siehe dazu die Unterrichtsvorschläge in den Kapiteln 5.2 und 5.3 in diesem Teil sowie die Beschreibung der Lehrerinnen Lehmann/Wenzinger im Download-Material) brauchen die Schüler:innen Zeiten, in denen sie im eigenen Tempo, nach ihren persönlichen Vorlieben und den eigenen Möglichkeiten lesen können. Viele Lehrpersonen stellen deshalb ein unterschiedlich anspruchsvolles Text- und Medienangebot zusammen, aus dem ausgewählt werden kann. Zudem legen sie im Stundenplan eine Wochenstunde fest, in der sich die Schüler:innen vorwiegend mit ihren individuellen Lektüren beschäftigen. Damit ziehen sich diese allein, seltener auch zu zweit, lesend zurück und berichten regelmäßig von ihren Leseerfahrungen. Es ist durchaus erlaubt, eine Lektüre abzubrechen und durch einen anderen Titel zu ersetzen, der interessanter oder passender scheint.

Für die Gestaltung der freien Lesestunde hat sich die folgende minimale Struktur bewährt (beschrieben auch in Bertschi-Kaufmann 2016b).

1. Vorlesen: Zuerst stellt die Lehrperson – und mit der Zeit auch ein:e Schüler:in aus der Klasse – ein Buch vor, liest einen besonders schönen Ausschnitt oder den Anfang bis zu der Stelle, an der die Geschichte spannend zu werden verspricht. Das Buch liegt nun zusammen mit vielen anderen zum Ausleihen bereit. Häufig weist die Lehrperson auch auf weitere Titel hin – auf Bücher, die neu für die Bibliothek angeschafft wurden, auf Bücher zu Themen, die sich einzelne Schüler:innen gewünscht haben, auf Lese- und Schreibangebote im Netz. Weitere Lektüretipps kommen von den Schüler:innen.
2. Wer schon mit einer Lektüre versorgt ist, kann jetzt mit dem Lesen beginnen. Die anderen suchen sich aus den Regalen oder aus der Linksammlung etwas aus. Einzelne Schüler:innen in der Klasse sind vielleicht von der großen Auswahl überfordert, hier ist Hilfestellung notwendig: von den Lehrer:innen, die mit den Betroffenen zusammen in einzelne Bücher hineinsehen, oder von anderen Schüler:innen, die häufig sehr gut beraten und dabei die Lesefähigkeiten ihrer Mitschüler:innen genau richtig einschätzen.
3. Dann folgt die ruhige Phase, während der alle Schüler:innen lesen oder in ihr Lesetagebuch schreiben (siehe weiter unten). Die Lehrperson ist für diejenigen da, die Unterstützung brauchen – jemanden, mit dem sie den Buchanfang oder den Klappentext gemeinsam lesen und verstehen lernen oder jemanden, dem sie vom Gelesenen gleich berichten können. Wenn die Lehrperson von den Schüler:innen nicht beansprucht wird, erleben diese sie in den freien Lesestunden ebenfalls als Leser:in – mit einem Buch oder am Bildschirm.

Wichtig ist also zum einen die Zeit, die in solchen Stunden „einfach nur" zum Lesen gebraucht werden kann. Entscheidend für die Intensität der individuellen Lese- und Schreibprozesse sind aber auch die Qualität und die Vielfalt des Buch- und Medienangebots, welches den Schüler:innen zur Verfügung steht: einfache Texte als attraktive Hinführungen zur Literatur wie auch literarisch dichtere. Viele Lehrer:innen haben bereits gute Erfahrungen mit einer Einrichtung gemacht, die für die jungen Leser:innen jederzeit erreichbar und nutzbar ist: einem Bücherregal, dessen Bestand laufend erneuert und angereichert wird und in dem die stöbernden Schüler:innen immer wieder Neues entdecken und Vertrautes wiederfinden können.

Download-Material **M 1:** Empfehlungen zur Erweiterung der Klassenzimmerbibliothek
Download-Material **M 2:** Beschreibung eines Unterrichtsverlaufs

Beobachtungsraster und Lesetagebuch

Im offenen, stark individualisierten Unterricht stehen Lehrer:innen unter anderem vor der Aufgabe, die verschiedenen Tätigkeiten der Schüler:innen bei aller Vielfalt zu überblicken und dabei zu beurteilen, ob und wie sie das Lernangebot nutzen und welche Fortschritte sie dabei machen. Für die kontinuierliche Beobachtung der Leseentwicklungen und des Leseverhaltens haben sich insbesondere zwei Instrumente bewährt:

- der *Beobachtungsraster,* mit dessen Hilfe Teilfähigkeiten des Lesens unterschieden und in den Blick genommen werden können: Bei seiner Anwendung werden die Schüler:innen laufend darauf aufmerksam, worauf es beim Lesen unter anderem ankommt. Je nachdem, wie der Raster ausgerichtet ist, können neben allgemeinen Lesefähigkeiten insbesondere auch die Art des Umgangs mit literarischen Texten, die diesbezüglichen Lesemotivationen und die Leseaktivitäten periodisch betrachtet werden.
- das *Lesetagebuch,* welches die Schüler:innen begleitend zu den freien Lektüren führen und persönlich gestalten.

Die nachfolgende Kurzbeschreibung der beiden Instrumente orientiert sich an Bertschi-Kaufmann (2016c).

Der Beobachtungsraster. Beobachtungen zum Lernstand und zum Lernerfolg von Schüler:innen sind oft schwer fassbar, wenn man Fähigkeiten als Ganzes einschätzen und sich nicht auf ausgewählte Einzelheiten konzentrieren will. Aus diesem Grund werden gerade für den Bereich Lesen Raster vorgeschlagen, die helfen sollen, sowohl den Lernstand der Schüler:innen zu einem bestimmten Zeitpunkt als auch ihre Lernfortschritte zum Beispiel im Verlauf einer im Unterricht eingeplanten längeren Lesephase sowie ihre literaturbezogenen Lesemotivationen festzustellen. Raster können also mit folgenden zwei Zielen verwendet werden:

- abklären, was Einzelne schon können und zu welcher Art von Leseerfahrung sie bereit sind;
- feststellen, was sie laufend dazulernen.

Sie eignen sich insbesondere zur Einschätzung

- der Lesemenge und Lesehäufigkeit,
- der Leseverstehensleistungen auf den Ebenen Wort, Satz und Text,
- der Zielgerichtetheit des Lesens,
- der Eigenständigkeit bei der Auswahl und im Umgang mit gedruckten Texten sowie beim Lesen am Bildschirm,
- der Fähigkeit, Textaussagen miteinander zu verbinden, darüber nachzudenken und sie kritisch zu bewerten,

- der Fähigkeit, Gelesenes im Gedächtnis zu behalten und es eventuell auch zu dokumentieren,
- der Ausbildung von Lesevorlieben,
- und im Zusammenhang mit alledem auch der Einschätzung des Selbstbilds als heranwachsende Leser:innen (Leseselbstkonzept).

Raster sollen übersichtlich und einfach aufgebaut sein, damit sie von den Lehrpersonen, aber auch von den Schüler:innen selbst mit wenig Aufwand, dafür aber wiederholt verwendet werden können. Sie helfen, Beobachtungen zu einzelnen Lesefähigkeiten festzuhalten, ohne dafür allzu viel Aufmerksamkeit abzuziehen; diese gehört vielmehr der Lesetätigkeit selbst (und nicht der Buchführung mittels des Rasters). Die Beobachtungen, welche die Lehrpersonen einerseits und die Schüler:innen anderseits entlang desselben Rasters vornehmen, haben den großen Vorteil, dass die jeweiligen Einschätzungen von Entwicklungen oder Stagnationen miteinander verglichen werden können. Die Schüler:innen erfahren, ob ihre eigenen Feststellungen von der:dem Lehrer:in geteilt werden. Und umgekehrt erfährt die Lehrperson viel über die Wahrnehmung der Lernentwicklung der jungen Leser:innen. Wichtig ist anschließend auch, sich Zeit für einen gegenseitigen Austausch zu nehmen und gemeinsam weiterführende Lektüren oder Übungen zu besprechen.

Verschiedene Formate haben sich in der Schulpraxis bereits bewährt: sowohl ein verhältnismäßig grober Raster, mit welchem das Leseverhalten und einzelne Lesefähigkeiten neben Fähigkeiten in weiteren Sprachdomänen eher pauschal eingeschätzt, zusätzlich aber auch laufend kommentiert werden können, als auch stärker detaillierte Einschätzungsbögen, die passend zu jeweiligen Trainingsprogrammen entwickelt wurden (z. B. Kruse/Riss/Sommer 2018, darin: „Kommentar für Lehrerinnen und Lehrer“, S. 46 ff.; Gravert-Götter/Müller 2008).

Download-Material **M 3:** Grober Raster zur Einschätzung des Leseverhaltens und der Leseinteressen
Download-Material **M 4:** Detaillierter Einschätzbogen zu Lesefähigkeiten

Das Lesetagebuch. Das Lesetagebuch versammelt die persönlichen, freien Texte, die Schüler:innen im unmittelbaren Anschluss an ihre jeweiligen Lektüren verfassen und in denen sie sich die noch gegenwärtigen Leseerfahrungen zunächst einmal selbst präsent halten und gleichzeitig bewerten. Lesetagebuchtexte sind somit auch häufig narrative Rekapitulationen des eben Gelesenen, dazwischen finden sich positive oder kritisch distanzierende Kommentare und je nachdem Skizzen, welche die Lektüreinhalte illustrieren. In der Praxis haben sich sowohl die Papierform als auch das digitale Tagebuch bewährt (zu Letzterem siehe die Angabe auf S. 129). Dabei ist wichtig, dass den Schüler:innen Freiraum für die Gestaltung sowohl ihrer Lesewege als auch ihrer Eintragungen ins Lesetagebuch gelassen wird und damit die Möglichkeit, sukzessive einen Ausdruck für die eigenen Leseerfahrungen zu finden.

Für die lesenden und schreibenden Jugendlichen ist das Lesetagebuch der Ort, wo sie ihre Lektüren und Leseeindrücke aufbewahren, wo sie Erzählformen und -muster aus ihren Büchern und Medien gleich selbst schreibend ausprobieren und damit ihre eigenen Sprachmöglichkeiten erweitern können. Beim Rückwärtsblättern nehmen sie jeweils wahr, welche Lesewege sie zurückgelegt haben, was ihnen „damals" vor wenigen Monaten noch gefallen hat und was sie zu ihren bevorzugten Büchern gezeichnet und gemalt haben.

> *„Wenn ich so zurück auf die zwei Jahre Lesetagebuch schaue, hat sich bis jetzt viel verändert. Wenn ich mein erstes Tagebuch anschaue, dann haben sich zum Beispiel die Schrift, die Zeichnungen und meine Ideen sehr verändert. Damals haben mir Krimis gefallen und ich fand sie spannend, obwohl man eigentlich hat wissen können, wie die Geschichten ausgehen. Mein Bruder liest jetzt solche Dinge, ich finde sie langweilig. Das zweite Lesetagebuch, das war schon ganz anders: Die Schrift, die Zeichnungen und Ideen passen besser zu mir. Ich denke jetzt viel mehr nach und lese lieber die Bücher, über die man überhaupt nachdenken kann."*
>
> Julie, 8. Schuljahr

Lesetagebuchtexte, die über Wochen, Monate und womöglich über Jahre hinweg entstehen und als Ganzes überblickt werden, eignen sich zur Einschätzung

- der Lesemotivationen,
- der Leseinteressen (auf Themen, Medien, Textarten oder Genres bezogen),
- der Lesemengen und Lesehäufigkeit,
- der Ausdauer beim Lesen,
- des Leseverstehens,
- der Mitteilungsbereitschaft,
- der Fähigkeit, Texte zu beurteilen und zu reflektieren,
- der Fähigkeit, die einzelnen Lektüren in das bisher angesammelte Leserepertoire einzuordnen,
- der Schreibfreudigkeit im Kontext der Lektüren,
- der Schreibaktivität,
- der Erzählfähigkeit und der verschiedenen bereits entwickelten Schreibfähigkeiten (falls die Tagebucheintragungen genauer analysiert werden).

Für die Schüler:innen und die Lehrer:innen erhält das Lesetagebuch damit eine mehrfache Bedeutung. Für die Schüler:innen ist es ein Lektürebegleiter. Es bietet die Möglichkeit, Leseerfahrungen in einer selbst gewählten Weise zur Sprache zu bringen und sich eigene Lesewege bewusst zu machen. Ihrem Lesetagebuch teilen sie mit, was sie beeindruckt oder ärgert, vielleicht auch ratlos lässt. Sie halten für sich fest, womit sie sich lesend gerade beschäftigen, und schaffen gestaltete Dokumente, in welchen sie rückblickend immer wieder lesen und die eigenen Lernschritte beobachten können. Vor allem teilen die Schüler:innen mit ihren Eintragungen auch ihren Lehrer:innen mit, was sie ausgewählt, wie sie gelesen haben und welche Hilfen sie brauchen.

Für die Lehrer:innen sind die Tagebücher Chancen zum Einblick und zum Überblick darüber, wie die Schüler:innen die Angebote im Klassenzimmer oder in der Bibliothek nutzen, zu welchen fiktionalen und zu welchen literarästhetischen Erfahrungen sie bereit waren. Sichtbar werden zum einen Lesevorlieben, zum anderen lässt sich erkennen, welche Art von Texten die Schüler:innen erst einmal meiden, weil sie dazu möglicherweise besondere Hinführungen brauchen. Die Lesetagebücher sind Grundlage für Unterstützung, Beratung und Austausch. Mit kurzen Kommentaren geben die Lehrer:innen ihren Schüler:innen zu verstehen, dass sie an ihren Leseerfahrungen teilnehmen, dass sie sich an sorgfältigen und einfallsreichen Darstellungen freuen, und sie ermuntern Einzelne, genauer oder einfach auch mehr zu schreiben: „Du hast in mehreren Eintragungen zu Gregs Tagebüchern geschrieben, dass diese lustig sind. Kannst du bei einer nächsten humorvollen Stelle erklären, was genau die lustige Wirkung ausmacht? Ist es die Situation, in die Greg gerät? Ist es die Sprache, in der er die Situation beschreibt? Ist es die Kombination von Text und Zeichnung, mit denen er Geschehnisse festhält? Gibt es Muster in Gregs Erzählung, die du beschreiben und die du nachahmen könntest – zum Beispiel, indem du selbst eine Greg-Episode erfindest und aufschreibst?“

> „Ein mittelmäßiger Lehrer erzählt. Ein guter Lehrer erklärt. Ein besserer Lehrer zeigt. Der beste Lehrer inspiriert.“
>
> William Arthur Ward

Traditionell wird das Lesetagebuch auf Papier geführt: als Buch oder Heft. Zu seiner Grundidee gehört, dass den Schüler:innen viel Freiheit zur Gestaltung gewährt wird. Die Lehrer:innen können reflektierende oder präzisierende Beiträge anregen, sie stellen dabei Aufgaben, die mehrere Lösungsmöglichkeiten offenlassen. Aufgabenblätter mit Fragen, die für jeden gelesenen

Text bearbeitet werden sollen, werden in der Schulpraxis ebenfalls verwendet, ihre Anlage widerspricht allerdings dem offenen Charakter eines Tagebuchs.

Mittlerweile werden im Internet auch verschiedene Vorlagen für Online-Lesetagebücher angeboten. Dabei handelt es sich zum Teil um digitale Tools, die individuell genutzt werden können und mit denen ein Austausch zwischen Schüler:innen und Lehrperson ebenso leicht möglich ist wie unter den Schüler:innen, die einander Einblick in ihr Lesetagebuch geben möchten (siehe zum Beispiel den Landesbildungsserver Baden-Württemberg[39] und IQES-online[40]).

Download-Material **M 5:** Einlegeblatt für Lesetagebuch

Literaturkritik: Schüler:innen rezensieren für Schüler:innen

Heranwachsende Leser:innen sind – ebenso wie die Erwachsenen – auf Empfehlungen interessanter Lektüren angewiesen. Dabei lassen sich Jugendliche insbesondere von Gleichaltrigen überzeugen, wenn es darum geht, sich für ein Buch, einen Film oder für eine Teilnahme an einem Literaturchat zu entscheiden. Peers sind aus mehreren Gründen glaubwürdige Referenzen: Sie kennen die jugendlichen Leseinteressen, sie wissen also, für welche Themen, Texte und Medien sich das Lesen lohnt, und sie prägen damit die kulturellen Praktiken von Gruppen, zu denen sie sich zugehörig fühlen oder deren Nähe sie suchen (aufgezeigt u. a. von Philipp 2008). Rezensionen von anderen Jugendlichen regen deshalb zum Lesen an, und dies insbesondere dann, wenn sie inhaltlich aufschlussreich und animierend verfasst sind. Negative Beurteilungen gehören selbstverständlich ebenfalls zu einer glaubwürdigen Buch- und Medienkritik: mit einer kritischen Distanznahme halten sie auch von Lektüren ab.

In der Regel wird Kinder- und Jugendliteraturkritik von Erwachsenen für Erwachsene verfasst. Eingang in die Feuilletons finden dabei Bücher und Medien, welche die Kritiker:innen aus ihren jeweiligen Perspektiven empfehlen, orientiert an literarischen oder lesepädagogischen Kriterien sowie an einem beim jungen Lesepublikum vermuteten (und nur selten genauer festgestellten) Leseinteresse. Demgegenüber steht der *peer-to-peer*-Ansatz, mit dem die jungen Kritikerstimmen einbezogen und ernst genommen werden – etwa mit der Einrichtung diverser Blogs sowie mit sporadisch eingerichteten Rubri-

39 https://www.schule-bw.de/themen-und-impulse/ideenpool-lesen/sekundarstufe/sekundarstufe1/methoden_konzepte_projekte/lesen-im-unterricht/lesetagebuch

40 https://www.iqesonline.net

ken in einzelnen Tages- oder Wochenzeitungen: Der österreichische Buchblog *ForKids;*[41] das Projekt *Literanauten*[42] des deutschen Arbeitskreises für Jugendliteratur, bei dem Jugendliche als Mitglied von Literaturjurys unterstützt werden; das Angebot *Lesepunkte*[43] des Zentrums für LehrerInnenbildung an der Universität zu Köln, das Rezensionen von Schüler:innen für Schüler:innen laufend aufschaltet, wobei Schulklassen zum Mitmachen eingeladen sind und auf einfachem Weg angemeldet werden können; die Jugendjury des deutschen Arbeitskreises für Jugendliteratur[44], die verschiedene Lesegruppen (in Kooperation mit Schulen oder Buchhandlungen) für die Dauer von zwei Jahren einbezieht, und etliche weitere. Viele Jugendliche präsentieren Bücher auch auf Instagram[45], in Beiträgen für Blogs oder als gestaltete *Booktubes*[46], die teils gebündelt, teils einzeln auf der Plattform YouTube erscheinen oder die in Webauftritte von Leseförderprojekten integriert werden wie zum Beispiel von der jährlich stattfindenden Oldenburger Kinder- und Jugendbuchmesse.

Die Schüler:innen können im Literaturunterricht nicht nur zum Verfassen und Gestalten von Buch- oder Filmrezensionen angeregt werden, sondern auch zu deren Austausch in der Klasse, zu einer Veröffentlichung in Printmedien oder an geeigneten Orten im Netz (wie die oben genannten). Die Beiträge werden vor allem dann überzeugen, wenn sie wichtige Informationen über das Buch oder den Film enthalten, wenn sich deren Bewertung auf nachvollziehbare Argumente sowie auf persönliche Leseeindrücke abstützt und sie so gestaltet sind, dass die Aufmerksamkeit der Leser:innen möglichst geweckt wird. Dabei helfen einfache Vorgaben, welche die Schüler:innen beim Verfassen und Gestalten der Buch- oder Filmempfehlungen anleiten, aber auch Spielraum für eigene Gestaltungen lassen.

Buch- oder Filmzettel für die Lesewand im Schulzimmer zusammenstellen. Die Lesewand ist der Ort, wo Lese- oder Seheindrücke erst einmal in der Klasse auf wenig aufwendige Weise ausgetauscht werden. Sporadisch oder in regelmäßigen Abständen verfassen die Schüler:innen Notizen zu Lektüren oder Filmen, die sie anderen empfehlen oder von denen sie abraten möchten. Sie gestalten einen Zettel mit den Angaben von Autor:in, Buchtitel und Verlag bzw. von Filmtitel, eventuell der Buchvorlage, dem:der Regisseur:in und dem Ort, wo dieser gezeigt wird, sie nennen die zentralen Themen, machen Angaben zum Inhalt und den wichtigsten Figuren, geben eine kleine Textprobe oder

41 https://www.tyrolia.at/for-kids
42 https://www.jugendliteratur.org/literanauten/c-164
43 https://www.lesepunkte.de/rezension/alle-rezensionen
44 https://www.jugendliteratur.org/jugendjury/c-118
45 https://lass-mal-lesen.blog/jugendbuecher
46 https://www.kibum.de/booktubes

ein Bild dazu und sie nennen einen oder zwei wichtige Gründe, weshalb das Buch oder der Film gewählt oder aber gemieden werden sollte. In der unteren Hälfte des Zettels wird Platz gelassen für Reaktionen anderer Schüler:innen, welche das Buch inzwischen ihrerseits gelesen oder den Film gesehen haben und die Leseeindrücke bestätigend teilen oder der Beurteilung widersprechen möchten.

Buch- oder Filmkritiken schreiben. Vorgängig zum eigenen Verfassen einer Kritik erhalten die Schüler:innen wenige, interessante Beispiele, die sie nach mehreren Gesichtspunkten (Angabe wichtiger Daten und der Zielgruppe, Wiedergabe des Inhalts, Bewertung und deren Begründung, Gestaltung) beurteilen. Fassbar werden die Gesichtspunkte zum Beispiel mit den folgenden Fragen: Spricht mich diese Kritik an, nicht an? Und kann ich mir erklären, woran das liegt: am besprochenen Buch oder am Film? An der Art, wie vom Inhalt berichtet wird? Wegen der verschiedenen Angaben, die zum Buch oder zum Film gemacht werden oder die leider fehlen? Wegen der Bewertung und der Art, wie diese begründet werden? Wegen persönlichen Bemerkungen des:der Verfasser:in? Wegen der gesamten Gestaltung der Kritik? Oder wegen besonderer Einzelheiten?

Anhand der Beispiele und ihrer Beurteilung durch die Schüler:innen können in der Klasse die wichtigsten Inhalte zusammengestellt werden, die in einer Kritik enthalten sein müssen, und es können Merkmale benannt werden, die eine Kritik besonders lesenswert machen:

- Daten und Fakten zu einem Buch oder einem Film: Autor:in, Titel, Erscheinungsjahr, Verlag, Zielgruppe;
- Informationen zu Inhalt und Form: Angaben oder kurze anschauliche Erzählungen zur Handlung, zu zentralen Figuren, Aufbau und Erzählweise;
- Kritik: gestützt auf persönliche Eindrücke und auf Argumente;
- Empfehlung: eine Schlussfolgerung, mit welcher das Buch oder der Film empfohlen oder von diesem abgeraten wird.

Für wenig geübte Schreiber:innen kann es hilfreich sein, wenn sie ihre Kritik nach diesen vier Punkten verfassen und sie als eine Art Anleitung gebrauchen. Wer sich beim Schreiben bereits freier bewegen kann, wählt hingegen eine eigene und vielleicht eigenwillige Reihenfolge. Eine Kritik kann lebendig und originell wirken, wenn der Einstieg zum Beispiel mit einer Empfehlung oder einer Warnung gemacht wird und danach erst die Angaben zum Inhalt sowie Argumente für die Bewertung folgen.

Download-Material **M 6**: Anleitung zum Verfassen einer Buchkritik

Booktubes: Webvideos über Bücher herstellen. Im Zentrum der Videorezensionen stehen in der Regel sowohl das präsentierte Buch als auch die Booktuber:innen, welche ihre Begeisterung für die jeweilige Lektüre vermitteln. Im Vordergrund sind das persönliche Leseerlebnis und die eigene Sicht auf das jeweilige Werk. Die Präsentationen halten sich damit weniger stark an Kriterien, die für geschriebene Buchkritiken gelten (s. o.). Ihr Ziel scheint es eher zu sein, Lesefreude zu vermitteln, und dies mit Titeln, die für die jeweils angesprochenen Altersgruppen als besonders attraktiv gelten. Der Unterhaltungswert von Büchern und ihre thematische und erzählerische Attraktivität stehen meist im Vordergrund, und die Booktuber:innen bürgen mit ihrem Lesegeschmack und der von ihnen getroffenen Auswahl für lohnende Lektüren. Wie es für YouTube-Beiträge typisch ist, inszenieren sich die meist jungen Referent:innen als nahbare, kommunikative Personen, die ihr Publikum scheinbar kennen und direkt ansprechen (siehe dazu u. a. den Kommentar von Mathias Zehnder[47]).

> „*Unser Wissen, unsere Schulbildung, unsere berufliche Laufbahn, unser soziales Leben sind das eine. Unser intimes Verhältnis zum Lesen, unsere Bildung das andere. Es ist schön und gut, Abiturienten, Diplomierte, Examinierte und Promovierte zu produzieren, die Gesellschaft hat ständig Bedarf danach, keine Frage. Aber wieviel wesentlicher ist es, allen den Zugang zu den Seiten aller Bücher zu eröffnen.*“
>
> Daniel Pennac

Eingeleitet werden die Präsentationen meist mit einem Intro, welches der Wiedererkennbarkeit und der Publikumsbindung dienen soll. Anschließend folgt die Buchpräsentation, wobei zumindest das Cover, möglicherweise aber auch aufgeschlagene Seiten und weitere passende Illustrationen gefilmt werden. Im Bild sind beinahe durchweg auch die YouTuber:innen selbst, während sie in lockerem, improviserendem Stil das jeweilige Buch empfehlen. Wichtig scheint dabei die authentische Wirkung.

Zur technischen Herstellung von Booktubes reichen die mit verschiedenen Funktionen ausgestatteten Smartphones oder Tablets vollkommen aus. Anleitungen zur Herstellung finden sich in verschiedenen Booktube-Tutorials, die im Netz sporadisch auftauchen und zum Teil nicht dauerhaft aufgeschaltet sind. Darüber hinaus sind verschiedene didaktisch ausgerichtete Websei-

47 https://www.matthiaszehnder.ch/medientipp/booktuber

ten aufschlussreich: die Seite *digitallearninglab*[48], welche unter anderem von der Technischen Universität Hamburg getragen wird; die vom Johann-Schöner-Gymnasium Karlstadt betriebene Plattform *lernatelier2punkt0*[49], die Ideensammlung auf der von der Schweizer Gymnasiallehrerin Monika Stiller betriebenen Seite *Digitale Chancen*[50] und viele weitere.

Die Erarbeitung erfolgt sinnvollerweise in drei Schritten:

1. Sichtung von gelungen Booktubes: In der Klasse werden Links zu guten Beispielen gesammelt, und die Schüler:innen sehen sich mindestens drei dieser Beispiele zusammen mit der Lehrperson an. In der anschließenden Diskussion tragen sie zusammen, welche Merkmale kennzeichnend für Booktubes sind, aus welchen Gründen sie die ausgesuchten Beispiele gelungen finden oder weshalb sie doch zu einer anderen Beurteilung gelangt sind. Danach erhalten die Schüler:innen eine Anweisung zur Herstellung eines Booktube (siehe zum Beispiel die Internetverweise in den Fußnoten). Diese und die nach der Diskussion festgehaltenen Qualitäten eines guten Booktubes dienen als Grundlage für den nächstfolgenden Schritt.
2. Herstellung eines Booktube: Dafür arbeiten die Schüler:innen entweder einzeln oder zu zweit (in diesem Fall verteilen sie die Aufgaben von Booktuber:in und Kameramann:frau). Sie entscheiden sich für ein Buch, das sie empfehlen wollen, und sprechen sich eventuell in der Klasse dazu ab, falls man mehrere Beiträge zu einem Titel vermeiden möchte.
3. Verbreitung: Diese kann mit verschieden großer Reichweite erfolgen, auch schrittweise – zunächst innerhalb der Klasse mit individuellem Zusenden der Beiträge, auf der Webseite der Schule, wo die Booktubes einem erweiterten Publikum zugänglich sind (siehe u. a. das Beispiel des Gymnasiums Neutraubling[51]) und aufgeschaltet zum Beispiel auf dem Videoportal YouTube (bei Veröffentlichung Urheber- und Persönlichkeitsrechte beachten!).

Zum Umgang mit Booktubes im 10. Schuljahr siehe auch das Modell von Brendel-Perpina/Reidelshöfer 2017 – es lässt sich für die Sekundarstufe I adaptieren.

48 https://digitallearninglab.de
49 https://lernatelier2punkt0.wordpress.com/about/
50 https://digitalechancen.wordpress.com/methodensammlung/inszenierung/booktube
51 https://www.gymnasium-neutraubling.de/index.php/booktubes-am-gn

5.2 Konstruktive Zugänge zu literarischen Texten

Literarische Texte erschließen sich den Leser:innen meist nicht auf Anhieb – diese Erfahrung gehört zum Literaturunterricht ebenso dazu wie das Zugeständnis, dass es gar kein Ziel sein kann, Literatur unmittelbar zu verstehen. Vielmehr geht es darum, dass man sich auf die Anforderungen eines Textes überhaupt einlässt: auf seine Sprachdichte, auf Irritationen, welche ungewohnte Formulierungen auslösen, auf die verschiedenen Perspektiven einzelner Figuren und eventuell auch auf einen Textumfang, der einen langen Atem verlangt. Dabei kann es für Schüler:innen erleichternd sein, wenn sie Texte handelnd bewältigen lernen (Waldmann 1998; Spinner 2010; Haas 2013; siehe dazu auch Kapitel 4.5). Zum Prinzip des handelnd-produktiven Zugangs werden nachfolgend zwei Beispiele für sehr unterschiedliche literarische Beschäftigungen vorgeschlagen: das eine für die Arbeit mit Gedichten, das andere für die Gestaltung von Klassenlektüren, also von längeren erzählenden Texten.

Gedichte ergänzen: konkretisieren und danach interpretieren

Das Lesen poetisch dichter Texte verlangt vielerlei: die sinnliche Aufnahme von Sprachklang und -rhythmus im gesamten Textverlauf ebenso wie die Aufmerksamkeit für die einzelnen Stellen, an welchen sich Bedeutungen erahnen, aber (noch) nicht benennen lassen. Möglicherweise klären sich diese Stellen auf, wenn sie in Bezug zu anderen Stellen gesetzt werden. Auf der Suche nach Zusammenhängen kann sich die Wahrnehmung wichtiger Details schärfen, und die Entdeckungen von Details helfen wiederum, das Textganze zu deuten. Das Konstruieren von Bedeutung erfolgt also in gedanklich-sinnlichen Bewegungen vom Ganzen zu seinen Teilen, von diesen wiederum zum Ganzen. Auf diese Bewegungen lassen sich die Leser:innen möglichst so lange ein, bis sie zu einem Sinnverständnis gelangt sind und es am Text bzw. an einzelnen Textelementen festmachen können.

Beim Lesen und Deuten von Gedichten handelt es sich also um einen komplexen Vorgang, in dessen Verlauf die Leser:innen ein zeitweiliges Nicht- oder Noch-nicht-Verstehen aushalten müssen. Die Aufgabe, ein Gedicht zu lesen und direkt zu interpretieren, würde voraussetzen, dass sich das Verstehen als Prozedur im Abstrakten bewältigen ließe. Tatsächlich brauchen Leser:innen aber möglichst konkrete Vorstellungen, auf denen sie ihr Verstehen aufbauen können. Solche Vorstellungen können sie sich erarbeiten, wenn sie nicht nur gedanklich mit dem Text arbeiten, sondern diesen auch handwerklich *be*arbeiten, also handelnd eingreifen. Ob sich mit ihrer Bearbeitung ein Textsinn ergibt, den sie selbst und den auch andere nachvollziehen können, lässt sich im Austausch mit anderen überprüfen. Der Gedichtinterpretation gehen also mehrere Schritte voraus: Die Schüler:innen sollen handelnd erst einmal in ein Gedicht hineingelangen und es von innen erkunden, bevor ein Verstehen des Ganzen von ihnen verlangt wird.

Anregen lässt sich ein solches Vorgehen etwa mit Gedichten, in welchen eine Stelle bewusst ausgelassen wird. Die Aufgabe der Schüler:innen ist es, diese Stelle zu füllen, wobei sie sich zwischen zwei vorgegebenen Möglichkeiten entscheiden: Die eine entspricht dem originalen Text, die andere muss eine mindestens plausible Alternative sein. Im Lauf der Entscheidung für eine stimmige Lösung entdecken die Schüler:innen Bezüge innerhalb des Gedichts sowie Sinnzusammenhänge, die als Interpretation an das Gedicht angelegt werden können.

BERTOLT BRECHT: FAHREND IN EINEM BEQUEMEN WAGEN

Fahrend in einem bequemen Wagen
Auf einer regnerischen Landstraße
Sahen wir einen zerlumpten Menschen bei Nachtanbruch
Der uns winkte, ihn mitzunehmen, sich tief verbeugend.

Wir hatten ein Dach und wir hatten Platz und wir fuhren vorüber
Und wir hörten mich sagen, mit einer grämlichen Stimme: Nein
Wir können niemand mitnehmen.

Wir waren schon weit voraus, ... vielleicht
Als ich plötzlich erschrak über diese meine Stimme
Dies mein Verhalten und diese
Ganze Welt.

Welche der beiden nachstehenden Varianten passt in die Lücke?

a) eine halbe Fahrstunde
b) einen Tagesmarsch

Die Schritte zu Bertolt Brechts Gedicht *Fahrend in einem bequemen Wagen* können modellhaft auch für die Bearbeitung anderer lyrischer Texte adaptiert werden. Sie werden nicht mehr als eine Lektion beanspruchen:

1. Die Lehrperson liest der Klasse das Gedicht vor; an der Textlücke hält sie kurz inne.
2. Danach erhalten die Schüler:innen das Arbeitsblatt, auf dem zwei Möglichkeiten als Füllung für die Leerstelle angeboten werden. Sie lesen das

Gedicht für sich selbst so oft durch, bis sie sich für die passende Variante entscheiden können. Diese fügen sie ein.

3. In der Klasse erfolgt kurz eine Umfrage zu den Entscheidungen, welche die Schüler:innen getroffen haben. Als Zwischenergebnis werden die Stimmen gezählt, die die beiden Varianten erhalten haben.
4. Im anschließenden Klassengespräch sollen die Schüler:innen für die von ihnen gewählte Variante argumentieren, dies jeweils mit einem engen Bezug zum Text. (Je nachdem, ob sie für „eine halbe Fahrstunde" oder für „einen Tagesmarsch" votieren, werden sie die Perspektive des Fahrers oder die des auf der Straße stehenden, zerlumpten Menschen stärker einbringen.)

> *„Einen literarischen Text sinnverstehend zu lesen und als literarischen Text zu erfassen, kann u.a. dadurch geschehen, dass der Text in einer Weise verändert wird, die sein Lesen verzögert, hemmt, stört und so intensiviert. Man kann den veränderten Text auch rekonstruieren, um so die literarische Leistung seiner originalen Fassung zu erfahren und zu verstehen."*
>
> Günter Waldmann

5. Darauf erhalten die Schüler:innen kurz Zeit zum nochmaligen Lesen des Gedichts, wobei sie in der Leerstelle die ihnen ursprünglich gewählte Variante belassen oder sich neu für die andere Variante entscheiden können – dies je nachdem, welche der vorher gehörten Argumente sie eher überzeugend fanden.
6. Die Schüler:innen werden ein zweites Mal zu ihrer bevorzugten Variante gefragt: Wie fallen jetzt die Gewichtungen der Varianten (a) und (b) aus? Und wer hat sich im Verlauf des Klassengesprächs anders entschieden bzw. sich von Hinweisen anderer überzeugen lassen? Welche Hinweise haben dabei besonders eingeleuchtet? Hinweise auf den Rhythmus und die passende Zeilenlänge an der fraglichen Stelle? Die auf die stilistisch passende Wortwahl? Die auf die Perspektive, aus der im Gedicht gesprochen wird? Andere? Und welche Entdeckungen am Gedicht haben die einzelnen Schüler:innen dabei selbst machen oder von anderen übernehmen können? Die Rückmeldungen aus der Klasse können mit dem Zwischenergebnis im 2. Schritt verglichen werden.
7. Welche der angebotenen Varianten vom Dichter selbst gewählt wurde, verrät die Lehrperson erst zum Schluss: Dabei geht es keineswegs darum, die Interpretationsleistung jener Schüler:innen zu bestätigen, die sich für die Variante (b) „einen Tagesmarsch vielleicht" entschieden hatten. Wer für

die Variante (a) „eine halbe Fahrstunde“ mit guten Argumenten votiert hatte, hat sich ja ebenfalls mit genauen Beobachtungen und Überlegungen auf das Gedicht eingelassen. Der Blick auf die originale Textversion gibt aber Gelegenheit, noch einmal kurz auf ein Kernthema in Brechts Schaffen einzugehen: die Darstellung einer Perspektive und der Bruch mit jähem Perspektivenwechsel.

Download-Material **M 7:** Bertolt Brecht: *Fahrend in einem bequemen Wagen*
Download-Material **M 8:** Erich Fried: *Humorlos*
Jeweils mit auf den Arbeitsblättern aufgeführten Schritten als Arbeitsunterlage für die Schüler:innen. Für die vorgeschlagene Art des konkretisierenden Lesens eignen sich verschiedene Gedichte, u. a. auch solche, die zu Beginn der Sekundarstufe I gelesen werden können.

Klassenlektüren: gemeinsam lesen – individuell handeln

Klassenlektüren waren lange Zeit *das* gängige Modell für den Umgang mit sogenannten Ganzschriften in der Schule, und zwar mit dem Ziel, alle Schüler:innen in die Kommunikation über den Text einzubeziehen. Das gemeinsame Lesen ist allerdings wenig förderlich, wenn alle das gleiche Buch im gleichen Tempo und zur gleichen Zeit lesen. Die Heterogenität der Lernstände in einer Klasse ist nicht nur innerhalb der Leseforschung längst bekannt, auch die erfahrenen Lehrpersonen kennen das Problem längst: Schneller lesende Schüler:innen sind beim Lesen einer gleichschrittigen Klassenlektüre oft unterfordert, weil sie immer wieder auf langsamer Lesende warten müssen und sich langweilen. Schwerfällig lesende Schüler:innen hingegen fühlen sich vielfach überfordert, können der Handlung im Buch kaum folgen und sind häufig demotiviert, weil sie ermüden oder die vorgegebene Zeit für die Lektüre ihnen nicht ausreicht. Zur Differenz der Lesefähigkeiten innerhalb einer Schulklasse kommt jene der verschiedenen Leseinteressen und -erfahrungen hinzu.

Dennoch ist es für die Schüler:innen wichtig, Leseerfahrungen mit anderen zu teilen, sich über innere Bilder und Einfälle zu einem Text auszutauschen und über eine gemeinsame Lektüre nachzudenken. Damit gelangen Schüler:innen zu neuen Sichtweisen auf einen Text, sie bekommen Antworten auf ihre Fragen. Mit den Fragen, welche andere an den Text stellen, erhalten sie je nachdem einen erweiterten Blick auf das Gelesene. Für die Anschlusskommunikation bietet die Klassenlektüre also besondere Möglichkeiten, die in einem ausschließlich individualisierten Literaturunterricht verloren gingen (zur Anschlusskommunikation siehe die kurze Erläuterung in Kapitel 4.1).

Schwächere Leser:innen sind durch umfangreiche Texte oder ganze Bücher oft überfordert, weil sie noch kaum Übung darin haben, einen längeren Text für sich in sinnvolle Leseportionen zu unterteilen. Beim gemeinsamen und begleiteten Lesen machen sie die Erfahrung, dass auch lange Texte und dicke Bücher bewältigbar werden. So gewinnen sie an Lese-Selbstbewusstsein und entwickeln nach und nach ein ausreichendes Durchhaltevermögen.

Möglichkeiten für das gemeinsame Buchlesen in der Klasse, bei dem dennoch die individuell verschiedenen Lesekompetenzen, Lesetempi und Leseinteressen berücksichtigt werden können, gibt es durchaus – eingebettet in einen Zeitablauf, zu dem auch vorbereitende Schritte gehören, sind es u. a. die folgenden:

Die Buchauswahl muss so getroffen werden, dass damit mehrere Identifikationsmöglichkeiten geboten werden und dass das Potenzial von Literatur an diesem einen Beispiel erfahrbar ist: Dank einer packenden Erzählweise, einer interessanten Handlungslogik, der Darstellung von Figuren mit einer psychologischen Tiefe, einer geformten Sprache, die sowohl die Handlung als auch die Empfindung von Figuren zu vermitteln vermag.

Zudem sollten sich Lehrpersonen überlegen, ob alle Schüler:innen das gleiche Buch lesen oder ob verschiedene Bücher zum selben Thema gelesen werden sollen. Hinter den beiden Varianten stehen die folgenden Überlegungen:

- Für alle Schüler:innen das gleiche Buch: Mit der Konzentration auf ein und dieselbe Lektüre erhält die Wahl des Buches ein großes Gewicht. Natürlich wird das ausgewählte Buch nie das Interesse aller Schüler:innen im selben Maß wecken können. Die Motivation für das Lesen im Klassenverband wird aber mit Sicherheit erhöht, wenn Schüler:innen die Möglichkeit haben, die Wahl der Lektüre mitzubestimmen. Je nachdem werden Lehrpersonen ihrer Klasse einige Buchvorschläge unterbreiten, aus denen die Schüler:innen – mit Abstimmung in der Klasse – auswählen, oder sie suchen einzeln oder in Gruppen selbst Bücher, die sich in ihrer Sicht für eine Klassenlektüre eignen. Aus diesen Vorschlägen wählt die Lehrperson das Geeignete aus; je nachdem findet hier nochmals eine Rücksprache mit der Klasse statt.

  Das Auswahlverfahren kann beliebig erweitert werden, indem die Schüler:innen beispielsweise einen Werbespot, Werbetexte oder eine Kurzrezension zu ihrem Buchwunsch gestalten, eine Leseprobe vortragen oder in Diskussionsrunden für den einen oder andern Titel argumentieren. Wichtig ist dabei, dass sie ihre Wahl begründen. Damit machen sie sich selbst bewusst, warum sie ein Buch lesen wollen, und gleichzeitig gewinnen die Lehrer:innen Einblick in die Leseinteressen und in die Selbsteinschätzung der Schüler:innen. Sie treffen eine engere Auswahl, die zur

Abstimmung in der Klasse freigegeben wird (und sie begründen diese Auswahl). Das Buch mit den meisten Stimmen wird gelesen.

- Eine Auswahl verschiedener Bücher zum gleichen Themenbereich oder Genre: Wenn nicht alle Schüler:innen der Klasse das gleiche Buch lesen, diese unterschiedlichen Lektüren aber zueinander in einem Zusammenhang stehen, ist der Austausch von Leseeindrücken und von dazu gestalteten Beiträgen besonders anregend und leseförderlich. Das Angebot kann Bücher enthalten, die dasselbe Thema behandeln, die von dem:der gleichen Autor:in stammen oder die alle zum selben Genre gehören: verschiedene Kriminalerzählungen, problemorientierte Jugendromane (in welchen zum Beispiel die Beziehungen zwischen jugendlichen Protagonist:innen wichtig sind und von „Freundschaft" auf je besondere Weise erzählt wird). Dabei sollten sowohl verschieden anspruchsvolle Bücher zur Auswahl stehen als auch solche, die eher Mädchen oder eher Jungen ansprechen.

Lesen, Fragen klären und sich anderen mitteilen. Klassenlektüren sollten sich nicht allzu sehr in die Länge ziehen. Eine Dauer von mehr als vier Wochen ist nicht empfehlenswert, das Buch bzw. das Thema verliert sonst an Attraktivität. Der Zeitraum, über den sich die Lektüre erstreckt, sollte aber intensiv genutzt werden: mit eingeplanten Lesezeiten im Unterricht, mit Aufträgen für ein Weiterlesen außerhalb der Schule sowie mit Überbrückungshilfen für die Schüler:innen, die eine Reduktion der Lesearbeit brauchen. Stärkere Leser:innen fassen für sie einzelne Kapitel zusammen, erzählen das Wichtige davon und führen damit zu anderen Teilen, deren Lektüre sich besonders lohnt und mit denen die schwächeren Leser:innen ihre Buchlektüre fortsetzen können. Ziel dabei ist es, dass alle Schüler:innen sowohl den gesamten Plot als auch die wichtigsten Passagen des Buches mitbekommen und so verarbeiten können, dass ein möglichst nachhaltiger Leseeindruck entsteht und sie sich dabei als Buchleser:innen erfahren können.

Das Lesetempo wählen die Schüler:innen selbst. Die schnell Lesenden müssen ihre Lektüre also nicht unterbrechen, um auf langsamer Lesende zu warten. Der Austausch in der Klasse (oder in der Lesegruppe) findet im Abstand größerer Leseschritte statt, sodass alle, auch die langsamer Lesenden, daran teilnehmen können und die schnell Lesenden sich die entsprechenden Leseportionen noch einmal im Rückblick vornehmen.

Kurze Fragerunden sind dafür im Verlauf der Lektüre periodisch eingeplant. Zudem können Schüler:innen ihre Fragen auch spontan stellen, wenn sie Klärungen brauchen, um ihre Lektüre fortsetzen zu können; sie wenden sich damit an den:die Lehrer:in oder die Lesegruppe.

Die eigenen Leseerfahrungen verarbeiten die Schüler:innen mit lesebegleitenden, gestaltenden Aufgaben, indem sie das in ihrer Sicht Wichtige notieren und danach für ihre Beobachtungen und ihre Kritik am Text eine Form finden, in der sich ihre Eindrücke an andere weitergeben lassen:

- Die Schüler:innen nehmen sich den Klappentext auf dem Cover vor und sie ergänzen ihn mit Informationen zum Buchinhalt und zur Form, welche ihrer Meinung nach nötig sind, damit man sich ein umfassenderes Bild vom Buch machen kann. Mit dieser Erweiterung setzen sie solche Akzente, die in ihrer Sicht und Lesart zum Verständnis des Buchs wichtig sind und die sie mit anderen diskutieren möchten oder mit denen sie auf Besonderheiten (je nachdem auch auf Mängel) des Buches hinweisen möchten. – In diesem Sinne ist die Rekapitulation von als wichtig empfundenen Lektüreerinnerungen eingebettet in eine Kommunikation unter Leser:innen und nicht bloß eine fleißig zu erledigende Aufgabe, wie dies bei der häufig noch empfohlenen Buchzusammenfassung der Fall war.
- Die Schüler:innen gehen mit darstellenden Arbeiten auf das Kernthema der Lektüre näher ein. Darauf hat die Lehrperson eventuell bereits hingewiesen bzw. das Leseangebot wurde von vornherein mit seinem thematischen Schwerpunkt eingeführt. Dabei suchen die Schüler:innen eine gestalterische Form für das im Buch Essenzielle. Die konkreten Aufträge dazu erhalten sie entweder von der Lehrperson, oder sie bringen ihrerseits Vorschläge für Aufgaben ein, die auf eine Darstellung wichtiger Inhalte (oder auch Erzählweisen) zielen. Ist Letzteres der Fall, einigt man sich in der Klasse auf eine Auswahl der Aufgaben und verteilt sie an die einzelnen Schüler:innen oder an Gruppen.

Steht das Thema „Freundschaft“ im Zentrum der Lektüre oder des Lektürewahlangebots, besteht die lesebegleitende Aufgabe für alle Schüler:innen zum Beispiel darin, dass sie die Höhen und Tiefen der Beziehungen zwischen den Buchfiguren im Handlungsverlauf nachvollziehen. Die Art der Darstellung wählen sie dabei selbst: eine Kurzbeschreibung in Worten (schriftlich), eine Abfolge kleiner Skizzen, aus welchen wichtige Momente der Figurenkonstellation hervorgehen (also mit eigenen Zeichnungen) oder die Ausgestaltung einer Szene aus dem Buch, in welcher eine wichtige Begegnung zwischen den Figuren stattfindet (mit szenischem Spiel, das eventuell in einer Videoaufnahme festgehalten wird).

Der Austausch der auf die eine oder andere Weise verarbeiteten Leseerfahrungen (siehe oben) findet möglichst zuerst in der Gruppe statt, und die Schüler:innen entscheiden sich, welche der Beiträge sie anderen Gruppen oder der ganzen Klasse zeigen wollen:

- Wenn alle das gleiche Buch gelesen und in eigenen gestalteten Beiträgen verarbeitet haben, ist ein anschließender Austausch in der Klasse sinnvoll: Die Produkte der Schüler:innen (ihre Texte, skizzenartige Zeichnungen, gespielte Szenen, eventuell auch die auf einem Tablet gezeigte Videoaufnahme) werden gut sichtbar ausgestellt, und die Lehrperson moderiert ein Klassengespräch über die Leseeindrücke, welche die Schüler:innen mitgeteilt und über die Darstellungsweisen, welche sie dafür gefunden haben.

- Wenn unterschiedliche Bücher gelesen wurden, werden die gestaltenden Arbeiten eher die Funktion von Buchpräsentationen haben. Die Schüler:innen stellen ihre Lektüre mit den wichtigsten Angaben vor und zeigen ihre Leseeindrücke anhand ihrer Darstellungen. Je nach ihrer Einschätzung verbinden sie diese mit einer Leseempfehlung an jene, die andere Bücher gelesen haben.

Empfehlungen von Jugendbüchern, die sich für Klassenlektüren eignen, finden sich auf den Webseiten von Verlagen und von Leseförderinstitutionen, darunter die *Akademie für Leseförderung Niedersachsen*[52] und das *Zentrum Lesen der Pädagogischen Hochschule in der Nordwestschweiz*[53].

Download-Material **M 9**: Jugendbücher zum Thema „Freundschaft"

5.3 Alte Lesepraktiken – neu belebt

Bei allen Neuerungen, die im Literaturunterricht inzwischen Einzug gehalten haben, sollten traditionell bewährte Verfahren nicht vergessen werden, zumindest jene nicht, die dem Charakter des Literarischen und dessen Herausforderungen für die Leser:innen in besonderem Maße entsprechen. Es sind vor allem zwei Arten des Umgangs mit Literatur, die bereits im 18. Jahrhundert gepflegt worden sind (Schön 1987) und seit Längerem auch für die Schule empfohlen werden (Paefgen 1998; Mattenklott 1979).

Das textnahe Lesen war ursprünglich zentraler Bestandteil in der Ausbildung zur Bibelexegese, es nimmt auch heute einen zentralen Platz im Theologiestudium sowie in den philologischen Studien ein. Als *Close Reading* wird es aktuell insbesondere auch von der amerikanischen Literaturwissenschaft vertreten und gilt als wichtige Methode der Literaturbetrachtung. Wir kennen das textnahe Lesen zudem aus vielen weiteren Situationen, in welchen ein literarischer Text hermeneutisch, also erklärend ausgelegt werden soll. Die Leser:innen richten ihre ganze Aufmerksamkeit auf einen Text, meist

52 https://alf-hannover.de/sites/default/files/literaturlisten_kinder-_und_jugendliteratur_sekundarstufe_klassenlektuere_1.pdf

53 https://www.fhnw.ch/plattformen/zl/category/klassenlekture/03-oberstufe

auch nur auf einen Textauszug. Sie lesen langsam fortschreitend, nehmen sprachliche Besonderheiten und feine Bedeutungsunterschiede wahr und lesen möglichst genau. Sie lassen sich also auf eine intensive Beschäftigung mit dem Text ein, bemüht um eine sorgfältige Interpretation.

Das gesellige Lesen ist weniger stark um Genauigkeit bei der Textverarbeitung bemüht als um ein gemeinsames Aufnehmen von Literatur, unter Umständen auch um das Darbieten von Texten, und um das Teilen von Leseerfahrungen mit anderen. Man besucht Lesungen, findet in Literaturkreisen zusammen, in Lese- und Schreibwerkstätten oder anderen Arten von Literatur-Communitys. Dafür werden zunehmend auch digitale Varianten gewählt – zum Beispiel für Fan-Groups auf Online-Kanälen, an denen sich speziell auch Jugendliche aktiv beteiligen (bereits erwähnt in Kapitel 4.4). In den Veranstaltungen unterschiedlicher Formate sind Lesen und Schreiben häufig miteinander verbunden. Das Grundmodell der „literarischen Geselligkeit" (Mattenklott 1979) nimmt die Tradition des literarischen Salons auf, wie er im 18. und 19. Jahrhundert gepflegt wurde. Schreibende und Liebhaber:innen der Literatur trafen sich, trugen einander Texte, Lieder oder Musikstücke vor und reagierten spontan auf das Vorgetragene. Im Zentrum stand der Austausch von Inspirationen, welche die literarischen oder musikalischen Darbietungen entfacht hatten.

Textnahes Lesen

Die Bezeichnung „textnah" drückt bereits aus, worum es im Wesentlichen geht: Im Zentrum der Aufmerksamkeit steht der Text, dem man sich konzentriert und mit einer möglichst hohen Aufmerksamkeit für seine jeweiligen Besonderheiten widmet. Anders als bei einer breit angelegten Leseförderung geht es hier primär nicht um das Vergnügen der Leser:innen, sondern um ein Forschen nach Bedeutungen innerhalb eines Textes, um das Überprüfen beim erneuten Lesen und um ein Nachdenken über das eigene Textverständnis. Schüler:innen markieren Stellen sowie Bezüge, die sie zwischen verschiedenen Textstellen erkennen. Sie notieren auch Fragezeichen, die sie im späteren Verlauf des Lesens eventuell auflösen können. Ein Text wird studiert, und das Lesen wird als ein Vorgang der Erkenntnis gestaltet. Die Anstrengung des genauen Lesens führt zu Entdeckungen. Das können die Schüler:innen durchaus als vergnüglich empfinden, auch wenn „Vergnügen" nicht das eigentliche Ziel des textnahen Lesens ist. Voraussetzung für ein gelingendes textnahes Lesen ist zunächst die Sorgfalt: diejenige der Lehrperson bei der Textauswahl, bei der Anleitung und der Moderation des Lesevorgangs wie auch diejenige der Schüler:innen beim Lesen und Wiederlesen der ihnen vorgegebenen Textstellen. Die verschiedenen Anforderungen, welche sich dabei im Einzelnen stellen, hat Elisabeth Paefgen (1998) als hilfreiche Hinweise für den Unterricht thesenartig formuliert – sie werden in den nachfolgenden Empfehlungen aufgegriffen:

- Das textnahe Lesen muss gelehrt und gelernt werden. Die Schüler:innen sollen diese Form des Lesens kennenlernen, nach und nach einüben und dabei ihre Lesegenauigkeit im Laufe eines Schuljahres zunehmend steigern können.
- Das textnahe Lesen ist eher zu bewältigen, wenn die Textmengen klein gehalten werden. Für den Unterricht eignen sich deshalb sehr kurze Texte oder ausgewählte Textstellen.
- Textnah zu lesen bedeutet meist, einen Text bzw. eine Textstelle mehrere Male zu lesen. Dabei sollen sich die Leser:innen zunächst einen Überblick über den gesamten Text verschaffen, sich dann einzelne Stellen genau vornehmen, wiederholt lesen und eventuell mit dem Inbezugsetzen zu anderen Stellen besser verstehen. Sie nehmen also abwechselnd das Textganze und einzelne besonders herausfordernde Textteile in den Blick. Sie pendeln zwischen diesen beiden Sichtweisen möglichst so lange hin und her, bis sich ihnen ein Zusammenhang innerhalb des Textes erschließt und sie auch Bezüge erkennen zwischen dem Text und der Welt, auf welche er verweist.
- Das textnahe Lesen gelingt oft in der Verbindung von Lesen und Schreiben. Die Schüler:innen sollen Notizen und Eintragungen anbringen können. Praktisch sind deshalb Kopien, von denen sie gern auch mehrere (ver-)brauchen dürfen. Hinzu kommen Schritte wie Diktieren, Abschreiben, verschiedene Arten von Markierungen und das Füllen von Stellen, welche von der Lehrperson bei der Vorbereitung bewusst ausgelassen worden sind (siehe dazu das Beispiel „Gedichte ergänzen“ in Kapitel 5.2).
- Die Methode des textnahen Lesens eignet sich besonders gut zum Durchdringen stark verdichteter Texte. Lyrik wird in der Regel „am textnächsten“ gelesen. Sie ist meist mit großem Abstand zur Alltagssprache verfasst. Die Wortwahl und der Satzbau eines Gedichts lösen erst einmal den Eindruck des Fremden aus und schützen damit die Leser:innen vor der Illusion, das Gedicht schnell verstehen zu können. Poetisch gestaltete Prosatexte, Auszüge aus Dramen und aus Romanen eignen sich aber ebenfalls. Die Lehrperson wird einschätzen, ob sich ausreichend viele herausfordernde Stellen bieten und ob die Auszüge so eingebettet und erläutert werden können, dass die Schüler:innen auch eine Vorstellung vom Textganzen erhalten.
- Die Aktivität der Schüler:innen konzentriert sich auf wenige Sätze, auf ein Suchen und Nachdenken, auf ein Mitteilen der gefundenen Deutungen und auf ein kritisches Hinterfragen. Es wird also nicht viel gelesen, umso mehr aber wird über das Gelesene nachgedacht.

- Die Langsamkeit eines solchen Lesevorgangs werden die Schüler:innen eher akzeptieren und besser aushalten, wenn im Literaturunterricht auch vielen anderen und zum Teil stärker auf die Motivationsförderung abzielenden Methoden Raum gegeben wird.

Für die Umsetzung dieser Empfehlungen bieten sich (kurze) Texte aus verschiedenen Gattungen an, ebenso Textauszüge, in denen die Schüler:innen Schritt für Schritt im dichten Text zu Essenziellem gelangen und mit diesem (im Falle von Auszügen) einen beispielhaften Teil erfahren: mit Parabeln wie *Die Maus* von Franz Kafka, Monologen oder Dialogen aus Dramen, zum Beispiel die bekannte „Ringparabel" in Gotthold Ephraim Lessings Drama *Nathan, der Weise* (III. Aufzug, 7. Szene), dem Dialog von Andri und Barblin aus Max Frischs *Andorra*, einem „Stück in zwölf Bildern" (zweites Bild) und vielen weiteren. Häufig wird das textnahe Lesen zudem in der Arbeit mit vielschichtigen Gedichten angewandt (siehe oben). Bei diesen ist die Verarbeitung in eng auf den Text bezogenen Schritten besonders ergiebig. Wenn die Gedichte zudem einen thematischen Horizont eröffnen, der die Schüler:innen zum freien Assoziieren animiert, kann im Anschluss an das textnahe Lesen auch ein offener Austausch stattfinden. Die Schüler:innen machen sich damit ein Gedicht in doppelter Weise zu eigen: Sie nehmen Inhalt und Gestaltung aufmerksam auf und sie schließen mit einem eigenen Gedankenspiel an.

Ein Unterrichtsbeispiel zum Gedicht *Das Zirkuskind* von Rose Ausländer: Das *Zirkuskind* ist ein von der Literaturdidaktik viel beachtetes Gedicht. Unter anderen haben Irene Pieper (2004) und Marie Lessing-Sattari (2018) aufgezeigt, wie Schüler:innen im Gespräch zum literarischen Verstehen angeregt werden können und wie sie ihre Verstehenswege mit sogenanntem lautem Denken mitteilen.

Das Spiel mit der Fantasie macht wohl den Kern dieses Gedichtes aus. Dabei scheinen einen die ersten beiden Strophen in den Zirkus zu führen: Die Rede ist von einem Zirkuskind, das mit Bällen jongliert und auf einem Seil geht. Die Assoziation „Zirkus" wird aber mehrfach durchbrochen. Das „Spiel mit den Einfällen" und das Balancieren über der „Arena der Erde", auch das „Flügelpferd", „das Mohnfeld, wo der Traum wächst" und die „Traumbälle" sind keine Elemente des (realen) Zirkus, sondern verweisen eben auf das Spiel der Fantasie. Das Gedicht ruft also verschiedene Bilder hervor, an die jugendliche Leser:innen mit Vorstellungen von Bekanntem und Vergnüglichem anschließen können. Zunächst aber verhindert der Text ein zügiges Lesen – dies mit irritierenden Stellen, vorab mit ungewohnten Metaphern und deutlich entfernt von der Alltagssprache. Die Schüler:innen werden sich hier kaum auf ihre Leseroutinen verlassen können.

Vorbereitende Schritte:

- Die Schüler:innen erhalten einen leeren Papierbogen, den sie in zwei Hälften unterteilen – auf der linken Hälfte werden sie später (mit großem Zeilenabstand) nach und nach das Gedicht aufschreiben, auf der rechten Hälfte notieren sie ihre Deutungen, ihre Fragen und Antworten zur jeweiligen Textstelle. Oben rechts gibt es Platz für Notizen zu ersten Eindrücken.
- Die Lehrperson liest das Gedicht vor, und die Schüler:innen halten für sich fest (im Feld oben rechts), worum es im Gedicht geht, was sie bereits verstanden haben und was sie irritiert.

MATERIAL

Rose Ausländer: Zirkuskind

Ich bin ein Zirkuskind,
spiele mit Einfällen
Bälle auf – ab

Ich geh auf dem Seil
über die Arena
der Erde

reite auf einem Flügelpferd
über ein Mohnfeld,
wo der Traum wächst

Werfe dir Traumbälle zu
fang sie auf

Download-Material **M 10:**
Text des Gedichtes *Zirkuskind*

Das Gedicht schreibend und lesend durchdringen:

- Die Lehrperson diktiert die einzelnen Gedichtzeilen nacheinander und zeigt dabei die Unterteilung der Strophen an. Nach jeder Zeile erhalten die Schüler:innen Zeit, ihre jeweiligen Assoziationen zu notieren und im Verlauf dieser Schreib- und Lesephase auch zu korrigieren (auf der rechten Hälfte, direkt neben die jeweilige Gedichtzeile). Dabei machen sie ihr spontanes Verständnis sowie ihre Verstehenslücken für sich selbst sichtbar und weiter auch die Korrekturen, die sie beim Aufschreiben und Lesen der nächstfolgenden Zeilen gewonnen haben.
- Je nachdem, ob die Schüler:innen eine entsprechende Verfahrenshilfe brauchen, wird diese als weiterer Schritt eingebaut. Sie sollen die Sprachbilder (bzw. die Wörter, welche die Sprachbilder anzeigen) unterstreichen – farblich unterscheiden sie dabei die Wörter, die zur Zirkuswelt gehören, von jenen anderen, die über die Zirkuswelt hinausweisen. Dass Letztere das Spiel mit Fantasie, Traum und Vorstellung anklingen lassen, erkennen die Schüler:innen jetzt vermutlich selbst. Andernfalls kann dazu ein Austausch in Gruppen oder in der Klasse stattfinden, bei dem einzelne Schüler:innen Erklärungshilfen erhalten.
- Anschließend an die Deutung der einzelnen Zeilen (bzw. der in ihnen enthaltenen Metaphern) schreiben die Schüler:innen ihre zusammenfassende Interpretation auf. Sie beantworten die Frage, worum es im Gedicht geht,

jetzt mit Bezug zu den verschiedenen Stellen, die sie beim Aufschreiben der Zeilen und beim Darüber-Nachdenken gedeutet haben. Danach vergleichen sie die eben formulierte Interpretation mit den ersten Assoziationen, die sie eingangs notiert haben. Sie erkennen damit den Weg, auf welchem sie zu ihrem Textverständnis gelangt sind.

Verstehenswege – Deutungen und weitere Assoziationen zum Gedicht in der Klasse austauschen:

- Zunächst teilen die Schüler:innen einander ihre zusammenfassende Deutung mit. Hier besteht die Gelegenheit, Vorstellungen zu bestätigen oder anzuzweifeln, die vorgetragenen Deutungen kritisch zu befragen und auf Bezüge hinzuweisen, die einige vielleicht übersehen haben. Die Lehrperson moderiert das Gespräch möglichst so, dass die entsprechenden Beiträge von den Schüler:innen selbst eingebracht werden, bzw. sie regen diese mit entsprechenden Fragen an.
- Danach kann sich der Gesprächsfokus auch erweitern: Wie erfahren die Schüler:innen ihre eigenen Gedankenspiele? Wodurch werden diese zum Beispiel ausgelöst? Gibt es Reihenfolgen, welchen die Gedanken dann folgen? Lässt sich der Fluss der Gedanken steuern? Oder ist es (scheinbarer) Zufall, welche Assoziationen auftauchen, einander ablösen, behalten oder vergessen werden?

Geselliges Lesen und Schreiben

Lesen und Schreiben erfahren die Schüler:innen oft genug als einsame Tätigkeiten, bei denen sie erst einmal auf sich alleine gestellt sind. Sowohl ihr Textverständnis als auch ihre Schreibideen müssen sie dann aus sich selbst hervorbringen, und im Verlauf ihrer Lese- und Schreibarbeit erhalten sie wenig Resonanz. Für den Literaturunterricht lässt sich aber auch ein Rahmen gestalten, in welchem die Schüler:innen auf eine inspirierende Umgebung zählen können und darin Lesen und Schreiben als ein gemeinsames Tun erleben. Hilfreich ist dabei die Orientierung an anderen Leser:innen sowie an Vorbildern und Mustern (für das Schreiben). Als „gesellig“ erfahren sie die Beschäftigung mit Literatur, wenn sie in gemeinschaftlicher Atmosphäre stattfindet (in der Klasse oder in gut zusammenarbeitenden Gruppen), wenn sie zu eigenen Beiträgen ermutigt und von interessanten Lektüren angeregt werden. Texte brauchen Kontexte – unter diesem Motto hatte Mechthild Dehn (1999) seinerzeit wichtige Begründungen und praktische Beispiele für die Arbeit mit Grundschulkindern geliefert. Jugendliche nehmen kollektiv ausgerichtete Lese- und Schreibangebote heute in den sozialen Medien wahr und bringen sich aktiv ein (zum digitalen Umgang mit Literatur siehe auch die beiden Kapitel 3.2 und 4.4). In der Klasse oder Gruppe erhalten sie Rückmeldungen, Ermutigungen und Unterstützung durch andere in zeitlicher und physischer Unmittelbarkeit.

Sich miteinander für einen Text entscheiden, ihn gemeinsam lesen und diskutieren, ihn womöglich auch als Vorbild für das eigene Schreiben nehmen – die Erfahrung, die Erwachsene in einem Lesekreis oder in einem Schreibzirkel suchen, sollen auch die Schüler:innen machen können. Dafür erhalten sie geeignete Texte zur Auswahl, ausreichende Unterrichtszeit und eine „Gesprächsschnur", welche die Gestaltung der Diskussion in der Art eines Leitfadens unterstützen soll. In einem weiteren Schritt machen die Schüler:innen Schreibversuche, angelehnt an Empfindungen der Hauptfiguren und an die Art, wie diese dargestellt sind.

Textauswahl: Die Lehrperson legt drei Texte vor, die in einem inhaltlichen Zusammenhang stehen, sodass Leseerfahrungen themenbezogen innerhalb der Gruppe und später auch zwischen den Gruppen ausgetauscht werden. Die Gruppen entscheiden sich für einen der Texte, den sie gemeinsam lesen und diskutieren. Die weiteren Texte werden von der Gruppe oder von einzelnen Schüler:innen hinzugenommen.

Geeignet sind Themen, zu denen die Schüler:innen ihre Sicht auf die Texte mit persönlichen Erfahrungen verbinden können, zum Beispiel dieses: *Kindliche oder jugendliche Heldinnen und Helden, die in Bedrängnis geraten,*

- gezeigt in Ausschnitten bzw. Geschichten aus der Jugendliteratur
  - Allan Stratton: *Zoe, Grace und der Weg zurück nach Hause* (2020 auf Deutsch erschienen, Hanser)
  - Juliane Pickel: *Krummer Hund* (2021, Beltz & Gelberg)
  - Ilija Trojanow: *Nach der Flucht* (2017, S. Fischer)
- gezeigt in Ausschnitten aus Romanen für Erwachsene
  - Margret Atwood: *Katzenauge* (1990 auf Deutsch erschienen, Piper Taschenbuch)
  - Peter Härtling: *Nachgetragene Liebe* (1980, dtv Taschenbuch)
  - Peter Weiss: *Abschied von den Eltern* (1961, Suhrkamp Taschenbuch)

Download-Material **M 11 – 16:** Textausschnitte aus den sechs Romanen als Kopiervorlagen

Wenn in der Lesegruppe eine Atmosphäre des Vertrauens gegeben ist, werden sich die Schüler:innen zu den in den Texten vermittelten Erfahrungen und eventuell auch zu Selbsterlebtem miteinander austauschen wollen.

Lesen und diskutieren in der Gruppe: Für die Lektüre und das Gespräch organisieren sich die Gruppen selbst und sie bestimmen jemanden für die Gesprächsleitung. Zur Orientierung erhalten sie eine schriftliche „Leitschnur“ auf einem übersichtlich gehaltenen Materialblatt; darauf finden sie wenige Hinweise, wie beim Lesen vorgegangen werden kann, zudem einige wichtige Gesprächsregeln sowie Fragen, denen entlang das Gespräch ablaufen kann. Unter anderem sind es diese Fragen: Wer erzählt im Text? Gibt es Stellen, die ihr nicht verstanden habt und die andere in der Gruppe klären können? *Bedrängnis* – trifft dieses Stichwort auf den Text zu und wie zeigt sich dies im Verlauf des Ausschnitts/der Erzählung? Gibt es andere Stichwörter, die ihr besser passend findet? Versteht ihr die Hauptfigur der Geschichte: die Art, wie sie denkt und handelt? Gibt es Stellen im Text, welche die Situation, die Gedanken und Gefühle der Figur eurer Meinung nach besonders gut wiedergeben? Und woran liegt dies: an der erzählten Situation selbst? An der Art, wie erzählt wird? An bestimmten Ausdrücken? Oder an anderen Besonderheiten? Spielt es – bei diesem Text – eine Rolle, ob man ihn als Mädchen oder als Junge liest? Wollt ihr den Text anderen in der Klasse empfehlen oder von dessen Lektüre eher abraten – und mit welcher Begründung? – Schließlich enthält die „Leitschnur“ auch die Anregung zum eigenen Schreiben, welches als späterer Schritt erfolgen wird.

Download-Material **M 17:** Leitschnur zum Gespräch in Lesegruppen

Schreiben zum Text: Textstellen, in welchen die *Bedrängnis* der Hauptfiguren deutlich zum Ausdruck kommt und welche die einzelnen Schüler:innen besonders gut gelungen finden, werden in der Gruppe gemeinsam gelesen und die Einschätzungen werden kurz diskutiert. Zur Sprache kommen dabei noch einmal jene besonderen Merkmale, die die Schüler:innen zuvor beobachtet haben. Danach wählen sie für sich selbst eine oder mehrere Textstellen aus, die sie nachahmenswert finden und bei denen sie sich eine Adaption zutrauen. Das kann sich auf die dargestellte Situation beziehen und oder auf die Art und Weise, wie *Bedrängnis* dabei sprachlich zum Ausdruck gebracht wird. Sie verfassen einen eigenen Text in der Art eines Schreibversuchs, bei dem sie von eigenen Erfahrungen oder Vorstellungen des In-Not-Seins erzählen. Dabei sind sowohl deutliche Anleihen an die Textvorlage als auch ein kontrastierendes Schreiben möglich.

Ergebnisse in der Klasse oder zwischen den Gruppen austauschen: Der weitere Austausch kann auf verschiedene Weisen stattfinden:

- innerhalb der ganzen Klasse, wobei die Leseeindrücke aus den einzelnen Gruppen bzw. ihre Antworten zu den in der Leitschnur gestellten Fragen weitergegeben und die selbst verfassten Texte vorgelesen werden: Eventuell werden gut lesbare Abschriften der Texte auch im Klassenzimmer aufgehängt, sodass sie allen für eine bestimmte Zeit zugänglich sind.
- zwischen zwei Gruppen, die sich zusammensetzen, wobei die Schüler:innen von ihren Lektüren bzw. ihren Eindrücken berichten und die von ihnen selbst verfassten Texte (eventuell auch nur eine Auswahl davon) weiter diskutieren.

Zum Schluss

Vom Zugang zur Literatur und von vielerlei Hinführungen war in diesem Band viel die Rede. Wenn Lehrer:innen diesen Zugang begleiten und dabei als Türöffner:innen Hilfe leisten, ist für die literarische Bildung viel gewonnen. Den Ausgang aus der Lektüre zu finden und ihn vor allem auszuhalten – dies muss den heranwachsenden Leser:innen überlassen werden. Die Schülerin Anna und der Schriftsteller Marcel Proust berichten in ihren eigenen Worten von ebendieser Erfahrung. Sie ist schmerzhaft. Auf den Abschluss einer Lektüre kann aber der Einstieg in eine neue folgen: angeregt im Literaturunterricht.

„Ja, während dem Lesen, das ist eigentlich so, so, wie wenn ich es beinahe auffressen würde: Ich will jetzt das lesen, ich will jetzt das lesen, und fertig werden, und was passiert jetzt wohl. Und nachher am Schluss, da finde ich es irgendwie, also da stinkt es mir nachher wieder, dass das Buch fertig ist."

Anna, 8. Schuljahr

„Dann war die letzte Seite gelesen, das Buch war beendet. Ich musste den eiligen Lauf der Augen anhalten und den der ihnen lautlos folgenden Stimme, der nur abbrach, um in einem tiefen Seufzer Atem zu schöpfen. […]
Aber wie? das Buch war nicht mehr als das? Diese Wesen, denen man mehr von seiner Aufmerksamkeit und seiner Zärtlichkeit geschenkt hatte als den Menschen des wirklichen Lebens, ohne es immer zu wagen, sich einzugestehen, in welchem Maße man sie liebte, und sogar, wenn unsere Eltern uns beim Lesen antrafen und es aussah, als ob sie unsere Erregung belächelten, mit betonter Gleichgültigkeit oder gespielter Langeweile das Buch schließend; diese Wesen, für die man außer Atem geraten war und für die man geschluchzt hatte, würde man niemals wiedersehen, man würde nichts weiter über sie erfahren."

Marcel Proust

Literaturverzeichnis

Abraham, Ulf (1998): Übergänge. Literatur, Sozialisation und literarisches Lernen. Wiesbaden: Westdeutscher Verlag.

Abraham, Ulf (2014): Literarische Fantastik. In: Praxis Deutsch, H. 247, S. 4 – 12.

Abraham, Ulf/Kepser, Mathis (2016): Literaturdidaktik Deutsch. Eine Einführung. 4. neu bearbeitete und erweiterte Aufl. Berlin: Erich Schmidt.

Anders, Petra/Staiger, Michael (2016): Serialität in Literatur und Medien. Bd. 1: Theorie und Didaktik. Baltmannsweiler: Schneider Hohengehren.

Anders, Petra/Staiger, Michael/Albrecht, Christian/Rüsel, Manfred/Vorst, Claudia (2019): Einführung in die Filmdidaktik. Kino, Fernsehen, Video, Internet. Stuttgart: Metzler.

Andresen, Helga (2002): Interaktion, Sprache und Spiel. Zur Funktion des Rollenspiels für die Sprachentwicklung im Vorschulalter. Tübingen: Narr.

Andresen, Ute (1992): Versteh mich nicht so schnell. Gedichte lesen mit Kindern. Weinheim und Basel: Beltz.

Assmann, Aleida/Assmann, Jan (1983): Schrift und Gedächtnis. In: Assmann, Aleida/Assmann, Jan/Hardmeier, Christof (Hrsg.): Schrift und Gedächtnis. Archäologie der literarischen Kommunikation I. 3. Aufl. München: Beck, S. 265 – 284.

Assmann, Aleida (2016): Erinnerungsräume. Formen und Wandlungen des kulturellen Gedächtnisses. 7. Aufl. München: Beck.

Bamberger, Richard (1973): Lese-Erziehung. Wien und München: Jugend und Volk.

Bamberger, Richard (2000): Erfolgreiche Leseerziehung in Theorie und Praxis. Mit besonderer Berücksichtigung des Projektes „Leistungs- und Motivationssteigerung im Lesen und Lernen unter dem Motto Lese- und Lernolympiade“. Baltmannsweiler: Schneider Hohengehren.

Batson, Charles Daniel/Early, Shanon/Salvarini, Giovanni (1997): Perspective Taking: Imagining How Another Feels Versus Imagining How You Would Feel. In: Personality & Social Psychology Bulletin 23, S. 751 – 758.

Bäuerlein, Kerstin/Lenhard, Wolfgang/Schneider, Wolfgang (2012a): LESEN 6 – 7 – Lesetestbatterie für die Klassenstufen 6 und 7. Göttingen: Hogrefe.

Bäuerlein, Kerstin/Lenhard, Wolfgang/Schneider, Wolfgang (2012b): LESEN 8 – 9 – Lesetestbatterie für die Klassenstufen 8 und 9. Göttingen: Hogrefe.

Baumgärtner, Alfred C./Launer, Christoph (2000): Abenteuerliteratur. In: Lange, Günter (Hrsg.): Taschenbuch der Kinder- und Jugendliteratur. Bd. 1: Grundlagen – Gattungen, S. 415 – 444.

Baumert, Jürgen/Klieme, Eckhard/Neubrand, Michael/Prenzel, Manfred/Schiefele, Ulrich/Schneider, Wolfgang u. a. (Hrsg.) (2001): PISA 2000. Basiskompetenzen von Schülerinnen und Schülern im internationalen Vergleich. Opladen: Leske + Budrich.

Bellebaum, Alfred/Muth, Ludwig (Hrsg.) (1996): Leseglück. Eine vergessene Erfahrung? Opladen: Westdeutscher Verlag.

Bertschi-Kaufmann, Andrea/Schneider, Hansjakob (2006): Entwicklung von Lesefähigkeit: Massnahmen – Messungen – Effekte. Ergebnisse und Konsequenzen aus dem Forschungsprojekt „Lese- und Schreibkompetenzen fördern“. In: Schweizerische Zeitschrift für Bildungswissenschaften 28(3), S. 393 – 421.

Bertschi-Kaufmann, Andrea (2011): Literarisches Lesen und Sinnerfahrung. In: Schneider, Hansjakob (Hrsg.): Wenn Schriftaneignung (trotzdem) gelingt. Literale Sozialisation und Sinnerfahrung. Weinheim und München: Beltz Juventa, S. 186 – 197.

Bertschi-Kaufmann, Andrea (2014): „Also während dem Lesen bin ich eigentlich wie weg.“ Wenn Heranwachsende ihre Literalität entwickeln. In: Leseräume. Zeitschrift für Literalität in Schule und Forschung. Verfügbar unter: http://leseräume.de/wp-content/uploads/2015/10/lr-2014-1-bertschi-kaufmann.pdf.

Bertschi-Kaufmann, Andrea/Graber, Tanja (2016): Jugendlektüre und literarische Urteilsbildung. In: Standke, Jan (Hrsg.): Literarizität. Herausforderungen für Theoriebildung, empirische Forschung und Vermittlung. Fachdidaktische und literaturwissenschaftliche Perspektiven. Baltmannsweiler: Schneider Hohengehren, S. 169 – 185.

Bertschi-Kaufmann, Andrea (2016a): Lesen im Wandel: Lesetraditionen und die Veränderungen in neuen Medienumgebungen. In: Bertschi-Kaufmann, Andrea/Graber, Tanja (Hrsg.): Lesekompetenz – Leseleistung – Leseförderung. Grundlagen, Modelle und Materialien, 6., aktualisierte Aufl. Seelze-Velber und Zug: Klett/Kallmeyer, Klett und Balmer, S. 34 – 57.

Bertschi-Kaufmann, Andrea (2016b): Offene Formen der Leseförderung. Bertschi-Kaufmann, Andrea/Graber, Tanja (Hrsg.): Lesekompetenz – Leseleistung – Leseförderung. Grundlagen, Modelle und Materialien, 6., aktualisierte Aufl. Seelze-Velber und Zug: Klett/Kallmeyer, Klett und Balmer, S. 170 – 181.

Bertschi-Kaufmann, Andrea (2016c): Leseverhalten beobachten: Lesen und Schreiben in der Verbindung. In: Bertschi-Kaufmann, Andrea/Graber, Tanja (Hrsg.): Lesekompetenz – Leseleistung – Leseförderung. Grundlagen, Modelle und Materialien, 6., aktualisierte Aufl. Seelze-Velber und Zug: Klett/Kallmeyer, Klett und Balmer, S. 104 – 117.

Bertschi-Kaufmann, Andrea/Graber, Tanja/Manetsch, Christoph (2016): Lesen, Körperlichkeit und der handelnde Umgang mit Texten (auf der Sekundarstufe I). In: Schweizerische Zeitschrift für Bildungswissenschaften 38, S. 127–142. Online unter: https://www.pedocs.de/volltexte/2017/14038/pdf/SZBW_2016_.1_BertschiKaufmann_Graber_Manetsch_Lesen_Koerperlichkeit.pdf.

Bertschi-Kaufmann, Andrea/Plangger, Natalie (2018): Gender und Lesen. In: Honold, Alexander/Parr, Rolf (Hrsg.): Handbuch Lesen. Berlin: De Gruyter, S. 549 – 563.

Bertschi-Kaufmann/Siebenhüner, Steffen (2021): „... jetzt bin ich am dritten dran." Buchserien im Repertoire von heranwachsenden Leserinnen und Lesern. In: Brendel-Perpina, Ina/Kretzschmar, Anna (Hrsg.): Serialität in der Kinder- und Jugendliteratur. Fachwissenschaftliche und fachdidaktische Perspektiven. Baltmannsweiler: Schneider Hohengehren.

Bertschi-Kaufmann, Andrea (2021): Lesen! Leseangebote für Ihr Klassenzimmer. Innsbruck: Jungösterreich.

Bischoff, Mathias (2017): An Kafka kommt keiner vorbei. Goethe-Institut. Online unter: https://www.goethe.de/de/kul/lit/20873824.html.

Bock, Sophia/Schubarth, Wilfried (2021): Verschwörungsmythen pädagogisch begegnen. Eine Anleitung zum Geradeausdenken. Stuttgart: Kohlhammer.

Böhme, Katrin/Bertschi-Kaufmann, Andrea/Pieper, Irene/Fässler, Dominik/Depner, Simone/Kernen, Nora/Siebenhüner, Steffen (2018): Leseverstehen und literarische Bildung – Welche Schwerpunkte setzen Lehrpersonen in ihrem Deutschunterricht und welche Texte wählen sie aus? Erste Befunde der TAMoLi-Studie. In: Leseforum 3/2018. Online unter: https://www.leseforum.ch/sysModules/obxLeseforum/Artikel/642/2018_3_de_boehme_et_al.pdf.

Brand, Tilmann von (2018): Literatur inklusiv. Basisartikel. In: Praxis Deutsch, H. 272, S. 4 – 13.

Brand, Tilmann von (2020): Youtube. Basisartikel. In: Praxis Deutsch, H. 283, S. 4 – 13.

Brendel-Perpina, Ina/Reidelshöfer, Barbara (2017): „Diese Buch ist ein Lesemuss." Die kulturelle Praxis von Booktube im Unterricht. In: Praxis Deutsch, H. 265, S. 35 – 41.

Brophy, Jere E. (2000): Teaching. Educational Practices Series, Vol. 1. Brüssel: International Academy of Education & International Bureau of Education 2008. Online unter: http://www.ibe.unesco.org.

Charlton, Michael/Pette, Corinna/Burbaum, Christina (2004): Reading Strategies in Everyday Life: Different Ways of Reading a Novel Which Make a Distinction. In: Poetics Today, 25(2), S. 241 – 263. Online unter: https://doi.org/10.1215/03335372-25-2-241.

Csikszentmihályi, Mihály (1985): Das Flow-Erlebnis. Jenseits von Angst und Langeweile: im Tun aufgehen. Stuttgart: Klett-Cotta.

Dawidowski, Christian (2022): Literarische Bildung. Stuttgart: Reclam.

Dehn, Mechthild (1999): Texte und Kontexte. Schreiben als kulturelle Tätigkeit in der Grundschule. Volk und Wissen: Kamp.

Dettmar, Ute (2020): Serielles Erzählen. In: Kurwinkel, Tobias/Schmerheim, Philipp (Hrsg.): Handbuch Kinder- und Jugendliteratur. Stuttgart: Metzler, S. 137–144.

van Dijk, Teun/Kintsch, Walter (1983): Strategies of Discourse Comprehension. New York: Academic Press.

Eco, Umberto (1989): Serialität im Universum der Kunst und der Massenmedien. In: ders. (Hrsg.): Im Labyrinth der Vernunft. Texte über Kunst und Zeichen. Leipzig: Reclam, S. 301 – 324.

Eggert, Hartmut (1998): Literarische Bildung ohne Schule? Überlegungen zur Spätphase literarischer Sozialisation. In: Der Deutschunterricht 6, S. 38 – 45.

Eggert, Hartmut (2002): Literarische Bildung und ihre Anforderungen an die Lesekompetenz. In: Groeben, Norbert/Hurrelmann, Bettina (Hrsg.): Lesekompetenz. Voraussetzungen, Dimensionen, Funktionen. Weinheim und München: Juventa, S. 186 – 194.

Engelns, Markus/Preußer, Ulrike/Giesa, Felix (Hrsg.) (2021): Comics in der Schule – Theorie und Unterrichtspraxis. Berlin: Ch. A. Bachmann.

E-READ (Hrsg.) (2019): Stavanger Declaration (unterzeichnet von Brown, Gail/Bessemans, Ann/Dozo, Björn-Olav u. a.). Übersetzung in 13 europäischen Sprachen. Online unter: https://eread-cost.eu/stavanger-declaration/.

Ewers, Hans-Heino (2011): Kinder- und Jugendliteratur – Begriffsdefinitionen. In: Lange, Günter (Hrsg.): Kinder- und Jugendliteratur der Gegenwart. Ein Handbuch. Baltmannsweiler: Schneider Hohengehren, S. 3–12.

Ewers, Hans-Heino (2013): Paradigmenwechsel in der Kinder- und Jugendliteratur um 1970. Online unter: https://www.kinderundjugendmedien.de/begriffe-und-termini/659-paradigmenwechsel-der-kinder-und-jugendliteratur-um-1970.

Fässler, Dominik/Bertschi-Kaufmann, Andrea/Pieper, Irene/Weirich, Sebastian/Böhme, Katrin (2019): Student reading motivation and teacher aims and actions in literature education in lower secondary school. In: RISTAL, H. 2, S. 118–139. Online unter: https://www.ristal.org/volumes/2018/volume-12018/news/student-reading-motivation-and-teacher-aims-and-actions-in-literature-education-in-lower-secondary-s/?tx_news_pi1%5Bcontroller%5D=News&tx_news_pi1%5Baction%5D=detail&cHash=ce2062472bea7fae3b56fc6177d47326.

Faulstich, Werner (2005): Filmgeschichte. Paderborn: Fink.

Fleming, Mike P. (2007): The Literary Canon: Implications for the Teaching of Language as Subject. Strasbourg: Council of Europe.

Flesch, Rudolf (1948): A New Readability Yardstick. In: Journal of Applied Psychology 32, Nr. 3, S. 221–233. Online unter: https://fleschindex.de.

Frederking, Volker (2008): Lyrikunterricht symmedial und digital. (Syn)Ästhetische Bildung mit „neuen Medien“ am Beispiel von Goethes Ballade „Der Zauberlehrling“. In: Frederking, Volker u. a. (Hrsg.): LOG IN! Kreativer Deutschunterricht und neue Medien. Festschrift für Hartmut Jonas. München: kopaed, S. 157–184.

Frederking, Volker/Meier, Christel/Roick, Thorsten/Steinhauer, Lydia/Stanat, Petra/Dickhäuser, Oliver (2009): Literarästhetische Urteilskompetenz erfassen. In: Bertschi-Kaufmann, Andrea/Rosebrock, Cornelia (Hrsg.): Literalität. Bildungsaufgabe und Forschungsfeld. Weinheim und München: Juventa, S. 165–180.

Giesa, Felii (2014): Comic, Graphic Novel & Co. als bildbasierte Erzählliteratur. In: Abraham, Ulf/Knopf, Julia (Hrsg.): BilderBücher. Baltmannsweiler: Schneider Hohengehren, S. 66–77.

Glenberg, Arthur M. (2011): How reading comprehension is embodied and why that matters. In: International Electronic Journal of Elementary Education, S. 5–18.

Gomringer, Nora/Beyer, Martin (Hrsg.) (2018): #poesie. Berlin: Voland & Quist.

Graf, Werner (2004): Der Sinn des Lesens. Modi der literarischen Rezeptionskompetenz. Münster: LIT.

Graf, Werner (2007): Lesegenese in Kindheit und Jugend. Einführung in die literarische Sozialisation. Baltmannsweiler: Schneider Hohengehren.

Gravert-Götter, Helga/Müller, Astrid (2021): Lesen beobachten in den Klassen 5 bis 7. In: Impulse: Sekundarstufe I. Lesekompetenz. S. 57–64. Online unter: https://li.hamburg.de/contentblob/2812834/4322d15f0cc054b62f6c9d49780f325d/data/pdf-lesekompetenz-sekundarstufe-i.pdf.

Groeben, Norbert (2004): (Lese-)Sozialisation als Ko-Konstruktion – Methodisch-methodologische Problem-(Lösungs-)Perspektiven. In: Groeben, Norbert/Hurrelmann, Bettina (Hrsg.): Lesesozialisation in der Mediengesellschaft. Ein Forschungsüberblick. Weinheim, München: Beltz Juventa, S. 145–168.

Grzesik, Jürgen (2005): Texte verstehen lernen. Neurobiologie und Psychologie der Entwicklung von Lesekompetenzen durch den Erwerb von textverstehenden Operationen. Münster: Waxman.

Gunraj, Danielle N. (2014): Embodiment during reading: Simulating a Story character's Linguistic Actions. In: Journal of Experimental Psychology: Learning, Memory and Cognition, 40(2), S. 364–375.

Guthrie, John T./Wigfield, Allen (2000): Engagement and motivation in reading. In: Kamil, Michael/Pearson, P. David/Birr Moje, Elizabeth/Afflerbach, Peter P. (Hrsg.): Handbook of reading research. Vol. 2, 3. Aufl. New York: Erlbaum, S. 403–422.

Guthrie, John T./Wigfield, Allan/You Wei (2012): Instructional contexts for engagement and achievement in reading. In: Christenson, Sandra L./Reschly, Amy L./Wylie, Cathy (Hrsg.): Handbook of research on student engagement. New York, S. 601–634.

Haas, Gerhard (1984): Handlungs- und produktionsorientierter Literaturunterricht in der Sekundarstufe I. Hannover: Schroedel-Schulbuchverlag.

Haas, Gerhard (2013): Handlungs- und produktionsorientierter Literaturunterricht. Theorie und Praxis eines „anderen“ Literaturunterrichts für die Primar- und Sekundarstufe. 10. Aufl. Seelze: Klett/Kallmeyer.

Härle, Gerhard (2004): Lenken – Steuern – Leiten. Theorie und Praxis der Leitung literarischer Gespräche in Hochschule und Schule. In: Härle, Gerhard/Steinbrenner, Marcus (Hrsg.): Kein endgültiges Wort. Die Wiederentdeckung des Gesprächs im Literaturunterricht. Baltmannsweiler: Schneider Hohengehren, S. 107–139.

Härle, Gerhard/Steinbrenner, Marcus (2004): Das literarische Gespräch im Unterricht und in der Ausbildung von Deutschlehrern. Eine Einführung. In: Härle, Gerhard/Steinbrenner, Marcus (Hrsg.): Kein endgültiges Wort. Die Wiederentdeckung des Gesprächs im Literaturunterricht. Baltmannsweiler: Schneider Hohengehren, S. 1–24.

Härle, Gerhard/Rank, Bernhard (Hrsg.) (2008): „Sich bilden, ist nichts anders, als frei werden“. Sprachliche und literarische Bildung als Herausforderung für den Deutschunterricht. Baltmannsweiler: Schneider Hohengehren.

Härle, Gerhard (2014): „… und am Schluss weiß ich trotzdem nicht, was der Text sagt“. Grundlagen, Zielperspektiven und Methoden des Literarischen Unterrichtsgesprächs. In: Steinbrenner, Marcus/Mayer, Johannes/Rank, Bernhard/Heizmann, Felix (Hrsg.): „Seit ein Gespräch wir sind und hören voneinander.“ Das Heidelberger Modell des Literarischen Unterrichtsgesprächs in Theorie und Praxis. 2., korr. und erg. Aufl. Baltmannsweiler: Schneider Hohengehren, S. 29–65.

Hauptmeier, Helmut/Schmidt, Siegfried J. (1985): Einführung in die Empirische Literaturwissenschaft. Wiesbaden: Springer.

Heinen, Richard/Kerres, Michael (2017): „Bildung in der digitalen Welt“ als Herausforderung für Schule. In: DDS – Zeitschrift für Erziehungswissenschaft, Bildungspolitik und pädagogische Praxis. Themenschwerpunkt „Bildung in der Digitalen Welt“. H. 2, S. 128–145.

Helmke, Andreas (2021): Unterrichtsqualität und Lehrerprofessionalität. Diagnose, Evaluation und Verbesserung des Unterrichts. 8. Aufl. Hannover: Klett/Kallmeyer.

van Holt, Nadine/Groeben, Norbert (2006): Emotionales Erleben beim Lesen und die Rolle text- sowie leserseitiger Faktoren. In: Klein, Uta/Mellmann, Katja/Metzger, Steffanie (Hrsg.): Heuristiken der Literaturwissenschaft. Disziplinexterne Perspektiven auf Literatur. Paderborn: Mentis, S. 111–130.

Humboldt, Wilhelm von (1981): Kleine Schriften, Autobiographisches, Dichtungen, Briefe, hrsg. von Andreas Flitner und Klaus Giel (1981). Darmstadt: J.G. Cotta'sche Buchhandlung.

Hurrelmann, Bettina/Hammer, Michael/Niess, Ferdinand (1993): Lesesozialisation: eine Studie der Bertelsmann Stiftung. 1. Leseklima in der Familie. Gütersloh: Bertelsmann-Stiftung.

Hurrelmann, Bettina (2002): Leseleistung – Lesekompetenz. Folgerungen aus PISA, mit einem Plädoyer für ein didaktisches Konzept des Lesens als kultureller Praxis. In: Praxis Deutsch, H. 176, S. 6–18.

Hurrelmann, Bettina (2003a): Ein erweitertes Konzept der Lesekompetenz und Konsequenzen für die Leseförderung. In: Auernheimer, Georg (Hrsg.): Schieflagen im Bildungssystem. Wiesbaden: Verlag für Sozialwissenschaften, S. 161–177.

Hurrelmann, Bettina (2003b): Literarische Figuren. Wirklichkeit und Konstruktivität. In: Praxis Deutsch, H. 177, S. 4–12.

Hurrelmann, Bettina (2004): Sozialisation der Lesekompetenz. In: Schiefele, Ulrich/Artelt, Cordula/Schneider, Wolfgang/Stanat, Petra (Hrsg.): Struktur, Entwicklung und Förderung von Lesekompetenz. Vertiefende Analysen im Rahmen von PISA 2000. Wiesbaden: Verlag für Sozialwissenschaften, S. 37–60.

Hurrelmann, Bettina (2006): Modelle und Merkmale der Lesekompetenz. In: Bertschi-Kaufmann/Graber, Tanja (Hrsg.): Lesekompetenz – Leseleistung – Leseförderung. 6., aktualisierte Aufl. Seelze: Klett/Kallmeyer, S. 22–33.

Jannidis, Fotis (2003): Polyvalenz – Konvention – Autonomie. In: Jannidis, Fotis/Lauer, Gerhard/Martinez, Matias/Winko, Simone (Hrsg.): Regeln der Bedeutung. Zur Theorie der Bedeutung literarischer Texte. Berlin und New York: De Gruyter, S. 305–327.

Jenkins, Henry (2006): Convergence Culture: Where Old and New Media Collide. New York: New York University Press.

Jenkins, Henry (2009): Confronting the Challenges of Participatory Culture. Media Education for the 21st Century. Cambridge: MIT Press. Online unter: https://www.mpfs.de/fileadmin/files/Studien/JIM/2020/JIM-Studie-2020_Web_final.pdf.

Kammler, Clemens/Noack, Bettina (2011): Symbolverstehen im Literaturunterricht. In: Praxis Deutsch, H. 228, S. 4 – 11.

Keen, Suzanne (2007): Empathy and the Novel, Oxford und New York: Oxford University Press.

Kidd, David Comer/Castano, Emanuele (2013): Reading Literary Fiction Improves Theory of Mind. In: Science 342, S. 377 – 380. Online unter: https://doi.org/10.1126/science.1239918.

Kidd, David Comer/Castano, Emanuele (2016): Different Stories: How Levels of Familiarity with Literary and Genre Fiction Relate to Mentalizing. In: Psychology of Aesthetics, Creativity, and the Arts 11 (4), S. 474 – 486. http://dx.doi.org/10.1037/aca0000069.

Klieme, Eckehard (2004): Was sind Kompetenzen und wie lassen sie sich messen? In: Zeitschrift für Pädagogik, H. 56, S. 10 – 13. Weinheim: Beltz.

Köster, Juliane (2010): Aufgabentypen für Erfolgskontrollen und Leistungsmessung im Literaturunterricht. In: Kämper-van den Boogaart, Michael/ Spinner, Kaspar H. (Hrsg.): Lese- und Literaturunterricht. Bd. 3. Baltmannsweiler: Schneider Hohengehren, S. 3 – 26.

Krommer, Axel (2016): Digitale Jugendliteratur: Social Media eBooks und Apps. In: Der Deutschunterricht 5, S. 56 – 67.

Krommer, Axel (2020): Zum „Mehrwert“ digitaler Medien. Argumente gegen einen überflüssigen Begriff. In: Friedrich Jahresheft 2020 #schuleDIGITAL, S. 20 – 21.

Kruse, Gerd/Riss, Maria/Sommer, Thomas (2018): Lesen. Das Training 3 (Oberstufe). Arbeitsmappe. 4. Aufl. Bern: Schulverlag plus.

Kuhlen, Rainer (1997): Hypertext. In: Buder, Marianne/Rehfeld, Werner/Seeger, Thomas/Strauch, Dietmar (Hrsg.): Grundlagen der praktischen Information und Dokumentation. München: K. G. Saur , S. 355 – 369.

Lange, Günter (Hrsg.) (2012): Kinder- und Jugendliteratur der Gegenwart. Grundlagen, Gattungen, Medien, Lesesozialisation und Didaktik. Ein Handbuch. Baltmannsweiler: Schneider Hohengehren.

Lange, Günter (2000): Zeitgeschichtliche Kinder- und Jugendliteratur. In: ders. (Hrsg.): Taschenbuch der Kinder- und Jugendliteratur. Bd. 1: Grundlagen – Gattungen, S. 462 – 493.

Langemeyer, Peter (Hrsg.) (2011): Dramentheorie. Texte vom Barock bis zur Gegenwart. Stuttgart: Reclam.

Lauer, Gerhard (2020): Lesen im digitalen Zeitalter. Darmstadt: wbg Academic.

Lessing-Sattari, Marie (2018): Die Metapher als Einladung zur ästhetischen Erkenntnis? Perspektivierung von Gegenstandspotenzialen und lernerseitigen Umgangsweisen am Beispiel von Rose Ausländers „Zirkuskind“. In: Bertschi-Kaufmann, Andrea/Scherf, Daniel (Hrsg.): Ästhetische Rezeptionsprozesse aus didaktischer Perspektive. Weinheim, München: Juventa, S. 28 – 40.

Lindauer, Thomas/Schneider, Hansjakob (2016): Lesekompetenz ermitteln: Aufgaben im Unterricht. In: Bertschi-Kaufmann, Andrea/Graber, Tanja (Hrsg.): Lesekompetenz – Leseleistung – Leseförderung. Seelze: Klett/Kallmeyer, S. 109 – 125.

Lörke, Melanie (2016): Fernsehserienkompetenz am Beispiel des Vorspanns von The Wire. In: Bertschi-Kaufmann, Andrea/Graber, Tanja (Hrsg.): Lesekompetenz – Leseleistung – Leseförderung. Grundlagen, Modelle und Materialien, 6., aktualisierte Aufl. Seelze-Velber und Zug: Klett/ Kallmeyer, Klett und Balmer, S. 260 – 274.

Lypp, Maria (1984): Einfachheit als Kategorie der Kinderliteratur. Frankfurt a. M.: dipa.

Lypp, Maria (1989): Literarische Bildung durch Kinderliteratur. In: Conrady, Peter (Hrsg.): Literaturerwerb. Kinder lesen Texte und Bilder. Frankfurt a. M.: dipa, S. 70 – 79.

Manguel, Alberto (1996): A History of Reading. Toronto: Alfred A. Knopf.

Martínez, Matías/Scheffel, Michael (2016): Einführung in die Erzähltheorie, 10., überarbeitete und aktualisierte Aufl. München: C. H. Beck.

Mattenklott, Gundel (1979): Literarische Geselligkeit. Schreiben in der Schule. Stuttgart: Metzler.

Medienpädagogischer Forschungsverbund Südwest (Hrsg.) (2020): JIM-Studie 2020. Jugend, Information, Medien. Basisuntersuchung zum Medienumgang 12 – 19-Jähriger. Stuttgart: swr. Online unter: https://www.mpfs.de/fileadmin/files/Studien/JIM/2020/JIM-Studie-2020_Web_final.pdf.

Menzel, Wolfgang (1989): Was eine Geschichte spannend macht. Textanalyse und Schreiben. In: Praxis Deutsch, H. 98, S. 38 – 41.

Meyer, Hilbert (2020): Was ist guter Unterricht? 15. Aufl. Berlin: Cornelsen.

Möller, Jens/Schiefele, Ulrich (2004): Motivationale Grundlagen der Lesekompetenz. In: Stanat, Petra (Hrsg.): Struktur, Entwicklung und Förderung von Lesekompetenz. Vertiefende Analysen im Rahmen von PISA 2000. Wiesbaden: VS Verlag für Sozialwissenschaften, S. 101 – 124.

Nix, Daniel (2012): Autoren lesen – Schüler vermitteln. In: Praxis Deutsch, H. 231, S. 42 – 48.

OECD (2010): PISA 2009 Ergebnisse: Was Schülerinnen und Schüler wissen und können. Schülerleistungen in Lesekompetenz, Mathematik und Naturwissenschaften. Bielefeld: Bertelsmann. Online unter: http://ebooks.ciando.com/book/index.cfm/bok_id/136191.

Paefgen, Elisabeth K. (1998): Textnahes Lesen. Sechs Thesen aus didaktischer Perspektive. In: Belgrad, Jürgen/Fingerhut, Karlheinz (Hrsg.): Textnahes Lesen. Annäherungen an Literatur im Unterricht. Baltmannsweiler: Schneider Hohengehren, S. 14 – 23.

Paefgen, Elisabeth K. (2006): Einführung in die Literaturdidaktik. 2., aktualisierte und erweiterte Aufl. Stuttgart: Metzler.

Paefgen, Elisabeth K. (2009): Wahlverwandte. Filmische und literarische Erzählungen im Dialog. Berlin: Bertz und Fischer.

Philipp, Maik (2008): Lesen, wenn anderes und andere wichtiger werden. Empirische Erkundungen zur Leseorientierung in der peer group bei Kindern aus fünften Klassen. Hamburg: LIT.

Philipp, Maik (2011): Lesesozialisation in Kindheit und Jugend. Lesemotivation, Leseverhalten und Lesekompetenz in Familie, Schule und Peer-Beziehungen. Stuttgart: Kohlhammer.

Philipp, Maik (2021): Die Botschaft les' ich wohl, allein mir fehlt der Glaube ... Epistemische Wachsamkeit als strategische Grundhaltung des Lesens digitaler Dokumente. In: leseforum.ch, Nr. 20221/3. Online unter: https://www.leseforum.ch/sysModules/obxLeseforum/Artikel/739/2021_3_de_philipp.pdf.

Pianzola, Federico/Rebora, Simone/Lauer, Gerhard (2020): Wattpad as a Resource for Literary Studies. Quantitative and qualitative examples of the importance of digital social reading and readers' comments in the margins. PLOS ONE 15(1). Online unter: https://doi.org/10.1371/journal.pone.0226708.

Pieper, Irene (2004): Poetische Verdichtung. Schüler und Schülerinnen interpretieren Rose Ausländers Gedicht Zirkuskind im Unterrichtsgespräch. In: Härle, Gerhard/Steinbrenner, Marcus (Hrsg.): Kein endgültiges Wort. Die Wiederentdeckung des Gesprächs im Literaturunterricht. Baltmannsweiler: Schneider Hohengehren, S. 219 – 239.

Pieper, Irene/Böhme, Katrin/Bertschi-Kaufmann, Andrea (2020): Professionelle Orientierungen im Literaturunterricht: Welche Ziele verfolgen Lehrkräfte in der Sekundarstufe I? In: Schmidt, Frederike/Schindler, Kirsten (Hrsg.): Wissen und Überzeugungen von Deutschlehrkräften. Aktuelle Befunde in der deutschdidaktischen Professionsforschung. Berlin: Peter Lang, S. 47 – 72.

Pieper, Irene (2010): Lese- und literarische Sozialisation. In: Kämper-van den Boogaart, Michael/Spinner, Kaspar H. (Hrsg.): Deutschunterricht in Theorie und Praxis. Band XI: Lese- und Literaturunterricht. Teil 1: Geschichte und Entwicklung, Konzeptionelle und empirische Grundlagen. Bd. 11/1. Deutschunterricht in Theorie und Praxis. Handbuch zur Didaktik der deutschen Sprache und Literatur in elf Bänden, hrsg. von Winfried Ulrich. Baltmannsweiler: Schneider Hohengehren, S. 87 – 147.

Preußer, Ulrike (2017): Jugendliteratur. In: Baurmann, Jürgen/Kammler Clemens/Müller Astrid (Hrsg.): Handbuch Deutschunterricht. Theorie und Praxis des Lehrens und Lernens. Seelze: Klett/Kallmeyer, S. 181 – 184.

Rank, Bernhard (2007): Nachdenklichkeit und Poesie. Moderne Geschichten von Jürg Schubiger. In: Praxis Deutsch, H. 206, S. 32 – 38.

Reich-Ranicki, Marcel/Hage, Volker (2001): Literatur muss Spaß machen. Spiegel-Gespräch. In: Der Spiegel, 17.06.2001. Online unter: https://www.spiegel.de/politik/literatur-muss-spass-machen-a-c2f9ad9a-0002-0001-0000-000019438065.

Reid, Ian (1984): The Making of Literature: Texts, Contexts and Classroom Practices. Adelaide: Australian Association for the Teaching of English.

Reimer, Mavis/England, Dianna/Unrau, Melanie Dennis/Ali, Nyala (2017): The Compulsion to Repeat. Introduction to Seriality and Texts for Young People. In: Jahrbuch der Gesellschaft für Kinder- und Jugendliteraturforschung. Berlin: Springer, S. 9 – 35.

Riss, Maria (2015): Lesenächte in Schulen oder Bibliotheken. Brugg: Pädagogische Hochschule FHNW. Online unter: https://web0.fhnw.ch/plattformen/zl/wp-content/uploads/2019/09/Lesenächte-in-Schulen-oder-Bibliotheken.pdf.

Rosebrock, Cornelia (1999): Zum Verhältnis von Lesesozialisation und literarischem Lernen. In: Didaktik Deutsch, Jg. 4, H. 6, S. 57 – 68.
Rosebrock, Cornelia (2015): Der Mut zur Einfalt – Vereinfachte Klassikerausgaben für den Schulgebrauch. In: Didaktik Deutsch, Jg. 20, H. 38, S. 33 – 39.
Rosebrock, Cornelia (2017): Neue kurze Prosa: Basisartikel. In: Praxis Deutsch, H. 206, S. 6 – 16.
Rosebrock, Cornelia/Nix, Daniel (2020): Grundlagen der Lesedidaktik und der systematischen schulischen Leseförderung. 9. Aufl. Baltmannsweiler: Schneider Hohengehren.
Rosebrock, Cornelia (2020): Literatur in einfacher Sprache. In: Hartwig, Susanne (Hrsg.): Behinderung. Kulturwissenschaftliches Handbuch. Stuttgart: Springer, S. 94 – 99.
Rosebrock, Cornelia/Nix, Daniel/Rieckmann, Carola/Gold, Andreas (2021): Leseflüssigkeit fördern. Lautleseverfahren für die Primar- und Sekundarstufe. 7. Aufl. Hannover: Klett/Kallmeyer.
Rosenberg, Rainer (1990): Eine verworrene Geschichte. Vorüberlegungen zu einer Biographie des Literaturbegriffs. In: Zeitschrift für Literaturwissenschaft und Linguistik, H. 77, S. 36 – 65.
Schilcher, Anita (2012): Was sind „Klassiker" der internationalen Kinder- und Jugendliteratur? Aspekte des Klassikerbegriffs. In: Schilcher, Anita/Pecher, Claudia (Hrsg.): „Klassiker" der internationalen Jugendliteratur. Kulturelle und epochenspezifische Diskurse aus Sicht der Fachdisziplinen, S. 1 – 28. Baltmannsweiler: Schneider Hohengehren.
Schön, Erich (1987): Der Verlust der Sinnlichkeit oder Die Verwandlungen des Lesers. Mentalitätswandel um 1800. Urspr. Diss. Univ. Konstanz, 1984. Stuttgart: Klett-Cotta.
Schön, Erich (1993): Selbstaussagen zur Funktion literarischen Lebens im Lebenszusammenhang von Kindern und Jugendlichen. In: Janota, Johannes (Hrsg.): Germanistik und Deutschunterricht im historischen Wandel. Vorträge des Augsburger Germanistentages 1991. Tübingen: Niemeyer, S. 230 – 271.
Schrijvers, Marloes/Janssen, Tanja/Fialho, Olivia/Rijlaarsdam, Gerd (2016): The Impact of Literature Education on Students' Perceptions of Self and Others: Exploring Personal and Social Learning Experiences in Relation to Teacher Approach. In: L1 – Educational Studies in Language and Literature 17, S. 1 – 37. Online unter: https://l1.publication-archive.com/publication/1/1592.
Sheldrick Ross, Catherine (1995): „If They Read Nancy Drew, So What?": Series book readers talk back. In: Library & Information Science Research, Jg. 17, H. 3, S. 201 – 236.
Siebenhüner, Steffen/Depner, Simone/Fässler, Dominik/Kernen, Nora/Bertschi-Kaufmann, Andrea/Böhme, Katrin/Pieper, Irene (2019): Unterrichtstextauswahl und schülerseitige Leseinteressen in der Sekundarstufe I: Ergebnisse der binationalen Studie TAMoLi. In: Didaktik Deutsch, H. 47, S. 44 – 64.
Spinner, Kaspar (1999): Neue Wege im Literaturunterricht. Hannover: Schroedel.
Spinner, Kaspar (2000): Vielfältig wie nie zuvor. Stichworte zur aktuellen Kinder- und Jugendliteratur und ihrer Didaktik. In: Praxis Deutsch, H. 162, S. 16 – 20.
Spinner, Kaspar (2006): Literarisches Lernen. In: Praxis Deutsch, H. 200, S. 6 – 16. Online unter: http://kinderundjugendmedien.de/index.php/153-fachlexikon/fachdidaktik/unterrichtskonzepte-und-methoden/2646-literarisches-lernen-mit-kinder-und-jugend-literatur.
Spinner, Kaspar (2010): Handlungs- und produktionsorientierter Literaturunterricht. In: Frederking, Volker/Huneke, Hans/Krommer, Axel/Meier, Christel (Hrsg.): Literatur- und Mediendidaktik. Baltmannsweiler: Schneider Hohengehren, S. 319 – 333.
Spinner, Kaspar (2016): Methoden des Literaturunterrichts. In: Kämper-van den Boogaart, Michael/Spinner, Kaspar (Hrsg.): Lese- und Literaturunterricht, Teil 2. Baltmannsweiler: Schneider Hohengehren. S. 190 – 242.
Spinner, Kaspar/Standke, Jan (Hrsg.) (2016): Erzählende Kinder- und Jugendliteratur im Deutschunterricht. Textvorschläge – Didaktik – Methodik. Stuttgart: Ferdinand Schöningh.
Spinner, Kaspar (2019): Literarisches Lernen mit Kinder- und Jugendliteratur. Online unter: https://www.kinderundjugendmedien.de/index.php/fachdidaktik/153-unterrichtskonzepte-und-methoden/2646-literarisches-lernen-mit-kinder-und-jugendliteratur.
Spreckelsen, Tilman (2015): Literatur in der Schule. Warum Klassiker? In: Frankfurter Allgemeine Zeitung, https://www.faz.net/aktuell/feuilleton/familie/literatur-in-der-schule-warum-klassiker-13470077.html.
Steinbrenner, Marcus/Wiprächtiger-Geppert, Maja (2010): Verstehen und Nicht-Verstehen im Gespräch. Das Heidelberger Modell des Literarischen Unterrichtsgesprächs. In: Leseforum. Online-Plattform für Literalität 3/2010. Online unter: https://www.leseforum.ch/sysModules/obxLeseforum/Artikel/434/verstehen-und-nicht-verstehen-im-gespraech.pdf.

Stoll, Clifford (2002): LogOut, Warum Computer nichts im Klassenzimmer zu suchen haben und andere High-Tech-Ketzereien. Frankfurt a. M.: Fischer.

Tabbert, Reinbert (2000): Phantastische Kinder- und Jugendliteratur. In: Lange, Günter (Hrsg.): Taschenbuch der Kinder- und Jugendliteratur. 1. Bd: Grundlagen – Gattungen, S. 187 – 200.

Täuber, Eva Maria/Spinner, Kaspar H. /Wamser, Willi (2006): „Was ist ein Gedicht?" Nachdenken über die Frage: Wann wird aus einem Text ein Gedicht – wie? In: Praxis Deutsch, H. 200, S. 51 – 54.

Trägerkonsortium BiSS (Hrsg.) (2016): Durchgängige Leseförderung. Überblick, Analysen und Handlungsempfehlungen. Universität zu Köln: Mercator-Institut für Sprachförderung und Deutsch als Zweitsprache.

Trautwein, Ulrich/Sliwka, Anne/Dehmel, Alexandra (2018): Grundlagen für einen wirksamen Unterricht. Wirksamer Unterricht Band 1. Baden-Württemberg: Institut für Bildungsanalysen.

Uhlig, Bettina/Lieber, Gabriela/Pieper, Irene (Hrsg.) (2019): Erzählen zwischen Bild und Text. München: Imago.

Vodafone Stiftung Deutschland GmbH (Hrsg.) (2020): Die Jugend in der Infodemie. Eine repräsentative Befragung zum Umgang junger Menschen in Deutschland mit Falschnachrichten während der Coronakrise. Online unter: http://www.vodafone-stiftung.de/wp-content/uploads/2020/12/Studie-Vodafone-Stiftung-Umgang-mit-Falschnachrichten.pdf.

Waldmann, Günter (1998): Produktiver Umgang mit Literatur im Unterricht. Grundriss einer produktiven Hermeneutik: Theorie – Didaktik – Verfahren – Modelle. Baltmannsweiler: Schneider Hohengeheren.

Waxmann, Katrin (2013): Die Zusammenarbeit zwischen Schule und Theater. Eine Handreichung für Lehrkräfte. Online unter: http://katrin-valentin.de/wp-content/uploads/2015/04/schule_theater_handreichung.pdf.

Weinert, Franz E. (2001): Vergleichende Leistungsmessung in Schulen – eine umstrittene Selbstverständlichkeit. In: Weinert, Franz E. (Hrsg.): Leistungsmessungen in Schulen. Weinheim und Basel: Beltz, S. 17 – 31.

Weinkauff, Ina/von Glasenapp, Gabriela (2018): Kinder- und Jugendliteratur. 3. und erweiterte Aufl. Stuttgart: Ferdinand Schöningh.

Wiesner, Esther/Schneider, Hansjakob (2011): Wenn Lesen trotzdem gelingt. In: Schneider, Hansjakob (Hrsg.): Wenn Schriftaneignung (trotzdem) gelingt. Literale Sozialisation und Sinnerfahrung. Weinheim und München: Beltz Juventa, S. 157 – 185.

Wild, Reiner (1990): Geschichte der deutschen Kinder- und Jugendliteratur. Stuttgart: Metzler.

Winko, Simone (2009): Auf der Suche nach der Weltformel. Literarizität und Poetizität in der neuen literaturtheoretischen Diskussion. In: Winko, Simone/Jannidis, Fotis/Lauer, Gerhard (Hrsg.): Grenzen der Literatur. Zum Begriff und Phänomen des Literarischen. Berlin und New York: De Gruyter, S. 374 – 393.

Winko, Simone (2016): Literatur und Literaturwissenschaft im digitalen Zeitalter. Ein Überblick. In: Der Deutschunterricht 5/2016, S. 2 – 13.

Witte, Theo/Sâmihăian, Florentina (2013): Is Europe Open to a Student-Oriented Framework for Literature? A comparative analysis of the formal literature curriculum in six European countries. In: L1 – Educational Studies in Language and Literature 13, S. 1 – 22. Online unter: https://l1.publication-archive.com/publication/1/1437.

Wolf, Maryanne (2019): Schnelles Lesen, langsames Lesen. Warum wir das Bücherlesen nicht verlernen dürfen. München: Penguin.

Yandell, John (2008): Embodied readings. Exploring the multimodal social semiotic ressources of the English classroom. In: English Teaching: Practice and Critique, S. 36–56.

Zabka, Thomas (2006): Typische Operationen literarischen Verstehens. Zu Martin Luther „Vom Raben und Fuchs" (5. & 6. Schuljahr). In: Kammler, Clemens (Hrsg.): Literarische Kompetenzen – Standards im Literaturunterricht. Modelle für die Primar- und Sekundarstufe. Seelze: Klett/Kallmeyer, S. 80 – 101.

Zabka, Thomas (2016): Literarästhetisches Verstehen: Kompetenzen, textseitige Anforderungen und Lernaufgaben am Beispiel der Erzählung Indigo. In: Bertschi-Kaufmann, Andrea/Graber, Tanja (Hrsg.): Lesekompetenz – Leseleistung – Leseförderung. Grundlagen, Modelle und Materialien, 6., aktualisierte Aufl. Seelze-Velber und Zug: Klett/Kallmeyer, Klett und Balmer, S. 154 – 167.

Zabka, Thomas (2020): Gespräche über Literatur. In: Praxis Deutsch, H. 280, S. 4 – 11.

Nachweise der Texte in Zitat- und Aufgabenkästen

8.1 Studie TAMoLi, Interview mit einer Schülerin im 9. Schuljahr.

8.2 Roland Barthes: Die Lust am Text. Übers. Traugott König. Frankfurt a. M.: Suhrkamp, 1974, S. 54.

10 Studie TAMoLi, Interview mit einer Lehrperson, Sekundarstufe I.

13 Peter Bichsel: Der Leser. Das Erzählen. Frankfurter Poetik-Vorlesungen. Darmstadt, Neuwied: Luchterhand, 1982, S. 21.

14 Studie TAMoLi, Interview mit einer Lehrperson, Sekundarstufe I.

16 Studie Literale Resilienz, Interview mit einer Schülerin im 8. Schuljahr.

18 Eva Illouz: Dreimal Lesen. Übers. Michael Adrian. In: Katharina Raabe/Frank Wegner (Hrsg.): Warum Lesen. Mindestens 24 Gründe. Berlin: Suhrkamp, 2020, S. 78.

22 Maria Lypp: Literarische Bildung durch Kinderliteratur. In: Literaturerwerb. Kinder lesen Texte und Bilder. Hrsg. von Peter Conrady. Frankfurt a. M.: dipa, 1989, S. 70.

26 Wolfgang Iser: Der Akt des Lesens. 4. Aufl. München: Fink, 1994, S. 215.

28 Interview mit einer Lehrperson, Sekundarstufe I und II, Datensatz Nora Kernen.

30 Marcel Proust: Tage des Lesens. Drei Essays. Übers. Helmut Scheffel. Frankfurt a. M., Leipzig: Insel, S. 36.

32.1 Studie Literale Resilienz, Interview mit einer Schülerin im 8. Schuljahr.

32.2 Bieri, Peter: Bildung beginnt mit Neugierde. 2007, Kolumne für das *Zeit*-Magazin *Leben*. http://www.zeit.de/2007/32/Peter-Bieri/komplettansicht.

33 Laura de Weck: Friedrich Schiller: Kabale und Liebe. In: Finn Canonica (Hrsg.): Bücher fürs Leben. Basel: Echtzeit, o. J., S. 34f.

36 Studie Literale Resilienz, Interview mit einer Schülerin im 8. Schuljahr.

39 Interview mit einer Lehrperson, Sekundarstufe I und II, Datensatz Nora Kernen.

54 Mirjam Pressler: Mirjam Pressler über ihr Lesen und Schreiben. https://www.beltz.de/fileadmin/beltz/presse/pdf/Pressler%20ueber%20ihr%20Leben%20und%20Schreiben.pdf.

78 Studie TAMoLi, Interview mit einer Schülerin im 9. Schuljahr.

79 Rezension von Michael, 8. Schuljahr zu Jon Krakauer: *In eisige Höhen*, http://www.jugendbuchtipp.ch.

81 Eintragung in ein Lesetagebuch, Thomas, 7. Schuljahr, Studie Lesekompetenz und Leseentwicklung, Datensatz Andrea Bertschi-Kaufmann.

82 Kirsten Boie: Das Lesen und ich. Hamburg: Oetinger, 2019, S. 34.

84 Peter Weiss: Abschied von den Eltern. Frankfurt a. M.: Suhrkamp, 1975, S. 53.

91 Mirjam Pressler: Mirjam Pressler über ihr Lesen und Schreiben. https://www.beltz.de/fileadmin/beltz/presse/pdf/Pressler%20ueber%20ihr%20Leben%20und%20Schreiben.pdf.

95 Mascha Kaléko: Mein Lied geht weiter. Hundert Gedichte. München: dtv, 2007, S. 107.

99 Rezension von Michael, 8. Schuljahr zu John R. R. Tolkien: *Die Geschichte der Kinder Hurins*, http://www.jugendbuchtipp.ch.

102 Rezension von Andjelina, 8. Schuljahr zu Kevin Brooks: *Lucas*. http://www.jugendbuchtipp.ch.

106 Rezension von Selina, 8. Schuljahr zu Haruki Murakami: *Kafka am Strand*, http://www.jugendbuchtipp.ch.

115 Wolfgang Iser: Der Akt des Lesens. 4. Aufl. München: Fink, 1994, S. 302.

116 Susan Sontag: Gegen Interpretation. In: dies.: Kunst und Antikunst. 24 literarische Analysen. Frankfurt a. M.: Suhrkamp, 1982, S. 16.

119 Stefan Zweig: Die Welt von Gestern. Erinnerungen eines Europäers. Berlin: Hofenberg, 2015, S. 49.

122 Studie TAMoLi, Interview mit einer Schülerin im 9. Schuljahr.

127 Eintragung in ein Lesetagebuch, Julie, 8. Schuljahr Studie Literalität im medialen Umfeld.

128 https://unquote.li/en/quotes/william-arthur-ward/the-mediocre-teacher-tells-the-good-teacher-explains-the-superior-teacher-demonstrates-the-great-rn7w786yd4. Übers. von mir.

132 Daniel Pennac: Wie ein Roman. Von der Lust zu lesen. Übers. Uli Aumüller. München: dtv, 1994, S. 153.

135 Bertolt Brecht: Werke XIV. Gedichte 4. Berlin, Weimar: Aufbau, Frankfurt a. M.: Suhrkamp, 1993, S. 363.

136 Günter Waldmann: Produktiver Umgang mit Literatur. Verschiedenartige Gedanken zum Entstehen der Konzeption. In: Lesezeichen. Mitteilungen des Lesezentrums der Pädagogischen Hochschule Heidelberg. Heft 8, 2001, S. 38.

145 Rose Ausländer: Ich höre das Herz des Oleanders. Gedichte 1977–1979. Frankfurt am Main: S. Fischer, 1984, S. 260.

150.1 Studie Literale Resilienz, Interview mit einer Schülerin im 8. Schuljahr.

150.2 Marcel Proust: Tage des Lesens. Drei Essays. Übers. Helmut Scheffel. Frankfurt a. M., Leipzig: Insel, 2001, S. 21.

Unter **www.friedrich-verlag.de** finden Sie Materialien zum Buch als Download.
Bitte geben Sie den achtstelligen Download-Code in das Suchfeld ein.

DOWNLOAD-CODE: d31620lb

Hinweis:

Das Download-Material enthält Arbeitsmaterialien und literarische Texte,
die Sie zur Verwendung in Ihrem Unterricht verwenden können.

Durch den Kauf dieses Buches (ISBN 978-3-7727-1620-1) haben Sie das Recht erworben, das ergänzende Download-Material in Ihren derzeitigen und zukünftigen Lerngruppen und Klassen einzusetzen und zu vervielfältigen. So können Sie etwa einzelne Seiten ausdrucken und verteilen oder mit Beamer oder Whiteboard verwenden.

Was Sie **nicht** dürfen:

- Das Download-Material oder Teile davon an Kolleginnen und Kollegen weitergeben.
- Das Download-Material oder Teile davon in Netzwerke einstellen, wie etwa Schulserver oder Cloud-Systeme, sodass Kolleginnen und Kollegen darauf Zugriff erhalten.
- Die Lizenzinformation und Quellenhinweise auf dem Download-Material entfernen.
- Bei einer Bibliotheksausleihe des Buches das Download-Material herunterladen.

Bitte tragen Sie im Sinne dieser Lizenz dazu bei, dass wir weiterhin digitales Ergänzungsmaterial für Lehrerinnen und Lehrer bereitstellen können. Der Verlag behält sich dabei vor, auch gegen urheberrechtliche Verstöße vorzugehen.

Unsere Autorinnen und Autoren sowie der Verlag wünschen Ihnen viel Erfolg bei der Nutzung der Materialien!

Haben Sie Fragen zum Download? Dann wenden Sie sich bitte an den Leserservice der Friedrich Verlags GmbH. Schreiben Sie uns oder rufen Sie uns an!

Sie erreichen unseren Leserservice
Montag bis Donnerstag von 8 – 18 Uhr
Freitag von 8 – 14 Uhr
Tel.: 0511/40004-150
Fax: 0511/40004-170
E-Mail: leserservice@friedrich-verlag.de

Wir freuen uns über Ihre Rückmeldung und helfen Ihnen gerne weiter!